中国商业科技进步奖

洪 涛 著

高级电子商务教程

Advanced E-business Course

第二版

经济管理出版社
ECONOMY & MANAGEMENT PUBLISHING HOUSE

图书在版编目（CIP）数据

高级电子商务教程/洪涛著. 第二版. —北京：经济管理出版社，2011.7

ISBN 978-7-5096-1559-1

Ⅰ. ①高… Ⅱ. ①洪… Ⅲ. ①电子商务—教材 Ⅳ. ①F713.36

中国版本图书馆 CIP 数据核字（2011）第 150770 号

出版发行：经济管理出版社

北京市海淀区北蜂窝 8 号中雅大厦 11 层

电话:(010)51915602　　邮编:100038

印刷：三河文阁印刷厂　　经销：新华书店

组稿编辑：张永美　　责任编辑：张永美　邱永辉

责任印制：杨国强　　责任校对：曹　平

880mm×1230mm/32　　11.625 印张　　324 千字

2011 年 10 月第 1 版　　2011 年 10 月第 1 次印刷

定价：29.80 元

书号：ISBN 978-7-5096-1559-1

前　言

电子商务概念引入中国是1993年，至今仅有18年，第一笔网上交易是在1998年3月，至今仅有13年，电子商务已经或正在改变着人们的思维方式、生活方式、工作方式和商务方式。至2010年底，我国已有网民4.57亿人，占居民总数的34.3%，2009年、2010年电子商务交易总额分别达到3.85万亿元、4.5万亿元，2009年、2010年网上销售额分别达到2630亿元、5131亿元，分别占当年社会消费品零售总额的2.1%、3.32%。预计2015年我国电子商务和网上交易规模分别超过18万亿元和3万亿元。2006年淘宝网交易额达到169亿元，2007年超过400亿元，2008年为999.6亿元，2009年达到2000亿元。2009年北京京东商城交易额达到40亿元，2010年达到102亿元，预计2011年达到350亿元。

人们的生活离不开电子商务，社会经济生活也离不开电子商务，电子商务的地位是不容忽视的，作用也是不容低估的。近几年来，我国先后建立了中国电子商务协会，出台了《中华人民共和国签名法》等法律，出版了大量专著和教材，举办了大量研讨会，电子商务理论研究和实践的发展为本书的再版奠定了坚实的基础！

20世纪90年代以来，全球经济已经进入以互联网为基础的信息时代，网民数量、计算机上网、企业上网、网上交易等电子商务交易量和交易额迅速增长，2000年12月底我国网民才2250万人，2010年底超过了4.57亿人，电子商务成为21世纪经济生活中的一件大事，对于商人或企业来说，“要么电子商务，要么无商可务”（E-business，or out of Business）、“得网民者得天下”已经成为人们的共识。

我国第一次电子商务浪潮形成于1999年至2000年上半年。

2000年下半年，随着大批网络公司破产和纳斯达克市场下挫，标志着我国电子商务第一次浪潮的结束，我国电子商务进入了“中断期”。回顾我国电子商务18年的历史，这让我想起超市在我国的发展。20世纪80年代超市在我国产生，当时被称为自选商店，并形成了第一次浪潮，但是由于消费环境还没有形成，许多超市没有成功。而90年代超市形成了第二次浪潮，却取得了巨大的成功，成为了流通领域的一个主力业态。上海联华超市自1999年以来连续三年销售额超过全国最大的百货商场（上海一百），从而完成了继百货商场业态的第二次飞跃，现在联华超市虽然已经不是超市的佼佼者了，但超市却已经迅速在全国普及了。同一业态在不同时期的不同命运，充分说明某一新型业态发育的条件是否成熟在于其产生与发展的必要条件是否具备。超市业态与电子商务发展有某些相似之处，值得人们深思！在经历过一些反复后，认真反思10多年来的电子商务的一些思想理论上的误区，具有重要的意义。

回顾电子商务18年来的发展历史，我国电子商务取得了较大的成绩，但是，也存在很多问题，特别是观念上的误区，归纳起来，主要有以下八个方面：

第一，夸大或贬低电子商务的作用和效用。电子商务是一个新生事物，有较大的发展潜力，具有扩大交易空间、延长交易时间、节约成本、提高效率等作用，但是电子商务作用的发挥是有前提和环境条件的，当这些前提和环境条件不充分的情况下，电子商务的这些作用不易显现；另外，当电子商务在实际推进中遇到困难时，又出现了许多人贬低电子商务作用的倾向，用“发展期”的电子商务“标尺”来衡量“引入期”、“成长期”的电子商务，显然这一时期的电子商务“不够格”，这种贬低电子商务的观点又成为电子商务发展的障碍。

第二，否定B to C电子商务模式的客观性。当前，电子商务在推行过程中确实存在很多困难，特别在对B to C电子商务模式的认识方面表现更为突出。诚然，B to C电子商务模式涉及人们的消费观念、电子商务交易条件的成熟度等多方面的“瓶颈”，但是，人们“足不出屋能购天下物”的消费需求确实越来越多地表现出来；1999

年、2000年我国网络零售交易额先后达到5500万元和3.9亿元，2010年达到5131亿元，这充分说明了这一模式具有较大的发展空间。随着科技的发展，B to C市场的逐渐发育，网上商店已形成零售业态的第四次业态革命。

第三，重电子商务的“虚拟”形态建设，轻电子商务配套的物流和配送等实体工程建设。电子商务的网上交易形式表现为虚拟性，有些服务可以通过下载等形式在网上完成，但是大量的实物商品交易或服务的实现却需要电子商务的物流和配送的支持，这是不容置疑的。在电子商务发育的引入期和成长期，网上结算和网下结算等多种形式并存也是客观存在的，并可以互相补充。

第四，否认电子商务需建立在经济组织的信息化建设基础上，主张所谓“上网即电子商务”，或者“先建立网站，后进行企业内部的电子商务”。我国许多企业内部管理还采用传统方式，且管理十分混乱，在这种情况下进行电子商务显然是不可能成功的，至于某些内部管理较好的企业，在内部电子商务尚未完善的情况下，可以先建立网站，然后通过网上信息来促进企业管理和经营活动，推动电子商务的发展。

第五，所谓“网上交易就是电子商务”。实际上，“网上交易”仅是电子商务的一个重要组成部分，不能代表电子商务的全部；以网上交易为核心，还有一系列电子商务活动，如网上广告、网上结算以及客户关系管理（CRM）、供应链管理（SCM）、ERP管理、MIS系统、POS系统等。

第六，所谓“网上商店这种无店铺业态将取代有店铺业态”，这实际上是否认人的消费需求具有多层次和多样化。诚然，网上商店会减少和分流现有的店铺经营，会促使现有流通网络和格局的重新调整和重组，但是，它不可能取代现有业态形式。因为，人们既有“足不出屋能购天下物”的需求，也有去百货店、超市、专业店、专卖店、仓储商店、便民店等实体店购物的不同层次的需求，甚至也有到Shopping Mall或者商业街去购物、娱乐、旅游、休闲、餐饮的需求。

第七，否认电子商务正处于其市场生命周期的“成长期”，用电子商务的“成熟期”标准要求现实中的电子商务，从而不能够扎扎实实地做一些基础性工作，以致不能“千里之行，始于足下”。

第八，注重“烧钱”——注意力效应，注重“圈钱”——上市效应，而轻视电子商务的盈利功能的发挥，以致许多电子商务网站或公司亏损运营甚至倒闭。没有认真地研究电子商务“1+5”盈利模式。

电子商务发展虽然道路坎坷，但却仍以前所未有的速度在发展着，而且每天都在发生变化。据统计，2007年全球网民已超过12亿人，2015年将超过30亿人，我国网民2010年底达到4.57亿人，2011年6月底达到4.85亿人，年底可突破5亿人。我国互联网起步时间较晚，1994年才接入，是第77个接入互联网的国家，但中国的互联网用户每年翻番，在17年间迅速成为网民第一大国。政府在推动电子商务发展中发挥了重要作用，在骨干网国际互联网带宽、国内骨干网节点带宽等基础性建设方面，解决了互联网接口的“瓶颈”问题。

为了提高我国电子商务水平，促进电子商务的发展，2003年我撰写了此书，耗费3年，五易其稿，2003年荣获中国商业科技进步成果三等奖，在8年后，我高兴地接受出版社邀请，修订此书。该书是在我国电子商务理论研究和实践发展基础上产生的，在我国引进电子商务的概念18年后再次出版此书，意义重大，我国电子商务已历经“引入期”、“中断期”、“成长期”，正迎来电子商务的发展期。

新修订的《高级电子商务教程》中增添了许多新电子商务基础知识、新电子商务技术、新电子商务支付方式、新电子商务模式，以及新电子法律、法规、标准体系等，增加了电子商务未来商店、电子商务“1+5”盈利模式，进一步完善了电子商务八个方面的理论，分析了发展“瓶颈”和发展趋势，提出了相应的政策建议，重新调整了附录，增添了传统零售商开办网络零售业务的名单、电子商务示范企业名单。同时，也删除了许多过时的理论、知识、技术，以保证此书更能适应时代的发展。

该书面向电子商务的实践者，也适用于应用经济学的诸多学科，特别适用于贸易经济学（商学）的研究生、本科生、专科生作为基本教材使用。在撰写过程中，我参考和借鉴了大量已有的电子商务成果和案例，由于时间仓促，且电子商务正处于成长期，因此难免存在一些不足，敬请专家、读者提出宝贵意见。

洪涛

2011 年端午节

目　录

第一章　电子商务的产生及其发展

第一节　计算机和网络的发展为电子商务奠定了基础

个人计算机（PC）的问世、互联网（World Wide Web，www）的出现是20世纪的两个重大事件，计算机和互联网的出现是电子商务产生的两个最基本的技术基础。

一、计算机的产生和发展

1946年，普林斯顿大学的统计学家约翰·图基把二进位制（Binary）与数字（Digit）合起来，创造了比特（Bit）这个概念，开创了计算机的时代。1964年世界第一台大型计算机产生以来，先后进行了两次小型“微小化”，到1977年，世界第一台具有广阔市场的个人电子计算机（Apple Ⅱ）问世，具有重要的商业意义。34年来，电子计算机得到了迅速的普及和发展，较高层次的计算机不断开发出来，不同品牌的计算机也大量涌现，并在经济生活中得到了广泛的应用，特别是计算机在商业中的应用使人们的经济生活更为快捷，节奏随着工业化的脚步而加快。有人说21世纪是经济节奏竞争的世纪，这与以计算机为基础的信息技术革命具有直接的关联性。“数字化之父”尼葛洛·庞帝认为未来任何东西都将被数字化，估计到2050年计算机的运行速度将达到每秒500万亿次，而2010年中国首台千万亿次超级计算机“天河一号”（二期系统）以每秒 4701 万亿次的峰值性能和每秒 2566 万亿次的实测性能位居榜首，超过了美国。2011 年 6 月下旬，日本推出名为“京”的超级计算机，运算速度为每秒 8200 万亿次。

二、互联网的产生和发展

1969 年加州大学的克莱恩·罗克教授将两部计算机通过路由器连接起来，由此互联网出现了。到 20 世纪 90 年代，互联网大规模发展，才产生了革命性的跨越，世界进入了数字信息技术时代。1969 年美国国防部的阿帕网（ARPANet）①出现，计算机广域网开始逐步发展，至今已有 42 年，1983 年，传输控制与国际互联协议（TCP/IP）正式成为阿帕网的协议标准，这使互联网迅速发展起来，到 1990 年，以它为主干发展起来的互联网已经连接了 3000 多个网络和 20 万台计算机，至 2009 年全球网民有 17.6 亿人，2015 年将达到 30 亿人。

1991 年 6 月，我国第一条与国际互联网连接的专线建成，这条专线从中国科学院高能物理研究所连接到美国斯坦福大学的直线加速器中心。到 1994 年 4 月，我国正式加入互联网，目前国内拥有的国际互联网单位有中国公用计算机互联网（ChinaNet）、中国联通互联网（UniNet）、中国网通网（CncNet）、中国金桥信息网（China GBNet）、中国移动互联网（CMNet）等 5 家可以向社会提供公共服务的商业网；另外还有 5 家专用网：中国科技网（CstNet）、中国教育和科技网（CerNet）、中国国际经济贸易网（CietNet）、长城网（CGWNet）、中国卫生集团互联网（CSNet）等。

2001 年初我国高速互联研究试验网络 NSFCNet 在清华大学通过国家鉴定验收。这是我国第一个高速计算机互联试验网络，首次实

---

① 20 世纪 50 年代末，苏联发射了第一颗人造地球卫星，美国为了在高科技领域、军事领域领先于苏联，成立了高级研究计划署（Advanced Research Project Agency, ARPA）。60 年代后期，ARPA 承担了开发不易遭破坏的实验性的计算机通信网络系统的任务，这个网络被叫做 ARPANet，目标是该通信系统在核战争中仍然能发挥作用。

现与国际下一代互联网 Internet2 的链接，标志着我国下一代互联网研究建设取得了重大突破，中国下一代互联网速度将提高一万倍。

中国的互联网产业经历了三个发展阶段：第一阶段，网站一般只提供电子邮件、BBS 等功能性服务；第二阶段，互联网以提供信息服务为主；第三阶段，主要是 Internet 电子商务。从技术的角度讲，第三阶段互联网主要有五个方面的特点：①无所不在的应用终端；②随时随地的移动计算；③能够实现多媒体多业务的带宽；④真正高度统一、开放的计算标准；⑤真正个性化、人性化的界面和应用环境。[①]

第二节　电子商务的产生及在全球的发展

一、电子商务的产生

在 1839 年电报开始出现时，人们就开始使用电子手段从事商务活动，随着电话、传真等工具的应用，现代商务就一直与电子技术密切地联系在一起，但真正意义上的电子商务的研究和应用实施始于 20 世纪 70 年代末，我们可以把电子商务分为以下两个阶段：

1. 20 世纪 80 年代初期的 EDI 电子商务

早在 20 世纪 70 年代末就出现了企业间的电子商务应用系统——电子数据交换系统 EDI（Electronic Data Interchange）和电子资金交换（EFT）。20 世纪 70 年代，美国航空公司（AA）机票预订系统（SABRE）、电子资金交换（EFT）系统、电子数据交换（EDI）改变了传统航空运输业的经营模式。而实用的 EDI 商务在 20 世纪 80 年代得到了较大的发展。EDI 主要是通过增值网 VAN（Value-added Networks）实现的，EDI 电子商务主要是通过 EDI 网络，交易双方可以将交易过程中产生的询价单、报价单、订购单、收货通知

① 管德泳. 第三代互联网向我们走来［N］. 中国企业报，2000-5-8.

单和货物托运单、保险单和转账发票等报文数据以规定的标准格式在双方的计算机系统上进行端对端的数据传送。应用EDI使企业实现了“无纸贸易”，大大提高了工作效率，降低了交易成本，减少了由失误带来的损失，加强了贸易伙伴之间的合作关系，因此在国际贸易、海关业务和金融领域得到了广泛应用，众多银行、航空公司、大型企业等建立了自己的EDI系统。但是EDI电子商务也存在一些缺陷，如其解决方案都是建立在大量功能单一的专用软、硬件设施的基础上，其网络技术局限性限制了EDI的应用范围扩大，同时，EDI对技术、设备、人员有较高的要求并且使用价格昂贵，受这些因素的制约，EDI电子商务仅在先进国家和地区以及大型的企业范围内应用，得不到广泛的普及和发展，大多数的中小企业难以应用EDI开展电子商务活动。但这个时期，联合国国家贸易法委员会下属的国际支付工作组开始制定EDI统一法。

2. 20世纪90年代初期的Internet电子商务

从20世纪90年代开始，计算机网络技术得到了突破性的发展，依托互联网（Internet）的电子商务技术也就应运而生。Internet电子商务是以交易双方为主体、以银行支付结算为手段、以客户数据库为依托的全新的商业模式，它利用Internet的网络环境进行快速有效的商业活动，从而使电子商务发生了一个质的飞跃：①从单纯的网上发布信息、传递信息到在网上建立商业信息中心；②从借助于传统贸易的某些不成熟的电子商务，到能够在网上完成供产销链条流程的电子商务虚拟市场；③从封闭的银行电子金融系统到开放式的网络电子银行。Internet电子商务给企业带来了增加产值、降低成本、创造商机等方面的效应，与此同时，信息技术也得到了全面发展，如网络安全技术和管理技术得到了保证，系统的应用技术得到了进一步完善，这又为Internet电子商务的发展和应用创造了条件。网上购物起源于1995年，它的先驱是那些不进行传统零售的互联网公司，如Amazon，但今天像美国Wal-Mart这样的传统跨国零售商也建立了自己的网上商店，2010年销售额超过了4200亿美元，2001年以来先后8年位居世界500强之首。

二、全球电子商务的特点

20 世纪 90 年代以来，经济全球化和信息网络化已形成世界经济浪潮，全球电子商务发展迅速，已成为 21 世纪世界新经济的一个核心内容。具体可以从以下七个方面看其特点和发展趋势。

1. 上网人数迅速增长

2000 年底全球互联网用户总数只有 3.75 亿，到 2007 年网民超过了 12 亿人，预计 2013 年全球网民人数将达到 22 亿，见表 1–1，其中亚洲网民的比例将高达 43%，亚洲成为最主要的增长地区。2015 年将达到 30 亿人。

表 1–1　1980~2015 年世界上网人数及其预测

单位：万人

年份	人数	年份	人数	年份	人数	年份	人数
1980	0	1990	400	2000	37500	2015	300000
1981	5	1991	600	2001	47100		
1982	7	1992	1100	2002	55400		
1983	9	1993	2100	2003	63400		
1984	12	1994	3400	2004	71900		
1985	18	1995	4300	2005	117000		
1986	30	1996	6000	2007	120000		
1987	50	1997	7000	2009	176000		
1988	90	1998	11300	2012	180000		
1989	170	1999	30000	2013	220000		

2. 广义电子商务交易增长迅速

广义的电子商务包括经济组织之间、经济组织和消费者之间、消费者之间、经济组织和政府之间、经济组织内部等的电子商务，据艾瑞公司统计，1995 年全球电子商务交易额仅为 2.5 亿美元，1996 年达到 6 亿美元，1997 年达到 250 亿美元，1998 年达到 1020 亿美元，1999 年、2000 年分别达到 2400 亿美元、3770 亿美元，2003 年跨过 1 万亿美元大关，达到 1.3 万亿美元，2004 年达到 2.7 万亿美元，2007 年达到 28.8 万亿美元，全球电子商务正以较高的速度增长。

3. 网上零售增长迅速

电子商务的主体主要包括两大类：一是新兴的以创新为主的电子商务公司；二是开始实施电子商务的传统企业。目前在电子贸易中，企业之间的电子贸易占77%，企业和消费者之间的电子贸易占23%。全球通过网上实现的零售额由1995年的2亿美元上升为2005年的8000亿美元，如图1-1所示。

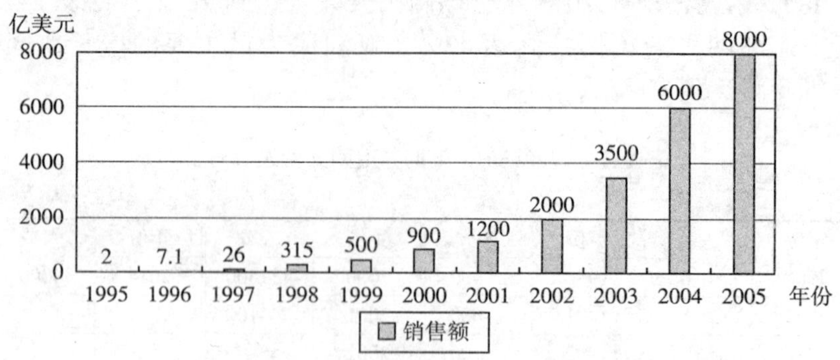

图1-1 全球通过网上实现的零售额

4. 网络的发展正经历一系列转折

（1）从网络商来说，经历了三个发展阶段：第一阶段是ISP（Internet Service Provider）阶段，提供网络接入服务；第二阶段是ICP（Internet Content Provider）阶段，提供各种网络内容服务，这种网络企业主要着眼于提供各种丰富的内容来吸引用户，提高点击率；第三阶段是ASP（Application Service Provider）阶段，即应用服务供应提供商，一般是指网络通过给企业提供租赁式应用软件的服务，通过这些应用软件，企业只需支付很少量的成本就可以进行数字化管理，并获得ASP专业人士的外部服务。理论上的ASP商业模式是：在Internet上或者其他网络上出租核心企业应用程序的访问，目前国内外的ASP大多都采用与客户面对面的推销方式，主要是提供IT软件和网络解决方案，或租或卖，形式很灵活。自世界第一家ASP诞生以来，至2000年6月全球先后成立了600家ASP公司。

（2）从网站来说，1999年以前互联网站是水平门户网站的时代，现在发生着重大的转变：一是网站由水平门户向垂直专业发展；二是电子商务由综合性电子商务网站向专业性电子商务网站转变。

5. 电子商务形式多种多样

B2B 电子商务模式有阿里巴巴、IBM、网捷（Foundry）公司，逆向拍卖有 PriceLine.com 公司，B2C 有沃尔玛、雅虎、戴尔、德士克（Tesco）、美国在线，C2C 有电子海湾（eBay），C2T 有高朋（Groupon），电子支付有维萨（Visa）、万事达（Master）、惠普公司的电子支付（E-Payment）、第一安全银行（SFNB），门户网站有 MSN 公司、Lycos 公司，ASP 模式有 Agilers 公司等，创造了多种多样的电子商务模式。

6. 当前电子商务“瓶颈”主要是网络安全等问题

当前电子商务“瓶颈”主要是网络安全、电子结算、物流配送、AC 信用认证体系、支付方式、法律环境、信息基础环境的问题。不容忽视的是近两年来网上域名抢注现象十分严重，据世界知识产权组织宣布的数字表明，1999 年向该组织注册的国际知名商标共 20072 件，引起争议的域名包括 2002 年世界杯、欧洲隧道、微软、托福考试等，涉及 30 个国家。[①] 2000 年 5 月，世界电子商务领域的领导机构——全球电子商务企业在纽约召开企业指导委员会大会，希望团结协作消除电子商务发展的各种障碍，为互联网在全球范围内顺利发展创造良好的环境。[②]

7. 市场在用无形的手整合网络资源

2000 年 1 月，美国在线（AOL）和时代华纳合并，2000 年 4 月以来，一些网络公司由于经营不善而出现关门现象，如美国娱乐界巨头沃尔特·迪斯尼公司宣布其控股的“聪明玩具”关闭，此外，网上教育玩具零售店（Red Rocket）、Kbedits.com 公司、英国的网上运动服装零售商 Boo 公司（Boo.com）也宣布关闭或倒闭，2000 年美国至少有 210 家互联网公司倒闭，涉及金额达到 15 亿美元。

我国电子商务也是如此，从 2000 年电子商务企业大倒闭后，我

① 任志强. 域名引起争议，网上域名抢注混乱 [N]. 经济日报，2000-2-29.

② 经济日报，2000 年 5 月 31 日报道.

国电子商务得到了较大的发展，2010年我国团购网站得到了较大的发展，从几十家网站迅速发展到几千家网站，至2011年甚至发展到5000多家团购网站。自2007年至2011年4月，京东商城融资近10亿美元，预计到2011年底融资将达到350亿美元。2009年底，深圳市从事电子商务的注册企业达3700多家，2010年以来深圳500多家电子商务企业倒闭。2011年初家居易站濒临倒闭，成为全国家居电子商务网站的一件大事；沃尔玛“追求”京东商城失败后意外牵手1号店，2011年5月以“网上沃尔玛”为创立目标的“1号店”成为“网上沃尔玛”，至2011年8月底，中国人民银行先后批准40家企业获得第三方支付牌照。

第三节　电子商务在中国内地的产生和发展

一、我国电子商务的发展历程

1. 1990~1993年，开展EDI的电子商务应用阶段

1987年9月20日，我国成功发出第一封电子邮件，1990年中国顶级域名“cn”注册成功，中国网络有了自己的身份标志，这些为电子商务的推行奠定了基础。

我国20世纪90年代开始开展EDI的电子商务应用，自1990年开始，原中华人民共和国国家计划委员会、国家科学技术委员会将EDI列入“八五”国家科技攻关项目；1991年9月由国务院电子信息系统推广应用办公室牵头八个部委局发起成立中国促进EDI应用协调小组，同年10月成立中国EDI FACT委员会并参加亚洲EDI FACT理事会。

2. 1993~1997年，政府推动电子商务工程阶段

1993年国民经济信息化联席会议及其办公室相继组织了“金关”、“金卡”、“金税”三金工程，取得了重大进展，至今先后出台了16项政府工程。1994年10月亚太地区电子商务研讨会在北京召

开，促进了电子商务概念在我国的传播。1995 年，中国互联网开始商业化，互联网公司开始兴起。1996 年，金桥网与互联网正式开通。1997 年，信息办组织有关部门起草编制我国信息化规划，1997 年 4 月在深圳召开全国信息化工作会议，各省市地区相继成立信息化领导小组及其办公室，各省开始制订本省包含电子商务在内的信息化建设规划。1997 年，广告主开始使用网络广告。1997 年 4 月以来，中国商品订货系统（CGOS）开始运行。

3. 1998~1999 年，进入电子商务“引入期”

1998 年 3 月，我国第一笔互联网网上交易成功。1998 年 7 月，中国商品交易市场正式宣告成立，被称为永不闭幕的“广交会”。1999 年 3 月，8848 等 B to C 网站正式开通，网上购物进入实际应用阶段。1999 年起，政府上网、企业上网、电子政务、网上纳税、网上教育、远程诊断等广义电子商务开始启动，进入试点和实际试用阶段。

4. 2000 年至今，我国电子商务进入“成长期”

2000 年我国电子商务进入调整时期，一些电子商务企业倒闭，一些进行整合，电子商务 B to B、B to C、C to B、C to C 等多种电子商务交易模式不断创新。电子商务批发交易、零售交易、物流、易货、展会、餐饮、旅游、机票、租赁、保险、证券、期货等逐渐成熟，第三方电子商务不断涌现，风险基金大量进入，涌现出了阿里巴巴、淘宝网、中华粮网、京东商城、易趣网、当当网、卓越–亚马逊等电子商务网站。由于基础设施等外部环境、电子商务应用方式的进一步完善，现实市场对电子商务的需求正在成熟。电子商务软件和解决方案的本土化趋势加快，国内企业开发或着眼于国内应用的电子商务软件和解决方案逐渐在市场上占据主导地位。

二、中国内地的电子商务的特点

1. 上网人数增长，2011 年底超过 5 亿人

自 1995 年网络进入中国以来，我国电子商务发展迅速，是世界上网络经济发展最快的国家，近几年来上网人数增长较快，1996 年仅有 10 万人，1997 年 62 万人，1998 年 210 万人，1999 年初 300 万人，1999 年底达到 890 万人，2000 年 3 月又突破 1000 万人，6 月底

达到1690万人，2002年5910万人，到2009年底达到3.84亿人，成为第一网民大国，普及率达到28.9%，高于全球平均水平（21.9%），2010年底，网民超过4.57亿人，2011年底超过5亿人。“上网不购物，购物不上网”的状况有所改变。

中国互联网络信息中心（CNNIC）发布的《第27次中国互联网络发展状况统计报告》显示，2010年底，网民规模达到4.57亿，较2009年底增加7330万人；互联网普及率攀升至34.3%，较2009年底提高5.4个百分点（见图1-2）。手机网民规模达3.03亿，比2009年新增6930万。

图1-2　中国网民规模与普及率

截至2010年，网络购物用户规模达到1.6亿，使用率提升至35.1%，上浮了7个百分点。网络购物用户规模较快增长，显示出我国电子商务市场强劲的发展势头。

2. *电子商务及网上交易额增加*

1999年中国电子商务年总交易额达到2亿元，网上交易额达到5500万元，到2010年电子商务交易额、网上交易额分别达到4.5万亿元（见图1-3）、5131亿元。支付手段主要是网上支付和货到付款等形式，2010年全国共有网站191万个，[①] 其中各种电子商务网站

① 至2001年9月，我国有各类网站近24万个，2009年达到323万个，2010年6月底为279万个，2010年底为191万个。

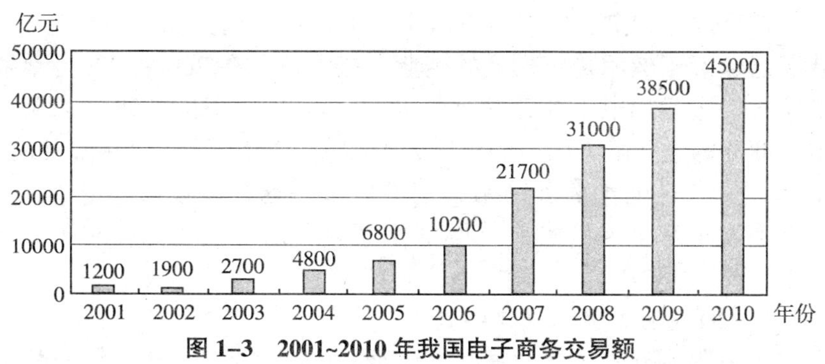

图 1–3　2001~2010 年我国电子商务交易额

（如网上商店、在线拍卖、网络订票、网上旅游、网上教育、网上医疗、网上咨询等）27000 家。

2008~2010 年，我国电子商务交易额分别达到 31000 亿元、38500 亿元、45000 亿元，2015 年预计将达到 180000 亿元，年均增长 20%，未来 10 年，中国将有 70%的贸易额通过电子交易完成。2008~2010 年，网上购物分别达到 1281.8 亿元、2630 亿元、5131 亿元，占社会消费品零售总额的比例分别达到 1.2%、2.1%、3.32%，2015 年将达到 30000 亿元，详见图 1–4。

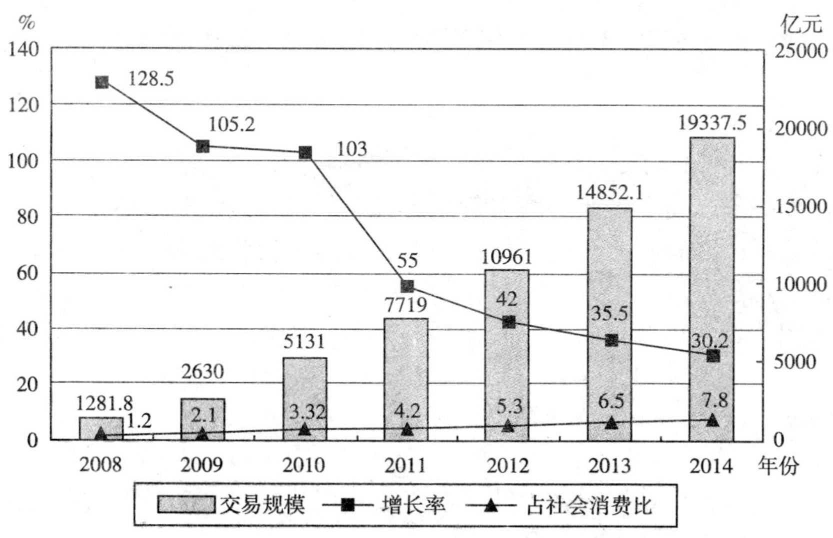

图 1–4　2008~2014 年网上零售交易增长趋势

在全球金融危机的经济形势下，运用电子商务的中小企业生存状况远远好于运用传统模式的企业。据统计，在2008~2009年金融危机中，未运用电子商务的企业陷入困境的比例达84.2%，而运用电子商务的企业陷入困境的比例为16.8%，两者相差近5倍。北京、上海、广东是电子商务网站聚集的城市，这几个城市的电子商务发展速度也是全国最快的，2009年电子商务交易额均在3000亿元以上。

3. 电子商务的商业业态多样

从商业业态的角度而言，网上商店的出现又是20世纪末和21世纪初商业零售业态的第四次革命，百货店（商场）是零售业态的第一次革命，超市是第二次革命，连锁商店是第三次革命，网上商店是第四次革命。2000年中国购物网站占电子商务网站的60%左右，在购物网站中，有商品种类齐全的综合类网上商城，如新浪商城；有网上超市，如中粮我买网；还有网上专卖店，如专门售书的卓越—亚马逊网站、当当网上书店，专门销售鲜花礼品的玫瑰花坊，专门销售IT产品的中关村在线等。南方航空公司从2000年3月28日起在国内率先使用电子客票，广州至北京、广州至长沙两条航空线上的旅客可以先行一步通过电子客票实现无票旅游，标志着我国民航跨进电子客票时代，并促进销售观念的更新和销售方式的历史性变革。

4. 多种结算形式同时存在

（1）网上购买，网上结账。分为两种类型，一是网上下单购买，许多服务产品直接通过网络载体在网上下载，网上利用电子货币进行结算；二是网上下单购买，网下通过商品物流配送，实现商品的价值。在当前条件下，网上结算是电子商务的一个“瓶颈”，目前所采用的是中国银行长城借记卡（全国）、中国银行长城人民币信用卡、中国工商银行的牡丹人民币信用卡（全国）、维萨卡（Visa Card）（外币卡）（全球）、万事达卡（Master Card）（外币卡）（全球）、招商银行“一卡通”及“一网通”。全球最大的电子支付系统供应商惠普公司下属公司针对电子交易现状推出创新性的付款方案Electronic Payment 2000等。

（2）网上下单，送货上门结账。即网上下单购买，但绝大多数商品不能够在网上下载，必须通过网下配送系统完成，而网上结算条件尚不成熟，所以，一般采用送货上门，消费者验货后采取现金方式结账，或移动 POS 结算。在当前条件下，我国许多网上商店采用这种形式，在这里信息传递的主体，商品的实物传递主体，货币的收缴主体都是一个法人主体，只不过代表人不同而已。

（3）网上购买，银行汇款，或者划账。网上选购商品，采用银行汇款、银行转账。国内用户使用国内的银行信用卡，如中国建设银行的龙卡、中国农业银行的金穗卡，国内单位用户可以通过银行或邮局汇款；海外用户可以使用国际通用的银行信用卡、电子银行结算等。

（4）网上购买，邮局汇款结账。网上选购商品，采用邮局汇款结账。

当前四种形式的网上购物同时存在，送货上门结算是网上购物结算的初级形式，网上购物同时网上结算是其高级形式，但需要有一个逐步发展完善的过程，这四种形式将长期存在。

5. 电子商务模式多种多样

B2B 电子商务模式有阿里巴巴、中华粮网、山东栖霞苹果网、浙江兼城网上交易市场、中国滤材网、中国茧丝绸交易市场网、煤炭交易市场网、张家港化工电子交易市场网；逆向拍卖网有必联网、网达信联网；传统企业 B2C 模式有沃尔玛及其 1 号店、卓越-亚马逊、戴尔网、国美网上商城及其库巴、苏宁易购、我买网；新兴网络公司 B2C 模式有京东商城、凡客诚品、淘宝商城；旅游网有携程网、春秋航空网；C2C 模式有淘宝网、易趣网；C2B/C2T 模式有拉手网、美团网、满座网等；闲休网有试用网、世纪佳缘等；网络视频有土豆网，以手机为载体的有空中网；以 Web 2.0 为载体的有博客网及新浪微博网；餐饮有美食天下；网上证券有国信证券网等；网上期货有泰阳期货；支付网有拉卡拉电子支付模式；第三方支付有支付宝、快钱支付；网上银行有中国银行、招商银行等。

6. 电子商务经营形式多样

2001 年 9 月，我国网站总数为 23.8 万个，到 2009 年，网站达到 323 万个，2010 年底为 191 万个。电子商务经营形式多样，主要表现在以下七个方面：

（1）网络旅游十分火爆。现有旅游网站 350 多家，几乎所有的 ICP 门户网站都设有专门的网络旅游。[①]

（2）网上证券交易成为最早盈利的网络业务，我国网上证券是从 1997 年开始的，现有 89 家证券公司的 200 多家证券营业部开展网上业务，投资开户近 30 万人，截至 2006 年 2 月，我国网上证券委托的客户开户数达 610.01 万户，占沪、深交易所开户总数一半 3680.65 万户的16.57%；2006 年 2 月，证券公司网上委托交易量约为 1247.22 亿元，占沪、深证券交易所 2 月股票（A、B 股）、基金总交易量 7448.88 亿元（双边计算）的 16.74%。截至 2009 年 12 月 30 日，网络炒股用户规模为 5678 万人，占 14.8%，年增幅 67%。

（3）电子口岸（又称“口岸电子执法系统”）2000 年 6 月 1 日正式运营，这是指与进出口贸易管理有关的海关、国检、外贸、银行、公安、工商、税务、外汇、铁道、民航等 12 个部门，运用 Internet 网络技术，将各部门分别管理进出口业务的信息流、资金流、货物流的电子底账数据集中存放在一个公共数据中心，为政府管理机关提供跨部门、跨行业联网数据核查，并为企业提供在网上办理各种进出口业务的信息系统。

（4）电子商务示范城市、示范企业已经开始试点，一些大型企业集团如中石油、中石化、海尔、春兰、美的、三九及中国邮政等已进军电子商务。

（5）电子商务进入农村，近几年来，一些农村，特别是蔬菜基地、农副产品企业充分利用电子商务集散信息，起到了积极的引导生产和消费的作用，“订单农业”、“订单蔬菜”给农民生产带来了一定的实惠。一些农副产品批发市场纷纷触网，如广东农产品中心企业的“金农网站”、深圳布吉农产品批发市场、广西食糖中心市场、全国棉花交易市场、郑州粮食批发市场等采用不同的电子商务模

① 蒋峥. 旅游网为何能先声夺人［N］. 经济日报，2007-11-2.

式等。[1]

（6）电子商务与保险业的联手，中国平安保险公司、新华人寿、泰康人寿、中国太平洋保险公司等都积极开发电子商务技术。例如，中国太平洋保险公司的天天有网站，用户点击它的保险超市，就可以完全个性化地根据自己的保险需求选择险种投保；公司在确认用户的保险需求后，会以最快的速度将保单送到用户指定的地点，并支持用户通过网上银行付款。

（7）各家银行纷纷建立网上银行，1996 年中国银行建立自己的网站，成为第一家上网银行，至今中国银行、招商银行、中国工商银行、光大银行、深圳发展银行、中国邮政银行等陆续推出网上银行，开通了网上支付、网上自助转账和网上缴费等业务，初步实现了各种在线金融服务。

7. 政府出台了一系列与电子商务有关的法律和法规

我国虽然还没有电子商务的专门法律法规，但对与电子商务相关联的电信业和互联网，国务院和有关部门先后出台了一系列管理规定。2004 年 8 月 28 日出台了《中华人民共和国电子签名法》(2005 年4 月 1 日实施)、国务院总理 291 号令颁布了《中华人民共和国电信条例》、292 号令颁布了《互联网信息服务管理办法》，国务院新闻办、信息产业部制定了《互联网站从事登载新闻业务管理暂行规定》，信息产业部发布了《互联网电子公告服务管理规定》，国家保密局发布了《计算机信息系统国际联网保密管理规定》，中国互联网信息中心发布了《中文域名管理办法》，最高法院审判委员会通过《关于审理涉及计算机网络著作权纠纷案件适用法律若干问题的解释》，九届

① 金龙网站被称为世界第一网，或者称为全国最大的农业信息集散地，该网站可以提供的服务有：一是通过国际互联网，不仅与国内外 100 多个著名的农业科研机构建立科研关系，而且与世界各国家、各地区具有代表性的和广泛辐射性的大型农产品市场建立了紧密的信息共享协作关系，只要加入了该网络，便能得到空间最广的信息查询、寻找商机、广告宣传、咨询洽谈等服务；二是可以运用网上电子货币支付，安全认证，密钥管理一系列功能，顺利完成异地交割，资金回笼，甚至实现农业订单生产；三是为客户提供全方位的农业综合性的服务，包括政策法规、产品价格、供求、农资、技术、科技、教育、运输、仓储、加工、广告、网上拍卖、进出口业务等电子商务服务；四是中心批发市场为电子商务提供担保服务。

全国人大常委会表决通过《全国人大常委会关于维护互联网安全的决定》，商务部出台《关于加快流通领域电子商务发展的意见》等。

8. 2000 年中国电子商务进入调整和整合时期

一些网络公司相继联合、合作和重组，有些以资本为纽带，有些以业务活动为纽带。例如，ICP 新浪网和 ISP 新网合作，实现双方资源共享，降低运营成本，体现 ICP 和 ISP 为用户带来的服务；2000 年 8 月 23 日，联想以价值 3537 万美元的有形资产入主赢时通，以 40%的股权占有率成为单一最大的股东，这是我国互联网行业金额较大的一次并购，联想集团是中国最大的 IT 企业之一，赢时通是中国当时最大的证券类网站，向全国 100 多家证券公司营业部提供电子平台，服务手机用户有 1900 万户（占全部移动电话用户的 30%），当时被称为中国式的“AOL 和时代华纳的合并”；[①] 163 全国网上商城（Virtual Electronic Commerce City）也是一种组织和经营方式的创新——163 是信息网络公司，全国 50 家著名商场加盟且采用连锁经营形式；新浪网和易趣网结成战略联盟，在新浪网“网上商城”栏目共同推出一个采用双方标志的网上竞价平台，用户只要点击新浪网“网上商城”或者通过 http：//eachnet.sina.com.cn 就可以进入该平台，浏览易趣网的全部内容，并进行网上竞标拍卖（在这个平台上注册的用户，可同时成为新浪网和易趣网的用户）；人人网宣布并购奇迹中文教育网站，拥有奇迹教育网站后，人人网会将广泛的教育性内容融于自身的垂直频道中以更好地为全球华人提供网络内容、社区和电子商务服务；雅宝与百家知名网站结成战略合作伙伴；新浪网和“打折啦”网站结成战略联盟；盈通科技与联想集团结成战略伙伴关系；广发银行北京分行与北京雅宝拍卖公司结成战略伙伴关系；搜狐收购“中国人”（ChinaRen.com）网站；新浪网与阳光卫视相互持股等。

---

① 2000 年 8 月下旬，联想以价值 3537 万美元的有形资产入主赢时通，以 40%的股权占有率成为单一最大的股东，这是至今为止我国互联网行业金额最大的一次并购，香港联合交易所做出积极反应，联想股价上涨 2.8%。

习题

1. 简述电子商务产生的两个最基本的技术基础前提。
2. 从全球来看，电子商务发展经历了哪两个阶段？
3. 全球电子商务具有哪些特点？
4. 我国电子商务的发展经历了哪几个阶段，具有哪些特点？
5. 当前我国电子商务的结算方式有哪些？

第二章　电子商务基础知识

第一节　电子商务及其本质

一、电子商务的定义

电子商务（E-business），[①] 是指通过各种计算机和网络技术进行的一切商业活动，如经济组织内部的商业信息共享、经济组织之间的商业数据交换、网上交易等电子商务活动。

电子商务的内涵，即交易过程的电子化，既包括传统交易的电子化，也包括现代交易的电子化；既包括直接交易过程的电子化，也包括间接交易过程的电子化；既包括传统货物贸易的电子化，也包括现代服务贸易的电子化；既包括竞争性贸易过程电子化，也包括宏观的贸易管理活动的电子化；等等。电子商务过程既包括网上广告、订货、付款、客户服务，也包括货物的投递、销售，以及市场调查分析、财务核算等。电子商务主要包括五个方面的电子商务活动：①经济组织与经济组织之间的电子商务；②经济组织与消费者之间的电子商务；③消费者与消费者之间的电子商务；④经济组织与政府之间的电子税收和政府采购及抛售；⑤经济组织内部的电子商务活动；等等。在技术上，电子商务采用电子数据交换（EDI）、

① 电子商务英文有两种写法，一种是以 IBM 公司为代表的，提出 E-Business；另一种是以 HP 公司为代表的，提出 E-Commerce。本书采取第一种称谓，后同。

电子邮件（E-mail）、共享数据库系统（Database）、电子公告牌（BBS）以及条形码（Barcode）等多种技术。

近年来，随着宽带电信网、数字电视网、下一代互联网的融合，物联网的出现，人们把利用这些技术进行的商务活动也称为电子商务，这是技术的进步对商务活动带来的影响。例如，互联网技术包括采用 TCP/IP 协议的技术，物理性的网络线路包括公众电话线路网、ISDN、专用 IP 网、互联网 VPN、卫星通信、CATV、移动通信网等，由此，电子商务不仅依靠原有的固定互联网络，而且也依靠无线移动网络。

二、电子商务的本质

电子商务的实质是将现代网络信息技术应用于所有商务活动，自然也包括政府的采购等活动。

（1）电子商务的本质是信息科技的引入和应用——计算机、信息技术和网络技术在商品流通领域里的应用，是电子和商务的有机结合，是又一次技术革命对人类社会、经济、文化等方面的多元冲击。

（2）互联网确实创造了一种传播载体，与铁路、公路、水路、航空、管道五种商品运载方式并存，如有些特殊商品不仅可以网上交易、网上结算，甚至能够在网上下载并且享用，如 CD、影视、软件、图书、报刊等信息资料，是商流、物流、信息流、资金流、消费流五者的统一，它确实创造了一种“新的传播通道”。

（3）互联网是新经济的重要内容之一，新经济的内容是“网络经济×全球化”。而电子商务是网络经济的重要内容，它正在改变传统的企业、传统的营销方式和业态形式。

（4）网络技术将改造传统经济，“要么电子商务，要么无商可务”（E-business，or out of Business），同时，网络经济与传统产业将相互融合，形成 21 世纪发展的主流。

第二节 电子商务的主体、客体、对象、空间

一、电子商务的主体

电子商务的主体是指商品的提供者，主要包括以下几种：①生产厂商，如 Avon——化妆品商店排名第一名（4.95 分），Dell——个人计算机的 70%以上由网上销售来完成；②传统的中间商，如沃尔玛（Wal-Mart）是全球最大的商业零售商，1999 年销售 1650 亿美元，2000 年销售达到 1900 亿美元，进入 2000 年《财富》杂志 500强前列，2009 年销售收入超过 4056.07 亿美元，再次超过了石油大亨，成为世界 500 强之首，2001~2010 年中 8 年荣登榜首（见图 2-1）；③现代意义上的网络经营商，如雅虎（Yahoo）、亚马逊（Amazon），其中亚马逊书店是互联网上最大的网上书店，经销 300 多万种图书（包括 100 多万种绝版图书），1997 年收入 1.48 亿美元，现已将业务扩大到更广泛的领域。

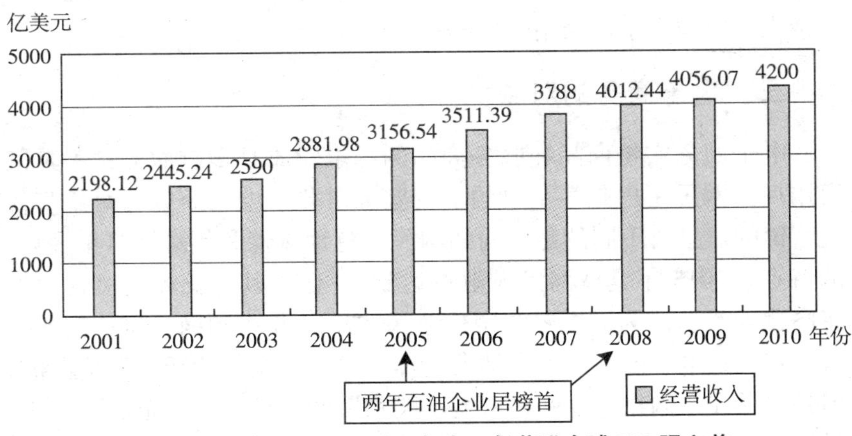

图 2-1 沃尔玛 2001~2010 年中 8 年荣登全球 500 强之首

二、电子商务的客体

电子商务的客体是指网上交易的商品，具有确定性、均一性、可察性、知识性、无形性等特点，主要包括三大类，即实体商品、软件商品、网上服务等，如淘宝网交易平台经营的商品数量达5亿~8亿种，这是任何一家实体交易市场或者单体商店难以匹敌的。

1. 实体商品

实体商品包括日用工业品、农产品、生产资料、再生资源等产品。随着科技的发展，电子商务交易的实物商品种类会越来越多。

2. 软件商品

软件商品包括软件销售、软件信息提供服务，具体包括软件、游戏、电子图书、电子报刊、新闻、研究报告、论文等信息库的查询与检索。

3. 网上服务

目前网上交易的服务商品主要是图书、唱片、软件、电脑以及相关商品，或是网上商店自身有特色的服务商品。2000~2004年美国网络零售市场占有率较高的前五大商品是旅游、计算机（及相关产品）、影像音乐、鲜花、服饰。我国目前网上商店销售的商品集中在计算机、图书、音像制品、家用电器、通信器材、礼品、服装服饰等；目前消费热点集中在五大热点：计算机通信、生活用品、书籍杂志、影像音乐、家用电器。

三、电子商务的对象

电子商务实物商品和服务商品的需求对象是多方面的：一是网民用户。网民用户是最主要的消费服务对象，电子商务的对象与传统营销的对象所不同的是当前的网民具有地域性和年龄性（年轻化）的特点。2015年全球网民人数将达到30亿，其中亚洲网民的比例将高达43%，成为最主要的增长地区，2011年中国网民将达到5亿人。网民是电子商务的潜在消费群体对象，也是最活跃的消费群体，但是也存在“购物不上网，上网不购物”的现象。二是企业的客户、供货商、采购商、其他合作伙伴和交易当事人，以及内部员工，等等。

四、电子商务的空间

电子商务的空间是指网上交易的市场空间，其空间的提供者是网络（the Net），包括下一代互联网络（Internet）、宽带电信网、数字电视网、物联网、其他类型的公共网等。电子商务的特点之一就是空间范围的广域性，但是电子商务的广域性又受电子商务的物流配送以及网络的空间限制，这是电子商务的交易的广域性与实物空间的地域性的对立统一。

第三节　电子商务网站——物流配送——电子交易结算

电子商务网站——物流配送——电子交易结算是电子商务的“三位一体”，它们虽然相互区别，但相互联系，结成为一个统一的整体，如果缺少某一个环节，或者某一环节不完善，都会带来交易上的风险。

一、电子商务必须有一个电子交易平台

电子商务必须有一个电子交易平台，其主体一般是专业的网络商，或生产或经营的实体商人，电子交易平台一般为各类交易当事人提供各种服务，如商品信息、网络技术等方面的服务，在网络平台上，主办人提供各种服务，对消费者而言，大多数服务是免费的，以吸引顾客，为顾客服务，也采取一些收费性的服务；而对厂商、供货商、采购商，大多提供更多的有偿服务，如广告费、电子商务技术服务等。在电子商务网络平台上，“买者”、“卖者”、“交易中介人”在这个电子市场里交流信息，进行商品订货、价格磋商、产品展示、品牌塑造等商品流通活动，有些特殊商品可以直接在网上下载使用，实现其商品的使用价值。

二、电子商务必须有商品的物流配送支撑

电子商务必须有商品的物流配送支撑，这是因为大多数电子商务的商流完成以后，还得有一个物流和配送过程，完成商品实体在空间上的转移，物流配送的主体可以是厂方、流通企业，也可以是“第三方物流（3PL）”企业，甚至有“第四方物流（4PL）”企业参与进来。人们经常将物流配送称为电子商务的物流支持者，是指从事速递服务业务，包括专业速递公司、配送中心、厂家——消费者（用户）的直达供货。

三、电子商务必须有一个电子交易结算

电子商务必须有一个交易结算，当交易达成以后，交易结算就成为交易的核心问题，“先交钱，后付货”是传统的交易方式，“先付货，后交款”是信用交易形式，信用交易里面包括分期付款和延期付款两种形式，在电子商务活动中，由于许多供求双方都具有不可知性，信息具有不对称性，信用则成为交易结算的交易基础。网上交易结算的支持者是指网上金融公司（网上银行）以及专门从事第三方交易结算的机构等。

第四节　电子商务的特点和功能

一、电子商务的特点

电子商务相对于传统商业至少具有四个方面的优势：一是全新的时空优势。互联网跨时空的特征使电子商务面临无国界的市场和随网络和物流配送环境延伸的销售空间。二是更快捷、经济的交易手段。利用互联网这一虚拟渠道，可以避开中间环节，加快信息流，降低交易成本，以更优惠的价格向客户供货。三是个性化的服务。通过网上多媒体功能不仅可以全方位展示产品的特性，而且有利于

消费者认识产品的内在质量，并通过直接面对用户的个性化需求，有利于企业密切与用户的关系。四是零库存优势，“零库存”是一种特殊的库存概念，其对工业企业和流通企业来讲是个重要分类概念，零库存的含义是指以仓库储存形式储存的某种或某些物品的储存数量很低，甚至可以为“零”，即不保持库存，而通过快速补货系统实现这一目标。通过互联网实时采购和接受客户的个性化订制，有助于企业实现零库存和低库存。

电子商务的特点具体可以从以下两个方面来看：

1. 从消费者的角度来看

从消费者的角度来看，电子商务具有如下特点，即消费的高效率、服务的优化和个性化、增加了消费者剩余。

(1) 消费的高效率。通过电子商务，消费者可以实现“足不出屋能购天下物”的消费理想，满足一部分消费者新的消费理念，同时，消费也在时间上延续和空间上扩大，减少了中间环节，消费者购物成本最大的是搜寻成本，而在网上进行搜寻，能够迅速地查询、比较各类商品和服务的品种和价格，完成商品的搜集活动。

(2) 服务的优化和个性化。通过电子商务，消费者可以提出和设计自己所需要的个性商品和服务活动，消费者的主权可以得到充分地体现。产品的生产商和供货商与消费者直接见面，信息直接沟通，减少了信息的不对称性。电子商务的一对一的贸易形式使以消费者为主导的消费水平得以升级。

(3) 增加了消费者剩余。由于电子商务会节省中间环节，降低交易成本，具体来说减少了搜寻成本，降低了购物成本，商品和服务的价格会更低，这样，消费者剩余会增加，消费者会得到更多的实惠。

2. 从企业的角度来看

从企业的角度来看，电子商务主要有以下特点，即无店铺经营、离线服务支撑、商务的交互式沟通。

(1) 无店铺经营。无店铺经营是电子商务一个重要特征，这是相对有店铺的厂家经营而言的，电子商务具有在时间上的无限延续性，可以 24 小时营业；在空间上的无限广域性，依托 Internet 可以在全球范围内进行交易活动。就不同的商业业态而言，分为有店铺业态与无店铺业态，有店铺业态包括百货商场、超市、专业店、仓储商店、便民店、购物中心（Shopping Mall）等，无店铺业态包括网上商店、电视购物、电话购物、邮购、无人售货、目录商店等，随着经济的发展，网上商店这种无店铺经营组织将取代其他无店铺经营业态。

（2）离线服务支撑。电子商务在时间上的延续性和空间上的广域性又受商品的物流配送的地域限制，物流配送在空间网络上的布局越广，电子商务的时空度也就越大，效率也就越高。电子商务离不开商品的物流和配送作为支撑，通过电子商务可以减少生产和流通过程中的库存量，甚至实现零库存。通过电子商务的服务传输系统、先进高效的物流配送，可以实现科学的货物运输和储存的最优化。

（3）商务的交互式沟通。电子商务可以实现整个商务活动的交互式沟通，生产者、经营者、消费者、中介人等的交互式活动是以消费者为中心展开的，以实现其活动的有效性，集分散性购物成批量订单，形成较低的价格优势。个性化服务包括不同的商家之间、生产厂家之间、生产厂家与经销商之间、经销商之间、生产厂家与消费者之间、消费者之间、电子商务服务商之间、电子商务服务商与客户之间的交互式商务活动。

二、电子商务的功能

1. 信息的互动——网上广告

电子商务通过网络采集和发布大量有用的商业信息，它作为一种新的传播媒体载体，具有比传统媒体更多的优势，电子商务使企业可以通过自己的 Web 服务器、网络主页（Home Page）和电子邮件（E-mail）在全球范围内作广告宣传，在 Internet 上发布各种商业信息，客户可以借网上的检索工具迅速地找到所需要的商品信息，与以往的广播、电视、报纸、杂志等各类广告相比，网上广告成本最为低廉，而给顾客的信息却最为丰富。

2. 咨询洽谈——网上洽谈

电子商务使企业可以通过自己的非实时的电子邮件（E-mail）、新闻组（News Group）和实时讨论组（Chat）来了解市场和商品信息、洽谈交易事务，如有进一步的需求，还可以用网上的白板会议（Whiteboard Conference）、公告板（BBS）来交流即时的信息。在网上的咨询和洽谈能超越时空，突破面对面的洽谈的限制，提供多种方便的异地交互式沟通。

3. 网上订购——网上交易

电子商务通过Web中的电子邮件的交互传送实现客户在网上的订购。企业的网上订购系统通常都是在商品介绍的页面上提供订购提示和订购交互表格，当客户填完订购单后，系统回复确认信息单，表示订购信息已经收悉。电子商务客户订购采用加密的方式使客户和商家的商业信息不会泄露。有时也可以采取网上订购，网下（Off Line）实现交易等多种形式。

4. 网上支付——网上结算

网上支付是实现电子商务的重要环节，以借记卡、信用卡、电子钱包、电子支票、电子现金等多种电子支付方式进行网上支付，与传统的货币形式相比，具有快捷、高效、方便、经济等优势，可节约交易成本，方便人们购物和消费。用户可以随时通过一台上网的计算机在很短的时间内完成整个支付过程，但是，在网上支付的发展过程中，还有一些问题需要解决，一是要建立更为可靠的信息传输系统，以确保在网上传送的支付信息不被破坏、窃取；二是支付方式的统一，解决各种支付方式互不兼容和单种支付方式中的标准一致的问题；三是跨国支付中的货币兑换问题。

5. 电子账户——网上转账

在网上支付前，用户必须有一个电子账户，即由金融单位提供电子账户管理等网上操作的金融服务。客户的信用卡号或银行账号是电子账户的标志，电子账户通过客户认证、数字签名、数据加密等技术措施的应用保证电子账户操作的安全性，当电子账户建立后，就可进行网上支付了。

6. 商品的传输——在线实现和物流配送

在电子商务的订货、支付交易形式完成后，电子商务的主体将提供商品或服务，从而完成一次性电子商务过程。有些无形商品和服务，如软件、电子读物、信息服务等可以直接在网上通过下载实现，直接传递到用户端；对于有形的实体商品，电子商务服务传递系统可以对本地和异地的仓库在网络中进行物流的调配，可以采用买卖交易方的物流配送系统，也可通过“第三方物流和配送”完成商品实体的空间转移，配送到客户目的地。电子商务的服务传输支持系统是电子商务不可分割的一个组成部分！

7. 与店铺交易对应——网上交易

电子商务作为一种新型的交易方式，将人们带入一个新的空间，使“足不出屋能购天下物”的理想变为现实，供求双方可以借助网上的邮件交互传送，在网上直接洽谈交易。网上交易是电子商务的一个组成部分，它可利用多媒体技术在自己的站点上提供大量的文件、图片、动画、语言等多种形式的资料，其内容既包括商品的价格等，也涉及该商品的特点、性能、使用方法等有关的知识，网上交易能够采用各种手段为客户迅速在网上查找所需要的商品提供方便，而且交易信息还可以采用加密的方式使客户的商业信息不至于泄露。

8. 业务组织与管理——网上客户管理

电子商务是一种基于信息的商业进程，无论是交易各方在交易合同签订前的活动，还是交易过程中，企业内外的大量业务被重组而得以有效运作。企业通过 Internet，对外加强与合作伙伴之间的联系，对内提高业务管理的集成化和自动化水平，在业务组织和管理上能够做到快捷、高效、方便。

9. 意见征询——网上咨询

企业的电子商务可以采用网页上的“选择”、“填空”等及时收集客户对商品和销售服务的反馈意见，客户的反馈意见能提高网上交易售后服务的水平，使企业获得改进产品、发现市场的商业机会，企业通过电子商务能够及时吸取客户的反馈意见，并根据市场发展和顾客的需要不断调整内部管理和各种经营活动。

习题

1. 何谓电子商务？电子商务具有哪些内涵？

2. 简述电子商务的本质。

3. 简述电子商务的主体、客体、对象、空间。

4. 简述电子商务的客体具有的特点及其分类。

5. 为什么说电子商务的网民具有地域性和年龄性？

6. 为什么说电子商务是网上交易、物流配送、电子结算的“三位一体”？

7. 简述电子商务的优势和特点。

8. 电子商务具有哪些功能？

第三章 电子商务基本技术和服务

第一节 网络技术是电子商务的基础

计算机和网络技术的发展为电子商务奠定了基础，随着计算机和网络技术的发展，电子商务也随之而发展。

一、网络协议及 TCP/IP 协议

由于计算机网络中各台主机的类型和规模可能不同，每台主机的操作系统也不一样，为了保证计算机网络能够正常运行，就必须有一套网络中各个节点共同遵守的规程，这就是网络协议。互联网不是一个单独的、封闭的网络，它是建立在全球众多网络上的一个网络集合，在互联网上存在许多不同类型的计算机，还有的是运行各种系统的服务器，每个网络的结构也不相同，有的是总线型网络，有的是环线型网络。这是网络协议发挥作用的前提。网络协议有多种，[①] TCP/IP 协议是一种主要的协议。

---

① 在 Internet 网上的协议有 IP 协议、用户数据包协议（UDP）、传输控制协议（TCP）、点到点协议（PPP）、互联网控制报文协议（ICMP）、远程登录协议（Telnet Protocol）、文件传输协议（FTP）、简单文件传输协议（SFTP）、简单邮件传输协议（SMTP）、域名系统（DNS）、超文本传输协议（HTTP）、超文本标记语言（HTML）、邮件存取协议（POPS3），等等。有关 Internet 使用的各种协议标准、技术报告均可以从 Internet 网络信息中心（NIC）提供的 RFCs（Request for Comments）获得。

TCP/IP 协议的英文是 Transmission Control Protocol/Internet Protocol，是一个以传输控制协议/互联网协议为基础，连接各个国家、各个部门、各个机构等计算机网络的数据通信网，它是指互联网各子网之间相互遵守的网络通信协议，泛指所有与互联网有关的协议簇。TCP/IP 协议是将计算机组成网络的一系列协议的总和，其命名源于其中重要的两个协议，一个是 TCP 协议，称为传输控制协议，它是基本的传输协议；另一个是 IP 协议，称为网间互联协议，它是网络的底层协议，IP 为异种网络提供一个通用层。TCP/IP 协议能确保不同类型的计算机及网络在一起工作，协议的细节非常专业和复杂，但很少有人对其具体内容感兴趣。TCP/IP 协议是由美国国防部下属的国防部高等研究计划所组织一部分教授、研究生和研究人员共同研制成功的。

TCP/IP 协议还包括诸如 DNS、FTP、Telnet 等协议，内容包括介质访问、信息包传输、会话通信文件传输和终端仿真，由于 TCP/IP 协议的问世大约比目前的国际标准 OSI 模型早了 10 年，所以 TCP/IP 协议看起来似乎不符合国际标准，但由于 TCP/IP 协议是由非专利性质的协议组成的，并且这些协议不属于任何一家公司，只要愿意，任何人都可以使用这些技术，因此，TCP/IP 协议得到绝大多数厂商的扶持，从而成为一个成熟的工业标准协议，并且被各种各样的网络所支持。最终发展成异种网之间较为完美的互联网协议，可以说，没有 TCP/IP 协议，就没有今天的互联网。

二、Web 技术

1. Web 的概念

Web 是 www（World Wide Web）的简称，它是建立在客户机/服务器模型之上的，以 HTML 语言和 HTTP 协议为基础，能够提供面向各种 Internet 服务的、一致的用户界面的信息浏览系统。

2. Web 的产生

20 世纪 80 年代出现了很多帮助人们分类、查找信息的工具，但是最大的突破性工具是 Web，Web 是 1989 年在日内瓦的欧洲粒子物理实验室工作的英国人蒂姆·伯纳斯·李（Tim Berners–Lee）首先提出来的，目的是能够将各自的信息通过超文本传输实现网络共享。一年以后，伯纳斯·李开发出了架构全球信息网的三大基本技术：HTTP（超文本传输协议——计算机和服务器之间的格式语言）、HTML（超文字描述语言——全球通用的文件格式）以及URL（网址——文件位置的标示系统）。1991年新年刚过，伯纳斯就把自己开发的全球信息网放到互联网上。

于是超文本的概念也随之产生。信息和文件之间的关系不是层次的，不靠菜单链接，而是一种新的链接关系。从文件角度来说，当你对其中的某一个词感兴趣时，用鼠标点击它，立即就转到另一个文件，这个文件可以对这个词进一步解释信息。新文件又可以链接另一个文件，如此链接下去。

3. Web的发展

Web经历了三个发展阶段，即Mosaic、Netscape Navigat 1.1、Internet Explorer。

（1）在1993年，美国伊利诺伊州立大学的超级计算机应用国家中心发布了Mosaic——第一个图形浏览器。Mosaic浏览器使设计包含图形的文档成为可能，网页由此而诞生。之后，www开始爆炸性增长。

（2）在1994年，Mosaic的后继者Marc Andreessen继承了Mosaic建立起来的成功模型：在网上免费发布产品信息以建立广泛的用户基础。Netscape Navigat 1.1发布，并迅速代替了Mosaic，控制了浏览器市场，甚至Netscape也成为浏览器的同义词。

（3）但这种市场饱和状态没有持续多久，Microsoft公司最终看到了互联网的潜力，1995年开发了一个更好的浏览器——Internet Explorer，并把它与Windows系统软件捆绑销售，扩大了市场的占有率，改变了Netscape一统天下的局面。

4. Web技术结构

（1）Web通信的基本原理。由浏览器向www服务器发出HTTP请求，www服务器接到请求后，进行相应的处理，将处理结果以HTML文件的形式返回给浏览器，客户浏览器对其进行解释并显示给用户。www服务器要与数据库服务器进行交互，则必须通过中间软件才能实现。

浏览器是用户端计算机上的应用软件，就像一个字处理程序一样（如 Word Perfect 或 Microsoft Word）。在屏幕上看到的网页是浏览器对 HTML 文档的翻译。由于浏览器使用图形用户界面（GUI），用户在使用计算机时不必用键盘输入各种命令，只需用鼠标选择象形图标代表命令，因而方便了用户。

（2）Web 浏览器的工作方式。

第一，浏览器使用 HTTP 协议向 Web 服务器发送请求以访问指定的文档或申请服务。

第二，Web 服务器发回请求的响应——HTML 书写的文档，浏览器阅读解释其中所有的标记代码并以正确的格式显示。

（3）浏览器屏幕的组成（见表 3–1）。

表 3–1　浏览器屏幕的组成

标题栏	Web 页的标题
菜单栏	菜单选项
工具栏	命令图标
地址栏	Web 页的 URL
状态指示	调用 Web 页时飘动
内容区	Web 页的内容
超级链接	链接其他的 Web 站点
滚动条	Web 页面上下左右移动

（4）浏览器的功能。浏览器的功能全部体现于菜单栏和工具栏中，常见的有以下功能：①使用 URL 向服务器申请各种资源服务；②使用超级链接从一个页面转到另一个页面（超级链接以带下划线的词或带链接的图片表示）；③可以返回以前浏览过的页面；④查找自己感兴趣的 Web 页；⑤存储、打印 Web 页；⑥收发 E–mail。

（5）统一资源定位符（URL）。

5. Web 2.0

（1）Web 2.0 概念。Web 1.0 的主要特点在于用户通过浏览器获取信息。Web 2.0 则更注重用户的交互作用，用户既是网站内容的浏览者，也是网站内容的制造者。所谓网站内容的制造者是指互联网上的每一个用户不再仅仅是互联网的读者，同时，也成为互联网的作者；不再仅仅是在互联网上冲浪，同时，也成为波浪制造者；在模式上由单纯的“读”向“写”以及“共同建设”发展；由被动地接收互联网信息向主动创造互联网信息发展。

（2）Web 2.0 的主要特点。

第一，用户参与网站内容制造。与 Web 1.0 网站单项信息发布的模式不同，Web 2.0 网站的内容通常是用户发布的，使得用户既是网站内容的浏览者，也是网站内容的制造者，这也就意味着 Web 2.0 网站为用户提供了更多参与的机会，如博客网站和 Wiki 就是典型的以用户创造内容为指导思想，而 Tag 技术（用户设置标签）将传统网站中的信息分类工作直接交给用户来完成。

第二，Web 2.0 更加注重交互性。不仅用户在发布内容过程中实现与网络服务器之间交互，而且，也实现了同一网站不同用户之间的交互，以及不同网站之间信息的交互。

第三，符合 Web 标准的网站设计。Web 标准是目前国际上正在推广的网站标准，通常所说的 Web 标准一般是指网站建设采用基于 Xhtmal 语言的网站设计语言，实际上，Web 标准并不是某一标准，而是一系列标准的集合。Web 标准中典型的应用模式是“CSS+DIV”，摒弃了 HTML 4.0 中的表格定位方式，其优点之一是网站设计代码规范，并且减少了大量代码，减少网络带宽资源浪费，加快了网站访问速度。更重要的一点是，符合 Web 标准的网站对用户和搜索引擎更加友好。

第四，Web 2.0 网站与 Web 1.0 没有绝对的界限。Web 2.0 技术可以成为 Web 1.0 网站的工具，一些在 Web 2.0 概念之前诞生的网站本身也具有 Web 2.0 特性，如 B2B 电子商务网站的免费信息发布和网络社区类网站的内容也来源于用户。

第五，Web 2.0 的核心不是技术而在于指导思想。Web 2.0 有一些典型的技术，但技术是为了达到某种目的所采取的手段。Web 2.0 技术本身不是 Web 2.0 网站的核心，重要的在于典型的 Web 2.0 技术体现了具有 Web 2.0 特征的应用模式。因此，与其说 Web 2.0 是互联网技术的创新，不如说是互联网应用指导思想的革命。

（3）Web 2.0 相关技术。Web 2.0 技术主要包括博客（Blog）、RSS、百科全书（Wiki）、网摘、社会网络（SNS）、P2P、即时信息（IM）等。

Blog——博客/网志，Blog 的全名应该是 Web log，后来缩写为 Blog。Blog 是一个易于使用的网站，用户可以在其中迅速发布想法、与他人交流以及从事其他活动。所有这一切都是免费的。

RSS——RSS 是站点用来和其他站点之间共享内容的一种简易方式（也叫聚合内容）的技术。最初源自浏览器"新闻频道"的技术，现在通常被用于新闻和其他按顺序排列的网站，如 Blog。

Wiki——百科全书，Wiki 是一种多人协作的写作工具。Wiki 站点可以有多人（甚至任何访问者）维护，每个人都可以发表自己的意见，或者对共同的主题进行扩展或者探讨。Wiki 指一种超文本系统。这种超文本系统支持面向社群的协作式写作，也包括一组支持这种写作的辅助工具。Wiki 系统属于一种人类知识网格系统，我们可以在 Web 的基础上对 Wiki 文本进行浏览、创建、更改，而且创建、更改、发布的代价远比 HTML 文本小；Wiki 系统还支持面向社群的协作式写作，为协作式写作提供必要帮助；Wiki 的写作者自然构成了一个社群，Wiki 系统为这个社群提供简单的交流工具。与其他超文本系统相比，Wiki 有使用方便及开放的特点，所以 Wiki 系统可以帮助我们在一个社群内共享某领域的知识。

表 3-2 为 Web 1.0 与 Web 2.0 的比较。

表 3-2　Web 1.0 与 Web 2.0 的比较

	Web 1.0	Web 2.0
1	Double Click	Google AdSense
2	Ofoto	Flickr
3	Akamai	Bit Torrent
4	Mp3.com	Napster
5	大英百科全书在线（Britannica Online）	维基百科全书（Wikipedia）
6	个人网站	博客（Blog）
7	Evite	Upcoming.org 和 EVDB

续表

	Web 1.0	Web 2.0
8	域名投机	搜索引擎优化
9	屏幕抓取（Screen Scraping）	网络服务（Web Services）
10	发布	参与
11	内容管理系统	维基
12	目录（分类）	标签（分众分类 Folk Sonomy）
13	粘性	聚合

6. Web 3.0 及其向更高层次跨越

（1）Web 3.0：知识传承。计算机是人类意识外化，其每一点进步，都必然聚合了更多人的智慧。集聚人类智慧为人类共享是计算机科学技术的内在本质。Web 3.0 不仅要消灭陷阱病毒，剔除垃圾信息，更要有序化、系统化整个 Web 世界，以全 Web 资源为基础建设出一座“Web 图书馆”来实现人类自身的“知识传承”。知识界系统产品就是这样一个实现人类自身知识传承的 Web 3.0 系统。即时性是其主要特性，因此即时通信（IM）系统是知识界的技术平台。

（2）Web 4.0：知识分配。在 Web 3.0 里，人类可以随心所欲地获取各种知识，当然这些知识都是先人们即时贡献出来的。这里的即时性，指的就是“学堂里老师教学生的即时性”。从 Web 3.0 开始，网络就具备了即时特性。

但人们并不知道自己应该获取怎样的知识，即自己适合于学习哪些知识。例如，一个 10 岁的孩子想在 20 岁的时候成为核物理学家，那么他应该怎样学习知识呢？这些问题就是 Web 4.0 的核心——知识分配系统所要解决的问题了。

（3）Web 5.0：语用网。技术的发展虽然令人眼花缭乱，但其背后的本质却十分简单。现有的计算机技术都是图灵机模型，简单地讲，图灵机就是机械化、程序化，或者说算术，以数据和算符基础的闭合理论体系。图灵机是研究和定义在数据集上的算子规律或法则的数学科学。在网络世界里，这个封闭系统都要联合起来，成为一个整体，所谓的整个网络成为一台计算机系统了。而这台计算机就不再是图灵机了，而是 Petri 网了。早在 20 多年前，Petri 就说过，实现 Petri 网的计算机系统技术叫语用学，因此语用网才是这台计算机的技术基础。

图 3-1 为 Web 1.0 至 Web 5.0 的演进过程。

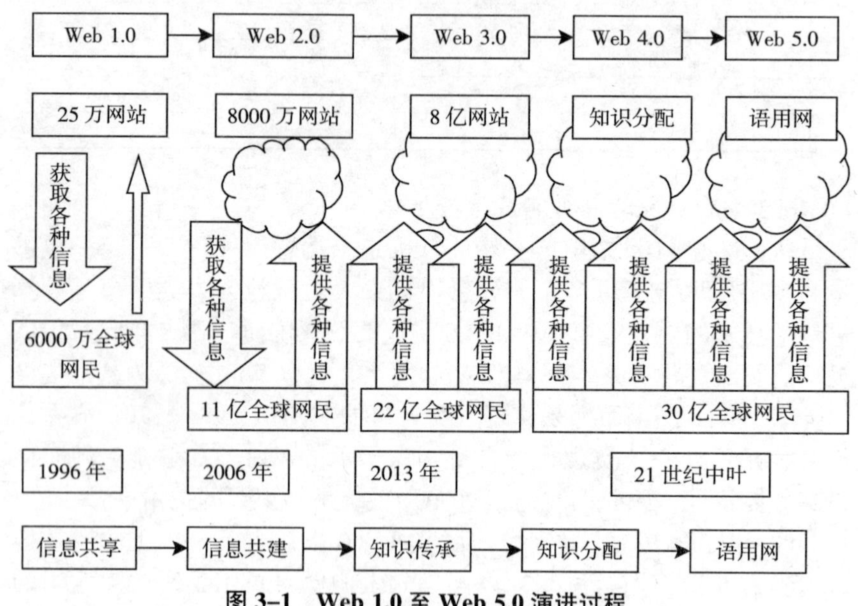

图 3-1　Web 1.0 至 Web 5.0 演进过程

三、IP 地址

IP 地址的全称是 Internet Protocol Address，是指标准通信协议，为异种网络提供一个通用层。互联网中有数百万台主计算机，为了明确地标识每一台主机，TCP/IP 协议建立了一套编址方案，为每台主机分配一个 IP 地址，IP 地址就是主机的代号，一台主机至少拥有一个 IP 地址，任何两台主机的 IP 地址不允许相同，但一台主机可以拥有多个 IP 地址。如果一台计算机虽然也链入互联网，并使用互联网的某些功能，但它没有自己的 IP 地址，就不能称为主机，它是通过链接某台具有 IP 地址的主机实现这些功能的，因此只能作为上述主机的地址终端，其作用如同该主机的普通终端一样，而不论其自身的功能有多强。

IP 地址是网上的通信地址，是计算机、服务器、路由器的端口地址，第一个 IP 地址在全球是唯一的，是运行 TCP/IP 协议的唯一标识。IP 地址为 4 字节长，每字节长可对应一个小于 256 的十进制数，字节之间用实点分隔，形如 mmm.ddd.ddd.ddd。IP 地址包括两个部分，一部分为网络标识，另一部分为主机标识。根据网络规模和应用的不同，IP 地址分为 A~E 类，它们的分类和应用如表 3–3 所示。

表 3–3　IP 地址分类及应用

分类	第一字节数字范围	应用
A	1~126	大型网
B	127~191	中型网
C	192~223	校园网
D	224~239	备用网
E	240~254	试验网

常用的是 A、B、C 三类，在 mmm.ddd.ddd.ddd 中，mmm 用来表示网络类别，取值范围为 1~126 时，表示主机所在网络为大型网，即 A 类网；取值范围为 127~191 时，表示主机所在网络为中型网，即 B 类网；取值范围为 192~223 时，表示主机所在网络为校园网，即 C 类网；取值范围为 224~239 时，表示主机所在网络为备用网，即 D 类网；取值范围为 240~254 时，表示主机所在网络为试验网，即 E 类网。ddd.ddd.ddd 表示主机号。

四、域名系统

1. 域名系统的定义

域名系统的英文 DNS（Domain Name System），又称引入域名服务系统。用户难以记忆数字形式的 IP 地址，因此，互联网引入了 DNS，用以解决 IP 数字地址难以记忆的困难，其功能为：定义了一套为机器取域名的规则，把域名高效率地转换成 IP 地址。例如，www.abc.com.cn 就是一个域名。互联网发展之初，专家通常采取 IP 地址（如 120.245.312.94）来确定所要存取的内容。但互联网的迅猛发展，使得记忆 IP 地址几乎不可能。人们最后通过 IP 地址与域名之间建立一一对应的关系来解决这个记忆困难的问题，庞大的域名体系也就逐渐建立起来了。

2. 域名命名规则

采用分层次方法命名域名，每一层次构成一个子域名，子域名之间用点号分隔，自右至左逐渐具体化，域名的表示方式为：主机名.网络名.机构名.最高层域名。①在域名中不区分英文字母的大小写；②域名中只包含以下字符：26 个英文字母，0~9 十个数字，“-”英文字母中的连字符；③各域名之间用实点“.”连接。

3. 域名类型

域名分为英文域名、中文域名。同时，域名又分为三个层次，在确立这个域名体系时，为了便于管理，人们采取了根状的结构。将域名分为顶级域名（其中包括地理顶级域名、类别顶级域名、新增顶级域名）、二级域名、三级域名等。

（1）顶级域名。地理顶级域名有.cn、.us 等，类别顶级域名有.com、.net 等，新增的则有.biz、.info 等。.com 是英文 Commercial（商业性网站）的缩写，.edu 是英文 Education（教育类网站）的缩写，.gov 是英文 Government（政府类网站）的缩写，.mil 是英文 Military（军事类网站）的缩写，.net 是英文 Network Service Provider（ISP 网络服务商）等的缩写，.org 是英文 Orgnization（政府机构网站）的缩写。

2000 年 11 月 16 日，国际域名管理机构 ICANN 批准了七种新的国际域名后缀，新诞生的后缀有代表通用域名的.info（可以替代.com），由 19 个互联网域名注册公司联合成立的 Afilias 负责；代表商业机构的.biz，可以替代.com 的通用域名，监督机构是 JVTeam；代表个人网站专用域名的.name，由英国“环球姓名注册”（Globe Name Registry）负责；代表医生和律师职业的.pro，监督机构是爱尔兰都柏林的一家网络域名公司“职业注册”；代表博物馆的.museum，由博物馆域名管理协会（MDMA）监督；代表商业合作社的.coop，由位于华盛顿的美国全国合作商业协会（NCBA）负责；代表航空运输业的.aero，由比利时国际航空通信技术协会（SITA）负责。这些域名于2001年年中开始使用。[①]

（2）二级域名。我国二级域名的类别域名有：①ac.cn科研机构；②com.cn工商、金融等企业；③edu.cn教育机构；④net.cn互联网络，接入网络的信息中心（NIC）和运行中心（NOC）；⑤okg.cn各类非营利性组织。我国二级域名的行政区域名有34个，适应于我国的各省、自治区、直辖市。例如，①bj.cn——北京市；②sh.cn——上海市；③tj.cn——天津市；④cq.cn——重庆市；⑤hb.cn——河北省；⑥sx.cn——山西省；⑦nm.cn——内蒙古自治区；⑧ln.cn——辽宁省；⑨jl.cn——吉林省；⑩hl.cn——黑龙江省；⑪js.cn——江苏省；⑫zj.cn——浙江省等。

（3）三级域名。三级域名是小于二级域名的地理、类别等名称。

4. 部分域名实例

tsinghua.edu.cn清华大学；pk.edu.cn北京大学。国家和地区域名用两个字母表示，如：cn（中国），jp（日本），us（美国），fr（法国），uk（英国），su（原苏联）或ru（俄罗斯），de（德国Deutschland）等。举例见表3-4。

表3-4 域名表

名称	域名	IP地址	地址类型
中国教育科研网	cernet.edu.cn	202.112.0.36	C
清华大学	tsinghua.edu.cn	166.111.250.2	B
北京大学	pk.edu.cn	162.105.129.30	B

5. 中国的地理顶级域名.cn

1990年，钱天白教授代表中国在国际互联网域名分配管理中心SRI-NIC（有关职责目前已转移到ICANN）首次注册了我国的顶级域名.cn，并建立了我国第一台.cn域名服务器，使中国的网络有了自己的身份标识，避免了中国顶级.cn域名被外国管理的情况发生。钱天白教授也因此被称为“中国互联网之父”。

① 吴伟农. 因特网明年启用七个顶级域名［N］. 经济日报，2000-11-29.

6. 域名申请的意义[①]

（1）标识作用显著，凸显用户身份及地位。.cn 域名是互联网上的中国标识，也体现了一种文化的认同和对国家强大的自信。在我国加入 WTO 以后，国际交流日益频繁，拥有.cn 域名，可以使中国企业更好地走向国际，同时，也可以使国外企业更好地融入中国。

（2）适用中国法律，全面保障用户利益。根据国际惯例，域名纠纷的解决，通常适用域名注册管理机构所在地法律。根据信息产业部的授权，.cn 域名的注册管理机构是 CNNIC。有关.cn 域名的纠纷，将由我国机构根据我国的法律解决。这样可以避免注册国外域名后面临国际诉讼的风险。

（3）避免被迫放弃多年经营的域名而造成损失。进入 21 世纪后，我国已有多家网站收到了来自国外法院的起诉书，由于不了解国外法律制度，又不愿支付巨额的国际诉讼费用，加之语言交流上的障碍，一些网站被迫放弃了辛苦经营多年的域名，造成了不应有的损失，甚至是用户的流失。

（4）全中文服务，保障用户知情权。注册国外域名，虽然可以通过国内的一些代理完成，但与用户利益密切相关的各种文档，包括所要遵守的注册协议、政策规定、续费通知、争议解决办法等项目都是英文的。由于文字较多，如国外域名注册协议（英文）就长达十多页，许多用户在根本没有阅读的前提下就接受了，这对日后用户的使用留下了不少隐患。曾经有国内网站因为看不懂，或没收到来自国外的催款信件而延误续费，导致域名被删除。

（5）域名资源丰富，不再为取名发愁。.com 受欢迎的原因之一，就是后面没有多余的“小尾巴”，而改革后的.cn 比.com 还要简短，用户再也不会觉得不便了。而且，.cn 的域名资源极为丰富，完全可以作为.com 的替代选择。以国外域名.com 为例，简短的域名资源已基本耗尽，很难找到与自己形象相匹配的标识。到 2011 年 6 月底，我国.cn 域名有 350 万，占比为 44.6%，可开发和利用的空间很大，用户可以挑选到自己最为满意的域名。

---

① 秦海波. 网上的中国身份证，企业有了吗［N］. 经济日报，2003-1-9.

（6）注册手续简单、方便。根据新的注册办法，用户申请注册.cn 域名不必提交任何书面材料（.gov 除外），只需通过互联网联机填写注册申请，即可即时生效。

（7）访问快捷，使用更有保障。一般情况下，.cn 域名主要通过国内的域名服务器解析，这使得用户访问.cn 域名的网站更为稳定、快捷。如果我国互联网国际信道出现问题，如出现 2001 年中美海底电缆中断的情况，则.cn 域名的用户基本不受影响。

（8）有利于国家安全。注册国外域名，一旦发生特殊事件，如国家之间关系紧张、通信设施中断等情况，那么所有国内企业和个人注册的国外域名将得不到解析，无法被访问，网络将陷于瘫痪。而通过一定的技术措施，.cn 域名可以保证互联网在国内仍然可以正常使用，这对国家安全也是非常有利的。

7. .cn 域名的发展与规范

在 1994 年 5 月我国正式运行自己的域名系统.cn 后的很长一段时间内，境内网站绝大部分在.cn 下注册域名。1997 年 6 月，CNNIC 成立初期，域名注册仍然是以.cn 域名为主。但到 1999 年初，境内境外注册的域名数量几乎各占 50%。1999 年中，.cn 域名比例下降到 33%左右。大量境内网站到境外注册域名，将会威胁国家安全、浪费国际信道带宽、造成外汇流失、损害国家凝聚力及国际地位。

2000 年初，CNNIC 针对以上情况进行了专项调查研究，并通过网站面向社会广泛征求意见。调查发现，造成大量境内网站到境外注册域名现象的主要原因在于我国现行的注册管理制度过于严格和繁琐。按照正常的注册手续，注册一个.cn 域名至少需要 5 天时间，而境外域名则通过互联网向境外公司提出注册申请后 24 小时之内即可开通使用，且无须提交任何材料。

2002 年 8 月，信息产业部公布了新的《中国互联网络域名管理办法》；9 月《中国互联网络域名管理办法》、《中国互联网络信息中心域名争议解决办法》开始实施。CNNIC 出台了简化申请程序的.cn 注册细则。新办法中，.cn 域名注册手续已经大为简化，除政府gov.cn 类域名外，注册其他.cn 域名不用再提交任何书面申请材料，只需在线填写注册申请，6 小时内即可开通使用。同时，允许.cn 所有权转让、变更及注销，使.cn域名的商业交易合法化。新办法还减少了域名层次，实现.cn二级域名开放。

2011年6月底，我国域名总数达到了786万，其中.cn域名350万，.cn在域名总数中的占比从80%降至44.6%。与此同时，.com域名370万，比重从16.6%提升至47.1%。目前.cn域名中，.cn结尾的二级域名比例仍然最高，占到.cn域名总数的61.1%，其次是.com.cn域名，为30.5%。

8. 域名解析

计算机的地址可以用域名也可以用IP地址，作用是一样的。人们习惯记忆域名，但机器互相之间只认IP地址，它们之间的转换工作称为域名解析，域名解析需要由专门的域名服务器（DNS）来完成。域名服务器上装有将域名解析为IP地址所需要的软件和数据，整个过程是自动进行的。每一个网段上都有域名服务器，它负责本网段所需要的域名转换工作，当它不知道某域名时可向上级域名服务器查询。所以DNS是一个分布式数据库系统，可根据部门逐级查询，最后即可查出该域名的IP地址。

9. E-mail 地址

在互联网上，每一个电子邮件用户所拥有的电子邮件地址为E-mail地址，它具有统一的格式，如用户名@主机域名：drhongtao@263.net，用户名有时用拼音或英文缩写代替，有时在代码后面用阿拉伯数字，如jzwang3@excite.com。

五、Internet 端口/插口

Internet端口（又称插口）用来扩充机器的地址。在Internet上，几乎全部的应用软件除了知道机构的IP地址或主机名/域名外，还需要知道机器的Internet插口。许多应用层协议在设计时都用了一个指定的插口，在执行程序（如Telnet或FTP）时，该插口被设置为缺省插口。因此，许多用户不知道该程序采用了Internet插口。

每一个网络应用软件都必须使用它独有的和保留的插口。因此，Internet插口要由互联网配号管理委员会（IANA）统一分配。软件开发者先向IANA分配给所开发的应用软件一个独一无二的插口。此后，在所有的 TCP/IP 标准方案中，这个分配的插口号码都保留给相应的协议/应用软件。在执行面向连接的应用软件时，必须指定相应的插口 2225 来建立与主机 foo.bar.com 和 Telnet 连接：

Telnet foo.bar.com：2225

某些互联网应用软件（如用 SMTP 发送电子邮件）除需要机器地址和互联网插口外，还要求用户提供登录 ID 信息。登录 ID 与机器地址之间用 @ 或其他符号隔开。例如，mail 登录 ID@ 主机名.域名。

六、URL（Uniform Resource Locator）

互联网上存储特定信息的地方称作站点，个人或单位的 Web 页或 Web 页的集合通常称为 Web 站点，可以下载文件的地方叫做FTP 站点。互联网上的每一个站点都有一个地址，叫做 URL，典型的 URL，如 http：//www.tsinghua.edu.cn，互联网的所有地址都遵循相同的结构。

1. HTTP

HTTP 是英文 Hyper Text Transfer Protocol 的缩写，指超文本传输协议，它是 Internet 上进行信息传播时使用最为广泛的一种通信协议，所有的 www 程序都必须遵循这个协议标准。它的主要作用就是对某个资源服务器的文件进行访问，包括对该服务器上指定文件的浏览、下载、运行等，也就是说通过 HTTP，我们可以访问 Internet 上的 www 的资源。

例如，http：//www.chinayancheng.net.test.html 表示用户想访问一个文件名叫 test.html 的网页，该网页存放在 www.chinayancheng.net 这样一个资源服务器上。

2. FTP

FTP 是英文 File Transfer Protocol 的缩写，指文件传输协议。它的出现是为了共享电脑中的文件，FTP 服务允许用户将文件从一台计算机复制到另一台计算机上。它是 TCP/IP 协议中用于向网络登录者显示文件及目录清单和传输文件的协议。

例如，ftp：// ftp .chinayancheng.net/pub/test.exe 表示用户想要下

载的文件存放在名为“ftp：// ftp.chinayancheng.net”的计算机上，而且该文件存放在该服务器下的pub 子目录中，具体要下载（Download）的内容是 test.exe 这个程序。

3. File

File 是指本地文件传输协议，该协议是从用户自己计算机上获取文件的一种方式，通过它用户可以将保存在自己硬盘上的文件显示在导航系统的屏幕上。

例如，file：///c|/yancheng/test.htm 表示用户想查看放置在自己计算机中的一个名为 test.htm 的文件，该文件存放在 C 盘 yancheng 目录下。在这里要注意的一点是，盘符后面跟的是“|”而不是“：”；另外，由于计算机被省略，所以 file：后面是三个斜杠“///”。

4. Telnet

Telnet 是指远程登录协议。该协议是一种远程终端访问标准，它真实地模仿远程终端。它是 TCP/IP 协议中的一部分，用于提供远程终端连接服务。该协议允许用户把自己的计算机当做远程主机上的一个终端，通过该协议用户可以登录到远程服务器上，使用基于文本界面的命令连接并控制远程计算机，而无须 www 中的图形界面的功能。用户一旦用 Telnet 与远程服务器建立联系后，该用户的计算机就享受远程计算机本地终端同样的权利，可以与本地终端同样使用服务器 CPU、硬盘及其他系统资源。

例如，Telnet：//yancheng.jisinfo.net 表示用户打算登录到一个名叫 yancheng.jisinfo.net 的远程计算机上，通过自己的计算机来控制和管理远程服务器上的文件及其他资源。

5. E-mail

E-mail 指电子邮件协议。该协议表示通过 Internet 来邮寄电子邮件，利用 mailto，我们可以创建一个指向电子邮件地址的超级链接。

例如，E-mail：drhongtao@263.net 表示准备给用户 drhongtao 发一封电子邮件，该用户的电子邮件设在 263.net 上。通过电子邮箱，我们可以把文字发送给对方，同时，也可以把图像、声音、动画等多媒体信息发送给用户。

6. News

News 指网络新闻组协议，该协议通过 Internet 可以访问成千上万个新闻组中的内容，也可以写信给这些新闻组，各种信息都存储在被称为“ News”新闻服务器的计算机中。

例如，News：//rec.food.restauants 表示用户希望从 News 新闻组中取得一些东西，读一些名为“rec.food.restauants”的有关食谱的讨论组的内容，网络新闻组讨论的话题包括许多方面，有政治、经济、科技、文化、人文、社会等各方面的信息，用户可以很方便地找到一个与自己兴趣、爱好相符合的新闻组，并在其上表达自己的观点。

7. Wais

Wais 是指 Wide Area Information Servers，即广域信息服务器协议。该协议是在 Internet 上搜索信息的深层方式，它提供了与广域信息服务器数据库有关的超级链接，打开超级链接，用户可以从 Internet 上的任何一个数据库中查询或获取信息。

例如，wais：//cheops.anu.edu.au 表示用户准备在一个名叫“cheops.anu.edu.au”的计算机上查询信息，当用户在浏览器的地址栏中输入以上地址时，Wais 将用一个 Web 页面询问用户查询什么样的信息，用户在浏览器的 Web 页中输入关键字后，就对文字进行全面搜索，搜索到的文件可以直接拷贝到本地的计算机中。

8. Gopher

Gopher 指一种信息查询系统协议。该协议定义了 Internet 上的一种信息查询系统，该系统类似 www 的菜单系统，只不过它是纯文本方式，使用它上面的菜单可以搜索到有关的网络信息；另外，用户还可以方便地从一个 Gopher 服务器转移到另一个 Gopher 服务器上进行信息检索和拷贝。

例如，gopher：//showme.missouri.edu/aroundcolumbia 表示用户希望查询一个名叫“showme.missouri.edu”的服务器上的“aroundcolumbia”目录下的内容。如果上面的地址后面有具体的文件名，则从服务器传回给用户的将是文本文件；如果没有文件名，则从服务器返回到用户面前的将是菜单。[①]

URL 格式的第一部分（：//之前的部分），指的是协议，或者信息类型以及信息是如何传输的。URL 格式的第二部分是主机名，完全限定的地址可以只包括根级域名，如 mygroup.org 或 mycompany.com，或者可以包括处于主机域的计算机名，机器名放置在根级主机名前；www 是当前最常用的机器名，其词法的收发格式如同 www.mygroup.org。机器名可包括多个词，每个词之间用实点隔开，如 www.justforfun.offhours 是在 myschool.edu 域中的一个服务器的机器名，表示为 www.justforfun.offhours.myschool.edu；URL 格式的第三部分是路径或路径名，路径名与主机名用一个斜杠分开，它自身可以包括斜杠，用来表示目录的等级结构，利用它来找到请求资源。当未指定路径名时，通常显示所连接服务器的顶级目录。路径名有时与实际的计算机磁盘驱动器有关。

协议、主机名和路径名是 HTTP、FTP、Gopher 等的基本组成部分。不同的协议都有可能还需要其他的可选参数，如查找字符串、本地链接对象或指向表格域。FTP 还需要用户名和口令作为 URL 的一部分。

七、HTML

我们在浏览器端看到的是带有声音、文字、图像的生动的网页，而服务器传递过来的是 HTML 文档、音频或视频文件（它们被 HTML 调用），经过浏览器解释 HTML 文档后，才显示出来。

1. HTML 的概念

HTML 是超文本标记语言（Hyper Text Markup Language），是 www 的核心，由一定的语法结构表明的标记符和普通文档组成。

2. HTML 的作用

（1）编制网页。

（2）含有指向多媒体数据的指针，如图像、声音、动画，这种指针称作链接。因此，由 HTML 生成的文档也称为超文本文档。

① 浪花. 网络协议知多少［N］. 电脑报，2001-3-5.

（3）通过超文本文档，用户可以简单地通过鼠标单击操作就可以得到所要的文档，而不管该文档是本机上的或局域网上的或Internet上的。

八、Java

1. Java的概念

为了提高www的交互性，Sun公司开发了Java。按照Sun公司的定义，Java是一种具有简单、面向对象、分布式、可解释性、跨平台、可移植、安全等各种特性的语言。

2. Java的特性

（1）简单性。Java语言是面向对象的程序语言，所以具有简单性。

（2）分布性。Java语言是专门为网络设计的，它有一个大类库用于Internet TCP/IP协议。

（3）可解释性。Java源程序经编译生成字节代码（Bytecode），可以在任何运行Java的机器上解释执行，因此，可独立于平台，可移植性好。

（4）安全性。Java解释器中有字节代码的验证程序，它检验字节代码的来源，即可判断出字节代码来自防火墙的内部还是来自防火墙的外部，并确认这些代码可以做什么；在网络层，Java的未来版本将有公钥加密机制。这些机制及其措施构成了使用Java的安全环境。

3. Java在Web服务中的功能

Java在Web服务中起Web服务器应用程序接口的作用，给www增添交互性和动态特征。

九、CGI

1. CGI的概念

CGI是指为公共网关接口（Common Gateway Interface），为Web服务器定义了一种与外部应用程序交互、共享信息的标准。

2. CGI工作原理

用户激活一个CGI程序，CGI程序将交互主页中用户输入的信息提取出来给外部应用程序，如数据库查询程序，并启动外部应用程序，外部应用程序的处理结果通过 CGI 程序传给 Web 服务器，以 HTML 形式传给用户，CGI 进程结束。

3.CGI 的作用

（1）扩大了 Web 服务器功能。

（2）为在不同的平台之间进行沟通提供了范例。

（3）连接服务器与外部应用程序。

十、www 服务器应用编程接口

有些 www 服务器软件厂商针对 CGI 运行效率低下、编程困难等缺点，开发了各自的服务器 API（Application Progamming Interface），试图克服 CGI 性能方面的缺陷。wwwAPI 通常以动态链接库（DLL）的形式提供，是驻留在 www 服务器上的程序，它的作用与 CGI 相似，也是为了扩展 www 服务器的功能。通过 wwwAPI 也能实现对数据库的访问。目前著名的 wwwAPI 有 Netscape 的 MSAPI，Microsoft 的 ISAPI 和O'Reilly 的 WSAPI，都与其相应的 www 服务器紧密相连。

十一、九种上网形式及其特点

1. Modem 接入

Modem 接入又称电话拨号上网。只要家中已经装有电话，那么在电脑安装了 Modem 之后，马上就可以主叫用户账号登录上网了。传输速度为 56 Kbps 的 Modem 能够在普通的电话线上实现 Internet 高速下载。其主要技术原理是利用数字代码取代了调制，即将 ISP 局端设备与公共市话网（PSTN）直接进行数字连接，全程使用数字电话网。所以 56 Kbps 的 Modem 是一种非对称的传输方式，其下载速率可以高达 56 Kbps。

2. 专线方式接入

专线方式接入主要指 X.25 分组交换网、帧中继网（FR）、数字数据网等为 LAN 用户提供专线接入 Internet 的一种方式。X.25 分组交换网用户端口的最高传输速率为 64 Kbps，帧中继能提供 64 Kbps~2048 Mbps 传输速率的网络接口，而 DDN 专线一般提供 64 Kbps~2

Mbps 的传输速率。

3. ISDN 方式接入

ISDN（Integrated Services Digital Network）是指综合业务数字网，随着通信业务的增多，除了电话网外，陆续出现了用户电报网（Telex）、有线电视网、互联网等，对于一个用户而言，可能需要多对线路接入不同的网中，以获取多种业务。这就促使人们去发展能够传送和处理多种业务的综合信息系统，这就是所谓的综合业务数字网，简称 ISDN，俗称“一线通”。

（1）ISDN 利用一条用户线路，就可以在上网的同时拨打电话、收发传真，使用时类似有两条电话线，ISDN 网络接口均采用国际标准化接口。

（2）ISDN 可以实现较高速的数据传输，在一条 2B+D ISDN 用户线中，存在两条 64 Kbps 的 B 信道，其中 2B 的意思是两条 64 Kbps 通道，D 则代表一条 16 Kbps 指令（信令）通道，既可以分开使用，又可以复用，比现有电话网的数据传输速率提高两倍多。

（3）由于 ISDN 采用端对端的数字传输，传输质量明显提高，接收端声音失真很小，数据传输的比特误码特性比电话线路改善了近 10 倍。

（4）ISDN 还具有来电显示等多种补充功能。ISDN 起源于 20 世纪 80 年代中期，盛行于欧洲，直到 1998 年才开始在我国普遍使用，这是因为 Internet 的广泛应用。20 世纪 90 年代末期，调制解调器的标准大战结束，56K 取代了 28K、33K，ISDN 一开始就是 64K 带宽，双线同时使用时可达 128K，这对 56K 形成冲击，但是因为 PC 机的上网，这使得 56K 和 ISDN 都得到了充分的发展。

4. ADSL 方式接入

ADSL（Asymmetric Digital Subscriber Line）是指非对称数字用户系统，是一种基于双绞线的有宽带接入技术。它可以利用现有的电话线路实现，误码率低，用户采用这种方式上网理论上可以达到 512 Kbps 的上传速率和 8 Mbps 的下载速率，ADSL 非常适合于用户密度低的居民区和地理上分散的小企业或部门，这些用户往往是光纤网不便达到的地区。ADSL 的典型应用是视频点播（VOD）。ADSL

起源于 1996~1997 年，它一出现就以 1M~2M 的带宽技术压倒了 56K 和 ISDN，但由于价格较高、设备等原因，至今还没有大量普及应用。ADSL 传输速率实践证明，ADSL 的传输速率已由原先的最大速率 512 Kbps 大幅度提升至现在的 2M，现在 ADSL 的传输速度已达到 ISDN 的 18 倍左右，这样，用户通过普通电话线路一下子就进入了高速网络世界。

ADSL 的主要特点是以铜质电话线为传输介质的传输技术组合。除 ADSL 外，还有 HDSL、SDSL、VDSL 等，一般称之为 xDSL。它们的主要区别体现在信号传输速度和距离的不同两个方面。ADSL 在一对铜线上支持上行速率 640K~1M，下行速率 1M~8M，有效传输距离 3~5 公里范围。ADSL 更为吸引人的地方是：它在同一铜线上分别传送数据和语音信号，数据信号并不通过电话交换机设备，减轻了电话交换机的负载，并且不需要拨号，一直在线上，也不需要缴付另外的电话费，属于专线上网方式。

5. Cable Modem 方式接入

Cable Modem 接入又称有线通接入方式。接入的终端设备是电缆调制解调器。这种方式为用户提供 30 Mbps~40 Mbps 数据通信速率的有线电视电缆线路，并且其使用成本也较低。有线电视网的最大特点和优势在于带宽可高达 1GHz。目前美国有 250 万家庭实现了宽带上网，其中采用有线电视方式的家庭有 180 万左右。有线电视接入虽然成本较低，但是需要耗费巨资改造接入网，而且接入速度会由于用户增多而减慢。有线电视网尚未覆盖的地域当然就无法采用有线电视接入。我国以市、县行政区域为覆盖范围的有线电视网络已达 2000 多个，有线电视光缆干线总长超过了 10 万千米，电缆总长超过了 150 万千米。光纤同轴电缆混合（HFC）网正在成为发展主流。

6. 无线方式接入

主要宽带无线接入技术有三类：已经投入使用的多路多点分配业务（MMDS）、卫星通信系统（GPS）、本地多点分配业务（LMDS）。

随着技术的创新，利用卫星通信来构建接入网已成为新的发展方向。其主要的技术有卫星直播系统（DBS）和 VSAT 的 Direct to

PC 系统。卫星网络具有结构灵活，组网迅速、方便的特点。卫星通信在本质上是一种广播通信，它不受地理位置限制的特点弥补了地面网线路敷设存在的时延和不完全性；同时，VSAT 通信业务所拥有的大容量下行速率也将使它在 Internet 接入这一领域成为地面网络有力的补充和竞争对手。

LMDS 工作在毫米波波段，可用的频段至少 1GHz。LMDS 不仅可以提供 Internet 接入，而且可以用于互联网局域网。由于这一频段的技术实现难度大，因而过去很少投入应用，目前尚处于试验阶段。

总的来看，宽带固定无线接入技术代表了宽带接入技术的一种新的不可忽视的发展趋势，不仅敷设开通快，维护简单，用户较密时成本低，而且它也改变了本地电信业务的传统观念，最适合于新的本地网竞争者，同时，它也是传统电信公司有线接入的重要补充。

7. 光纤接入

光纤接入网是用光纤作为主要的传输媒体来取代传统的双绞铜线的，通过光网络终端（OLT）连接到各光网络单元（ONU），提供用户侧接口。光纤接入网技术主要包括窄带和宽带接入技术。

8. 3DDS 接入系统

三维数字系统（3DDS）技术是一项由中国人发明的、拥有自主知识产权的技术，是一项革命性技术。利用 3DDS 技术开展宽带接入业务的优势非常明显。一是可以充分利用电信网现有的铜缆资源，无须重新布线、构建基础设施；二是用户可以随时上网，无须每次重新建立链接，而且不会影响电话的使用，每个用户都可以独享高速通道，没有阻塞问题；三是高速带宽可以为服务提供商增加新的业务收入，为用户在信息时代增加竞争优势。最重要的是，3DDS 提供了上下行对称的传输线路，不但能够满足目前的 Internet 用户的需要，而且还可满足将来广播电视、视频点播、视频会议多媒体接入业务的需要。

9. 宽带网

宽带网是指通信带宽比较大的网络，这是相对于传统的双绞线窄带电话网而言的，带宽是指通信中在给定范围内的最高频率和最低频率之差，带宽越大数据就传送得越快。宽带网的出现是互联网产业和电信业发展的要求，随着人们对信息的需求量越来越大，相应地对信息的要求越来越高，对传输速度、容量、实时性、误码率、成本等要求已经超越了传统的双绞线窄带电话网的技术极限。目前适合大规模商业运作的宽带网实现方式主要有五种，即有线电视接入（也称电缆接入）、数字用户专线、卫星接入、固定无线接入、移动无线接入。

在以上几种方式中，有线电视宽带网由于其规模大、成本低、速度快等因素，是目前最被看好的宽带网，也是三网合一的重要方式之一。近年来，我国宽带网进展较快，中国国际电路总容量 1999 年底为 351 Mbps，2000 年为2799 Mbps，2010 年底达到 1096946.82 Mbps，解决了国际出口的瓶颈，见表 3-5。

表 3-5 2010 年我国国际电路总容量一览表

主要骨干网络国际出口带宽数 (Mbps)		
中国电信 660612.82	中国移动互联网 49124	中国教育与科研计算机网 11655
中国联通 357433	中国科技网 18120	中国国际经济贸易互联网 2
合计		1096946.82

资料来源：第 27 次中国互联网发展状况统计报告。

第二节 电子商务的一些新技术

一、XML

1. XML 及其产生和发展的客观必然性

XML 叫做可以延伸的标示语言（Extensible Markup Language），它有别于 HTML 那种单一固定语法；在制作页面时，它有一个更具弹性、更容易添加新的功能，而又不失统一标准的语言格式。

在经济全球化的大趋势下，电子商务所涉及的数据交换范围越来越广，规模越来越大，数据格式不统一所导致的信息不能顺利流通、交易平台不兼容、企业之间的文档不能互相沟通等问题也越来越暴露出来，极大地影响了电子商务的发展，为此要求实现数据格式化的呼声越来越高。在国外 W3C 组织发布的 XML 于 1998 年问世，立即凭借其不受操作系统的限制、良好的可扩展性、传输内容与传输方式相隔离的优越性而在全世界范围内得到越来越多的人认可，成为众多商家与用户争相开发和利用的技术。

XML 最初的创造者之一 Jean Paoli 在 1996 年加入微软公司，也就是在那个时候，微软开始考虑如何建立能随着互联网升级的分布应用程序。微软的一些核心技术开发人员很快意识到，XML 有潜力成为一种粘合剂，使软件开发者编写出适用于互联网的分布式应用程序。

具体来说，XML 也是现实中的电子商务发展的必然结果，当 B to C 发展到一定程度，人们发现 B to B 发展的滞后性阻碍了电子商务的进一步发展，同时，B to B 的发展又受到现有电子商务技术和标准的束缚。例如，EDI 应用的局限性、行业缺乏数据交换标准等。因此发展 B to B 将是一个战略性转变，企业网络向外延伸，与外界建立广泛的交流合作。企业不仅可以利用 Internet/Intranet 向广大用户公布信息，为客户提供信息查询、货物追踪服务，还能与供应商、销售商、服务商等业务伙伴随时随地保持联系并开展合作。这一阶段，在 XML 技术的推动下，B to B、XML/EDI、供应链、客户关系管理等技术都得到迅速发展。

2. 电子商务技术发展的三个阶段

第一个阶段，以 EDI 技术为基础的电子数字交换阶段；第二个阶段，以多层次结构 Web 技术为基础的信息发布阶段；第三个阶段，以 XML 等为代表的数据交换阶段。由于电子商务的发展有其内在的要求，它促使电子商务数据交换技术迅速向前发展，每一个阶段的电子商务数据交换都有其不同的特点，它和电子商务的内涵和发展是分不开的。

3. XML 的技术优势

(1) 随着电子商务发展，网络不仅被用做进行信息发布、实现简单的浏览、网下交易的工具，而且要帮助企业打破时空界限，开展真正的 B2B 电子商务活动。

(2) 随着电子商务发展，网上的信息量增加，传统的数据处理技术已经不能适应高速发展的网络商务，需要一种新的电子商务数据交换技术，但是 HTML 过于简单，随着 Web 文件内容的增多和形式的多样化，越来越显得不适应，原因是 HTML 定义了唯一的文件类型，并且标记集不能改变，简单易用却丧失了语言性能。

(3) 传统电子商务应用缺乏系统兼容性，不同的应用之间的数据描述变得很困难，而 XML 的灵活性、可扩展性以及自我描述等特性，使电子商务的异构应用之间的数据共享成为可能。

(4) 随着电子商务的发展，强大的数据检索已成为其内在的需要，尤其和信息获取有关的应用，如书籍、应用软件等，用户只要在此类 XML 的文档中定义一系列的有意义的标记，这样，基于这些标记就可以按照任意的条件进行复杂的查询和检索，甚至实现计算机自动检索。

(5) 不同来源的商务数据集成。商务数据库的发展速度可谓惊人，而这些数据库是不兼容的、复杂的，XML 能够将不同来源的结构优化的数据结合在一起。通过在中间层的服务器上对从后数据库和其他应用处来的数据进行集成，就可以对数据进行多样的搜索和集成。

(6) 传统的 Web 技术侧重服务器的应用，这就加重了服务器的负担，而 XML 数据可以在客户那里用应用软件解析、编辑和处理，这样就减轻了服务器端的压力，使用者可以用不同的方法显示、处理数据：文档对象模式（DOM）可以用脚本或其他编程语言处理数据。

(7) 数据的多样性显示。商务数据发到桌面后，人们往往希望能够用多种方式显示，由于数据显示与内容分开：HTML 描述数据外观，而 XML 描述数据本身，使数据更适合根据用户的需求表现出来。另外，CSS 和 XSL 为数据的显示提供了公布的机制，可以定义各种XSL 或 CSS 对 XML 文档进行多种样式的显示。

(8) XML 为电子商务的发展已经制定了一系列标准。例如，在

Internet 上进行国际性商业购物的标准 OBI（Open Buying on the Internet），在 Web 上向消费者售物的一致的、可供操作的环境规则 OTP（Open Trading Protocol），企业站点之间的在线资产交换标准 ICE（Internet Content and Exchange）等。另外，电子商务用户可以定义行业的标准来规范商业行为，如购买单、发货单、顾客信息、合同、图纸等，都可以通过标准化进行数据的处理和交换。

4. XML 的电子商务应用

XML 技术正在不断完善当中，它包括一系列相关的标准：可扩展标识语言（XML）标准、XML 域名标准、文档对象模式(DOM)标准、可扩展类型语言（XSL）标准、可扩展链接语言(XLL）标准和 XML 指针语言（Xpointer）等。这些标准将有效地支持着 XML 技术在电子商务中的应用。

XML 应用范围分为四大类：

（1）要求 Web 客户机在两个或多个不同的数据库之间传递信息。

（2）希望将 Web 服务器的大量处理负荷转移给 Web 客户机。

（3）要求 Web 客户机把同一数据以不同的表现方式提供给不同的用户。

（4）适应特定用户需求的智能 Web 工具应用。

5. XML 与 EDI 的关系

XML 能够解决 EDI 存在的诸多问题。XML 对 B to C 或 B to B 都能够起到重要的作用，但就其好的数据交换特性和 B to B 发展相对滞后来说，它对 B to B 发展的促进作用将会更大。图 3-2 描述了电子商务模式与数据交换的关系。B to C 的发展将主要运用以HTML 为代表的传统 Web 技术（这并不意味着不运用 XML 技术）；B to B 的发展主要运用以 XML 为代表的第二代 Web 技术。

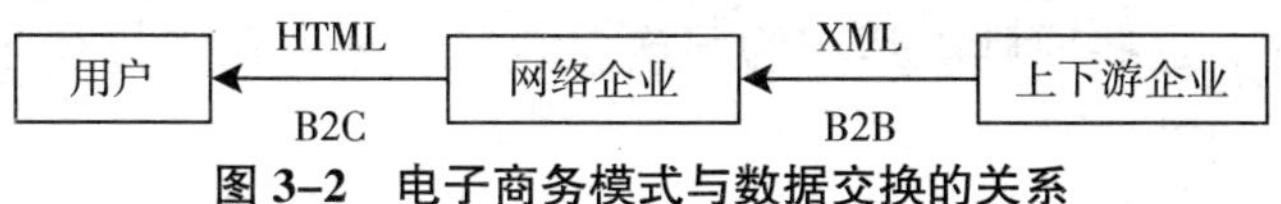

图 3-2 电子商务模式与数据交换的关系

二、cnXML

XML 开始在电子商务发展中显示出重要性，XML 技术日益为人们重视，目前在国外除了 cXML、BizTalk，还有 RosettaNet、ebXML 等基于业务逻辑的电子商务交易语言标准，国内则有刚问世的 cnXML。

cnXML 是中国科学院软件所联合 8848 网站、联想、用友等合作单位共同建立的一个适合中国国情的、具有自主知识产权的信息交换规范。

cnXML 的目标是基于 XML 技术建立一个符合中国大陆商业习惯、传统和商业流程的 B to B、B to C 电子商务语言规范，是提供一套统一、灵活、开放并且可扩充的数据交换格式，使各个贸易方——包括采购方、销售方、运营者及中介等商业机构——能够方便地通过电子网络进行各种商业活动。在这样一个统一的交易语言环境中，一个交易的信息可以按照预先的交易规则，在采购、生产、物流、支付等环节进行转换，不需要进行人工的录入、检验等繁琐手续，这样一方面可以降低企业的运营成本，提高企业产品的竞争力；另一方面可以让企业能够对市场的需求和变化做出即时响应，提高企业的生产和管理水平，同时，能够方便地与国内外其他电子商务交易语言进行交互，加快企业的国际化进程和国际竞争力。

在制定 cnXML 过程中，要遵循以下九个原则：①使用 XML 技术，参考、使用和遵循一些已有的标准和规范，如电子数据交换上沿用的是 China EDI 规范等。通过使用这些标准和规范来减少实现这种规范所需要的协议内容，并全面达到交互性、开放性等目标。②模块结构。③可扩展性。④内容与传输方式的分离。⑤通用性。⑥全面支持中文标记。⑦体现中国大陆商业流程习惯。⑧可实现性。⑨精简性。这些原则的运用为国内企业从事电子商务提供了一个灵活、开放和可扩充的 B2B 交易语言规范。

cnXML 支持互联网开放购买模式。该购买模型是由 OPI 协会提出的一个电子商务交易标准，可以用它来驱动订单流程，完成企业与企业之间的电子商务交易。OPI 购买模型由四个实体组成：请购者（Requistioner）、采购者（Buying Organization）、销售方（Selling Organization）和支付权威（Payment Authority）。基于 OPI 的cnXML 商业流程支持这个购买模型，并且在采购方、销售方和支付权威之间的数据交换中使用 cnXML 定义的文档格式。

cnXML 的基本商业流程由采购方、销售方和一系列转发中介组成。考虑到要兼容不同类型的商业交易，采购方的含义不仅是一般的购买者，还可以是电子市场、电子商务网站、采购应用等系统和智能代理（Procurement 系统向商品供应者获取产品目录和发送订单）。

同样销售方也不仅是商品销售者，它还可以是电子市场、电子商务网站、采购应用等系统或智能代理（如购买者向电子市场查询订单状态）。转发中介是一些电子商务中心或文档交换系统，它主要完成消息转发、格式和协议转换等操作。请示方和服务方之间可以不通过转发中介来完成请示方与服务方之间的商业文档的顺利传输。

cnXML 给国内企业的电子商务提供了一个统一的数据标准，在这样的标准规范的技术支持下，商业信息无障碍的共享、传输和转换就成为了可能。

三、MPLS

1. MPLS 的概念

由于光纤技术革命，尤其是 WDM/DWDM 的发展，网络传输带宽已经得到了长足的发展，而网络节点始终是现代通信网的潜在瓶颈。因此，如何提高网络节点的速率以适应大规模的网络发展已经成为业界关心的焦点问题。IP 和 ATM（Asynchronous Transfer Mode，异步转移模式）两种各具优势的技术都正在发生着一次革命。与以往的技术进步不同，这次技术革命的结果，产生了新一代的网络技术——多协议标记交换，即 MPLS。首先 MPLS 的核心概念是交换，也就是 Switching；其次是标记 Label；最后是多协议 Multiprotocol。通过对 MPLS 名称的理解，不难发现MPLS 与 ATM 的相似之处。因为在 ATM 中 VPI/VCI 本身也是标记，而 ATM 面向链接的交换是一种固有特性。

利用图 3–3 我们可以更好地理解 MPLS。

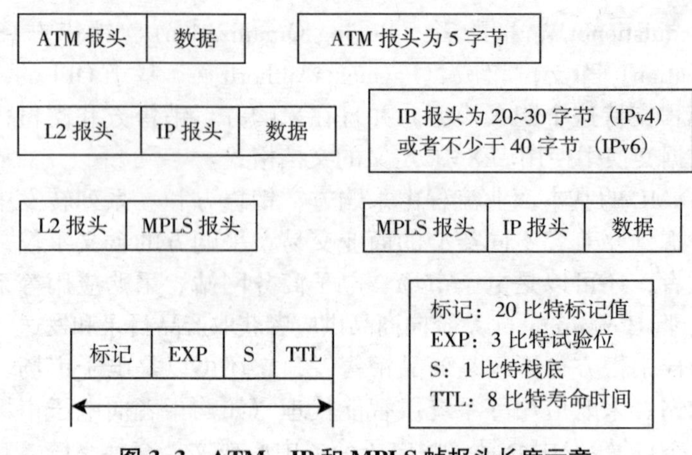

图 3–3 ATM、IP 和 MPLS 帧报头长度示意

值得注意的是，ATM 信元报头和 MPLS 帧报头的长度都非常短，这实际上是提高网络节点处理速度、构造大型网络的关键，从本质上讲，MPLS 采用的是一种固定长度的标记化分组，而这种本地标记化的机制实际上就是 ATM 报头的概念。当传统 IP 分组进入 MPLS 节点时，入端标记交换路由器（LSR）将完成端到端 IP 地址与 MPLS 标记的映射，为每一个分组增加相应的标记。每一个 MPLS 节点的标记都放在一个所谓的标记信息库（LIM）中，这时需要用到 OSPF、BGP 和类似 PNNI 的传路协议，采用 MPLS 的标记分配协议（LDP）会将相应链接的标记分配到网络的相应节点上。在 IP 分组通过 MPLS 中间节点时，实际上已经不再需要进行路由选择，只需要根据分配到的标记进行标记交换即可。而在 IP 分组离开 MPLS 网络时，MPLS 的出口标记路由器将完成标记与 IP 地址的反映射，即去掉标记。由于分组在通过 MPLS 网络时只需要一次路由选择，因此大大提高了网络效率。

在 MPLS 中，通过标记可以建立以下四种类型的服务：点对点、多点到点、点到多点、多点到多点。

2. MPLS 网络结构

MPLS 网络实际上分为两层：边缘层和核心层，其中边缘层将完成 IP 分组的分类、过滤、安全和转发功能，同时，将 IP 分组转换为采用标记标识的流链接，提供提高服务质量、流量控制、虚拟专网、组播等功能。针对不同的流连接，MPLS 边缘节点采用标记分配协议（LDP）进行标记分配/绑定，LDP 必须具有标记指定、分配和撤销功能，它将在 MPLS 网内分布和传递。而在 MPLS 的核心层同样需要 LDP，但它只提供高速的标记交换、面向链接的服务质量、流量工程、组播控制等功能。MPLS 网络结构见图 3-4。

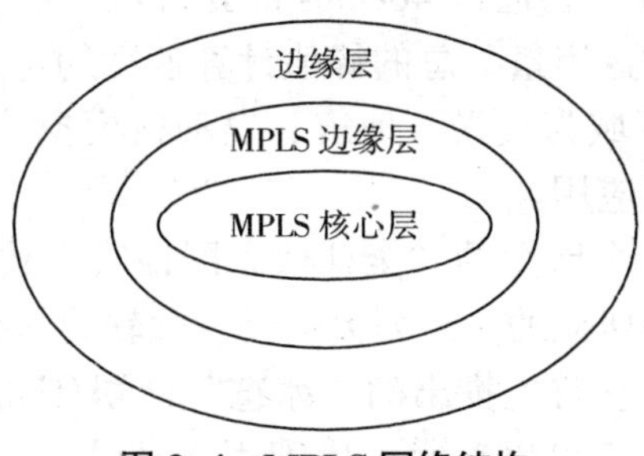

图 3-4 MPLS 网络结构

四、网格是 Internet 第三次浪潮[①]

网格（Grid）是高性能计算机、数据源、互联网三种技术的有机组合和发展，从数量来说，它的带宽更高，计算速度、数据处理速度可以大幅提高，结构体系比现有网络更有效地利用信息资源；而从本质上说，网格与现有网络不同在于，它能根据人们的要求生产知识。人们不再需要在数以万计的站点费尽心思搜索，在逻辑上，网格应该像一台机器。

越来越多的计算机专家认为，网格是继 Internet、Web 后的第三次浪潮。传统互联网实现了计算机硬件的链接，Web 实现了网页的连通，网格则试图实现互联网上的所有资源的全面连通，包括计算机、存储、通信、软件等。形象地解释网格——假如国庆节快到了，你准备和家人出去旅游，向电脑输入要求后，电脑自动为你办完全部事宜，包括机票、宾馆、游览日程表，只需要你的确认，即可以

① 徐志伟. 网格，是 Internet 第三次浪潮［N］. 电脑报，2001-9-24.

出发。除此之外，网格还可以应用在国家整体发展的诸多方面，生命科学、高性能计算机能源数据、环保等。

Tera Grid 将是世界上第一个从设计开始就面向网格的广域超级计算平台，2001 年 8 月，美国国家科学基金委员会（NSF）宣布了一个重大科研项目，研制称为“分布式万亿级设施”的网格系统，简称Tera Grid。Tera Grid 被称为 21 世纪信息技术的新标准，成为一种巨大的国家资源。它通过 40Gbps 的光纤网互联，共含有 3300 个处理器、450TB 磁盘容量，总的峰值计算速度约每秒 11 万次浮点运算。其主要运用领域为气候、地震、发动机模拟、生物、材料等科学计算和工程模拟应用。

美国规划了一个庞大的“全球信息网格”,[①] 欧盟国家也在 2001 年正式启动了网格研究的一系列大项目。微软的.net 计划可以看作是网格应用的一种，它首先推出的“冰雹”计划(Hailstorm）也正是提供这样的服务，如它可以在网上代理用户身份；SUN 公司早已开发了一系列支持网格计划的软件，其中用于网格资源管理的网格引擎软件（Grid Engine)，已有 91 个国家的用户下载使用，目前升级到 5.2.3 版，已经比较成熟；IBM 则在 2001 年 8 月启动投入 40 多亿美元“网格计算创新计划（Grid Computing Initiative)”全面支持网格计划；一些大公司，如辉瑞（Pfizer)、爱立信（Ericsson)、日立(Hitachi)、宝马（BMW）等都已经开始构造和试用内部网格。中国于 1995 年开始研究网格，目前网格已经成为中国科学院计算机研究所一个主要研究方向。在中国科学院计算机研究所的 6 个研究室中，有 4 个研究室互相配合进行网格方面的研究，特别是在网格的系统层面，正在开发一个“网格计算协议”(Grid Computing Protocol)，它将应用于连接网络资源，同时，也在开发网格的系统平台，包括一个“网格浏览器”、一个资源路由器、一个网格服务器软件，计算所正在研制曙光 4000 和曙光 5000，它们都是面向网格的超级服务器。

① 知远. 美国国防部全球信息网格建设视野［OL]. 2001-6-27.

五、网络计算机

网络计算机即通常所说的“NC”，是一种基于高速运行的局域网来发挥作用的计算机。与PC不同的是，网络计算机没有任何本地存储设备和扩展口，应用软件和数据都存储在服务器上。所以网络计算机可以长期不升级，只需在服务器端升级即可，也不怕病毒感染。而与网络连接也可以依靠网络公共出口。网络计算机的问世适应了多媒体教学所要求的互动效果和丰富性，适应了电子政务和企业信息化所要求的规范化和安全性，而最根本的是网络计算机节约了人力、财力、物力。

加入世界贸易组织后，我国所需要的计算机和软件增加，由此，“一对多”的策略迅速转变为“软件对PC”的“一对一”的原则，而一个网络计算机硬件可以降低到800元，NC基于开放源代码的Linux及其他软件可以共享。

中国科学院计算机研究所开发的龙芯1号、方舟两款芯片瞄准了网络计算机，清华、联想、长城等国内一批院校和企业已开始研制和生产。网络计算机亟待解决以下三个方面的问题：①国家要在网络计算机领域制定一系列标准；②对网络计算机核心技术的研制和开发要加大力度；③不断完善应用系统。从而采用和开放第三代网络技术——网格。

六、物联网与云计算

1. 物联网

（1）物联网概念。物联网（Internet of Things）指的是将无处不在（Ubiquitous）的末端设备（Devices）和设施（Facilities），包括具备“内在智能”的传感器、移动终端、工业系统、楼控系统、家庭智能设施、视频监控系统等和“外在智能”（Enabled）的，如贴上RFID的各种资产（Assets）、携带无线终端的个人与车辆等“智能化物件或动物”或“智能尘埃”（Mote），通过各种无线和/或有线的长距离和/或短距离通信网络实现互联互通（M2M）、应用大集成（Grand Integration）以及基于云计算的SaaS营运等模式，在内网

（Intranet）、专网（Extranet）和/或互联网（Internet）环境下，采用适当的信息安全保障机制，提供安全可控乃至个性化的实时在线监测、定位追溯、报警联动、调度指挥、预案管理、远程控制、安全防范、远程维保、在线升级、统计报表、决策支持、领导桌面（集中展示的 Cockpit Dashboard）等管理和服务功能，实现对“万物”的“高效、节能、安全、环保”的“管、控、营”一体化。

（2）物联网的本质。物联网是在计算机互联网的基础上，利用 RFID、无线数据通信等技术，构造一个覆盖世界上万事万物的“Internet of Things”。在这个网络中，物品（商品）能够彼此进行“交流”，而无须人的干预。其实质是利用射频自动识别（RFID）技术，通过计算机互联网实现物品（商品）的自动识别和信息的互联与共享。

（3）物联网四大关键领域（见图 3–5）。

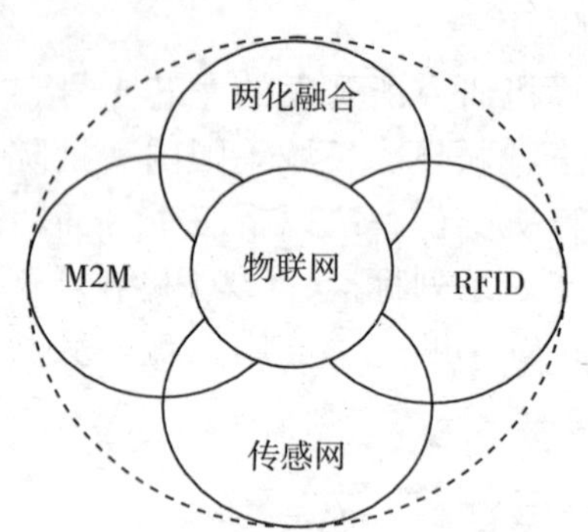

图 3–5　物联网四大关键领域

第一，RFID。物联网中非常重要的技术是射频识别（RFID）技术。RFID 是射频识别（Radio Frequency IDentification）技术英文缩写，是 20 世纪 90 年代开始兴起的一种自动识别技术，是目前比较先进的一种非接触识别技术。以简单 RFID 系统为基础，结合已有的网络技术、数据库技术、中间件技术等，构筑一个由大量联网的阅读器和无数移动的标签组成的，比 Internet 更为庞大的物联网成为 RFID 技术发展的趋势。而 RFID 正是能够让物品“开口说话”的一种技术。在“物联网”的构想中，RFID 标签中存储着规范而具有互用性的信息，通过无线数据通信网络把它们自动采集到中央信息系统，实现物品（商品）的识别，进而通过开放性的计算机网络实现信息交换和共享，实现对物品的“透明”管理。

第二，传感网。传感网技术是英文 Sensor Network Technology 的缩写，宽带传感网有两个概念，第一个是传感，第二个是宽带。发展总体战略表述为“一条主线，六个转变”。一直以来，在宽带传感网络的发展过程中，一直是以技术和制造为主题，但从现在来看，这种方式限制了其发展。

第三，M2M。M2M 是英文 Machine to Machine 的缩写，是将数据从一台终端传送到另一台终端，也就是机器与机器的对话。但从广义上讲，M2M 可代表机器对机器、人对机器、机器对人、移动网络对机器之间的连接与通信，它涵盖了所有实现在人、机器、系统之间建立通信连接的技术和手段。

第四，两化融合。两化融合是信息化和工业化的高层次的深度结合，是指以信息化带动工业化，以工业化促进信息化，走新型工业化道路；两化融合的核心就是信息化支撑，追求可持续发展模式。在中国共产党第十六次全国代表大会上，江泽民同志率先提出了“以信息化带动工业化，以工业化促进信息化”的新型工业化道路的指导思想；经过 5 年的发展和完善，在中国共产党第十七次全国代表大会上胡锦涛同志继续完善了“发展现代产业体系，大力推进信息化与工业化融合”的新的科学发展观念，两化融合的概念就此形成。

(4) 物联网的商业模式。

第一，客户全部自建模式。客户建设包括业务平台、终端识读器、识读终端标识，同时，租赁运营商的通信网络方式。在这种模式下，客户承担了物联网平台的全部费用，客户的投资压力大，需要有充足的资金链保证。这种模式下的物联网应用一般来说都有其私密性要求，行业性特点明显。其识读器和识读编码都有极强的个性化，跨行业的拓展性难。典型的代表有电力行业的电力远程监控、水利行业的水文监控、环保行业的污染源监控。

第二，平台租赁运营模式。平台运营商搭建公共平台，客户无需建设平台，只需要承担物联网识读器和物联网识读标识的费用，并支付相关通信费用。GPS 车辆定位、视频监控在这个模式下使用得最多，当然也不排除由通信运营商搭建相关公共平台，但是对于客户来说平台搭建成本得到了均摊，建设成本能够降低较多。

第三，广告模式。由平台运营商搭建公共平台、物联网识读器和物联网识读标识，然后租赁给广告商进行运营，广告商通过广告收入来支付物联网平台运营费用。由于物联网的物品管理可以做到精细化，因此也越来越成为广告商看好的一个渠道，如出租车、公交车的移动 LED（电视），楼宇、营业厅的移动广告机等。

第四，政府 BOT 模式。由运营商搭建公共平台，项目运营商自行建设物联网识读器和物联网识读标识，同时，支付给运营商相关通信费用，通过项目的运营收入来支付相关费用。比较典型的例子就如公共停车位的收费管理，通信运营商搭建停车场管理的平台，并制定相关规范，项目运营商通过 BOT 模式建设相关公共停车场的收费系统，通过公共停车位的收费来补贴相关设备及通信费用。

第五，移动支付模式。由客户进行相关平台的建设，并自行搭建相关设备，租赁通信运营商的网络，通过现金的佣金进行相关费用的贴补。目前主要集中在银行的移动 POS 应用，通信运营商也开始通过移动支付和一卡通的应用介入该市场。

2. 云计算

（1）云计算概念。云计算（Cloud Computing）概念是由 Google 提出的，是一种网络应用模式。狭义云计算是指 IT 基础设施的交付和使用模式，指通过网络以按需、易扩展的方式获得所需的资源；广义云计算是指服务的交付和使用模式，指通过网络以按需、易扩展的方式获得所需的服务。这种服务可以是 IT 和软件、与互联网相关的，也可以是任意其他的服务，它具有超大规模、虚拟化、可靠安全等独特功效。

云计算是网格计算（Grid Computing）、分布式计算（Distributed Computing）、并行计算（Parallel Computing）、效用计算（Utility Computing）、网络存储（Network Storage Technologies）、虚拟化（Virtualization）、负载均衡（Load Balance）等传统计算机技术和网

络技术发展融合的产物。

它旨在通过网络把多个成本相对较低的计算实体整合成一个具有强大计算能力的完美系统，并借助 SaaS、PaaS、IaaS、MSP 等先进的商业模式把这强大的计算能力分布到终端用户手中。云计算的一个核心理念就是通过不断提高“云”的处理能力，进而减少用户终端的处理负担，最终使用户终端简化成一个单纯的输入输出设备，并能按需享受“云”的强大计算处理能力！

云计算，在广泛应用的同时，还有另外一种云存储来作为其辅助，如中国上海信息科技有限公司的 WinStor 云端存储，其以用户为基础，以磁盘为导向，强大的数据安全功能使中国的云计算更进一步提前进入市场。所谓云存储，就是以广域网为基础，跨域/路由来实现数据无所不在，无须下载、无须安装即可直接运行，实现另外一种云计算架构。

最简单的云计算技术在网络服务中已经随处可见，如搜索引擎、网络信箱等，使用者只要输入简单指令即能得到大量信息。

在未来，如手机、GPS 等行动装置都可以通过云计算技术，发展出更多的应用服务。

进一步的云计算不仅有资料搜寻、分析的功能，而且如分析 DNA 结构、基因图谱定序、解析癌细胞等，都可以通过这项技术轻易达成。

大规模分布式计算技术即为“云计算”的概念起源。

云计算时代，可以抛弃 U 盘等移动设备，只需要进入 Google Docs 页面，新建文档，编辑内容，然后，直接将文档的 URL 分享给你的朋友或者上司，他可以直接打开浏览器访问 URL。我们再也不用担心因 PC 硬盘的损坏而发生资料丢失事件。

（2）云计算的特点。

第一，超大规模。云计算具有相当大的规模，Google 云计算已经拥有 100 多万台服务器，Amazon、IBM、微软、Yahoo 等的“云”均拥有几十万台服务器。企业私有云一般拥有数百上千台服务器。“云”能赋予用户前所未有的计算能力。

第二，虚拟化。云计算支持用户在任意位置、使用各种终端获取应用服务。所请求的资源来自“云”，而不是固定的有形的实体。应用在“云”中某处运行，但实际上用户无须了解，也不用担心应用运行的具体位置。只需要一台笔记本或者一部手机，就可以通过网络服务来实现我们需要的一切，甚至包括超级计算这样的任务。

第三，高可靠性。“云”使用了数据多副本容错、计算节点同构可互换等措施来保障服务的高可靠性，使用云计算比使用本地计算机可靠。

第四，通用性。云计算不针对特定的应用，在“云”的支撑下可以构造出千变万化的应用，同一个“云”可以同时支撑不同的应用运行。

第五，高可扩展性。“云”的规模可以动态伸缩，满足应用和用户规模增长的需要。

第六，按需服务。“云”是一个庞大的资源池，按需购买；“云”可以像自来水、电、煤气那样计费。

第七，极其廉价。由于“云”的特殊容错措施可以采用极其廉价的节点来构成云，“云”的自动化集中式管理使大量企业无须负担日益高昂的数据中心管理成本，“云”的通用性使资源的利用率较之传统系统大幅提升，因此用户可以充分享受“云”的低成本优势，经常只要花费几百美元、几天时间就能完成以前需要数万美元、数月时间才能完成的任务。

第八，潜在的危险性。云计算服务除提供计算服务外，还必然提供存储服务。但是云计算服务当前垄断在私人机构（企业）手中，而它们仅仅能够提供商业信用。政府机构、商业机构(特别像银行这样持有敏感数据的商业机构）对于选择云计算服务应保持足够的警惕。一旦商业用户大规模使用私人机构提供的云计算服务，无论其技术优势有多强，都不可避免地让这些私人机构以“数据（信息)”的重要性挟制整个社会。对于信息社会而言，“信息”是至关重要的。另外，云计算中的数据对于数据所有者以外的其他用户是保密的，但是对于提供云计算的私人机构而言确实毫无秘密可言。这就像常人不能监听别人的电话，但是在电信公司内部，员工可以随时监听任何电话。所有这些潜在的危险，是商业机构和政府机构选择云计算服务，特别是国外机构提供的云计算服务时，不得不考虑的一个重要的前提。

(3) 云计算交付模式与部署模式。云计算的三种交付模式是基础设施即服务（IaaS）、平台即服务（PaaS）、软件即服务(SaaS)。云计算的四种部署模式是私有云、社区云、公共云、混合云。

第三节　电子商务服务

一、ISP

ISP 是 Internet Service Provider 的英文缩写，指 Internet 服务商，是提供网络接入服务的网络商。用户必须通过它链入国际互联网，因为用户不是随便拨通一个电话号码就能够进入互联网的。ISP 公司和单位非常多，而且越来越多，如中国电信（China Net）等，此类公司主要业务范围是信息产业部电信管理局以许可证方式特批的国际互联网电信开放业务，收入来源于用户定期交纳的上网通信费。网民或者企业选择服务供应商时需要考虑的因素如下：

1. 收取的费用

(1) 注册费——各服务供应商收取的注册费都不一样，有的开一个户需要 2000 元，有的只要 300 元，由于现在服务供应商越来越多，为了争取用户，许多服务供应商已经不收取这笔费用。

(2) 互联网使用费——这主要分为三类：一是以使用小时为单位收费，也有的一个月使用不超过 6 小时收取 100 元，超过部分每小时收取 20 元，等等；二是有的服务供应商还收取信息传输费用，在网上每传输 1KB 收取 0.015 元；三是月包租制，如有的服务供应商要求个人用户每月交 300 元，单位用户每月交 1000 元，使用的时间不限。

(3) 通信线路使用费——包括以下几种情况：一是利用当地电话拨号上网的，按当地（市内）电话收费标准收费；二是利用电信专线接入互联网的，按专线收费；三是外地用户按国内长途进行收费。

2. 提供的服务方式

提供的服务方式在这里指连接互联网后的使用方式，简单说，分为两种方式，一是字符方式，如 DOS 环境下的命令性方式；二是图形方式，如 Windows 环境下的方式，用户使用这两种方式的难易程度是不太一样的。

3. 提供的售后服务

提供的售后服务在这里指的是提供网络使用说明资料、对用户的培训、软硬件的安装、使用当中的疑难问题解答等。

4. 提供的服务内容

提供的服务内容在这里指的是收发 E-mail、利用 FTP 传输文件、进行 www 浏览等。

5. 数据的传输速度

我国链入国际互联网有许多不同的接口，不同接口的带宽不一样，而且，每个服务供应商用户的多少也不一样，有的 1000 万户以上，有的 1000 万户以下，这样就使得用户在链入国际互联网后，进行数据传送的情况不一样。在传送大量数据，特别是在传送图形数据时最为明显，例如一幅图很长时间传不完，就像在一条公路上挤满了汽车，造成汽车行进速度非常慢。例如，用户作为一个服务供应商主机的仿真终端链入主机后，采用 Kermit 传输协议而不是 Zmodem 协议，那么数据传输会很慢，若服务供应商能够提供图形服务，用 PPP 协议要慢于 SLIP 协议。

二、ICP

ICP 是指互联网内容提供商，这种网络企业主要着眼于提供或发布各种信息，供网上用户查询，其中一类是普通信息网，如人民日报网络版、新浪、搜狐、阳光卫视等。此类公司主要业务范围是提供信息，它利用用户访问量来吸引大量的网络广告并收取其他商业公司向其支付的广告费；另一类是专门的信息网，收入主要来源于会员费。

三、ASP

ASP（Application Service Providers）是指应用服务提供商根据市场导向利用自己所拥有的资金、技术和人才，提供一种解决方案，即“应用（主机）托管”（Application Hosting），而从事此服务的公司便是ASP。ASP为用户企业提供应用服务，反之，用户企业把自己的应用服务交给ASP托管。ASP一词起源于1998年的美国，是由PSLnet和Quest Communication等通信公司提出的。对于企业来说，企业不把软件买回公司安装，所有的软件都放在软件公司的主机上，只要通过网络连线就可以执行所需要的功能，接受以日服务（Daily Service）或者月服务（Monthly Service）形式提供的服务，然后付日租费或月租费就行了，只有真正的采用软件的方法获取利润的商业模式才是ASP。[①] 一般是指网络商给企业提供租赁式应用软件的服务，通过这些应用软件，企业只需很小的成本就可以进行数字化管理，并获得ASP专业人士的外部服务。理论上的ASP商业模式是：在互联网上或者其他网络服务上出租核心企业应用程序；目前国内外ASP大多数都采用与客户面对面的推销方式，主要提供IT软件和网络解决方案，或租或卖，形式很灵活。

据调查，ASP的全球市场规模，1998年为8.9亿美元，1999年达到27亿美元，到2001年达到200亿美元，到2003年达到270亿美元，2015年全球ASP托管服务规模将达到698亿美元，这是一个巨大的经济增长点，一个巨大的IT市场。至今，ASP经历了四个阶段：第一阶段，为终端用户所接受；第二阶段，为大型门户网站所接受；第三阶段，为中小企业所接受；第四阶段，为大型企业所接受。ASP制胜的关键是拥有核心技术。

四、IDC

IDC即互联网数据中心，为众多大型集团企业用户、大型ISP、ICP、ASP及电子商务类网站用户提供从主机服务、宽带接入到网络

---

① 高秀霞. 细说ASP模式［N］. 电脑报，2001-3-26.

规划、专业组网、电子商务应用平台的全面解决方案。中国电信集团公司将建设北京、上海、广州、西安四个节点的全国性 IDC 平台，建设面积为每个节点 5000 平方米，可以提供机位出租、主机托管、出租磁盘空间、虚拟主机、负载均衡、内容分发等业务，IDC 将建设成 ASP 应用软件的一个最佳承载平台。IDC 作为新产业结构层弥补了当前存在的断层，如基础电信——ICP/ISP——（ ）——用户；这里在 ICP/ISP 和用户之间存在一个断层，而 IDC 的出现，弥补了网络产业结构的断层，是对新一轮网络经济产业结构的优化。

从网络商角度来说，网络技术经历了四个发展阶段：第一阶段是 ISP 阶段；第二阶段是 ICP 阶段；第三阶段是 ASP 阶段；第四阶段是 IDC 服务模式和 AIP（Application Infrasture Provider）服务模式。[①] 这体现了网络服务类型先后产生的逻辑顺序，具有某些阶段性的特征，现在网络商逐步形成专业分工或行业特色，但就某一网络公司而言，有的综合性网站同时拥有 ISP、ICP、ASP 的多种功能，有的网站突出其核心竞争力，不同的网站在竞争中实行资产重组、兼并和战略性互补联合。

第四节　电子商务实名制

电子商务实名制分为两个内容，一是从网络主体的角度来看的实名制；二是从个人上网来说的实名制。前者有利于人们寻找不同的网站，也有利于拥有网站或网页的企业打出自己的品牌；后者有利于确认网民的真实身份，奠定社会的信用基础。

---

① AIP 是继 ASP、IDC 之后又一种新兴服务模式，称为应用基础设施提供商，在国内最先由亚信提出。国外这项业务也是刚刚起步，其倡导者之一就是 Netscape 公司的创始人马克·安德森（Marc Adressen）的 Loud Cloud 公司。

一、从网络主体的角度看网络实名制

1. 网络实名

网络实名（Internet Keyword）是一种以自然语言访问互联网的形式，不需要“http//”、“www”、“.com”或“.net”，企业、产品、品牌、网络的名称就是实名，输入中英文、拼音及其简称等均可以直达访问目标网页。网络实名包括中文网址、英文网址、数字网址、拼音网址。

2. 网络实名产业联盟

1998 年 10 月，3721 公司创立，推出“3721 网络实名”，符合中国的实名标准。这一产业联盟为形成网络主体的网络实名制奠定了基础。

二、从个人上网的角度看网络实名制

当前电子商务已经基本实现实名制了。在网上开店需要身份证的验证才允许开店；会员制交易不实名制就不可能是会员；网上购物也需要消费者注册才能够购物；网上支付必须是实名制的，否则不可能进行电子支付；网站的建立也需要核准后才能进行。但是，电子商务实名制需要进一步完善。

当前我国互联网经济中普遍存在的问题是：个人上网除了个人电子邮箱是真实的外，还存在大量的“虚拟现象”——在个人登录网站、申请邮箱、订阅电子刊物、上网聊天等网上活动中，许多网民，特别是年轻网民大多数不采取真实姓名，更不要说身份证号码、家庭住址、工作单位、职务、职称、家庭收入等资料，这就出现了许多怪现象。例如，每年“情人节”到了，许多年轻网友相约见面，出现了许多“现身”的笑话，当聊天室内的网友见面时，原来的男友却是女郎，原来的未婚男子却早已是有妇之夫，男变女，女变男，大变小，小变大皆有。个人上网不推行“实名制”，网民言行“虚拟化”，至少具有以下四个方面的负效应：

1. 不利于个人言行的自我约束

因为不实行“实名制”，网民对网上言论不负责任，随便在网上发表不利于社会稳定的言论、诽谤他人、诈骗财物、进行感情欺骗等，不利于社会安定、人际关系的和谐和感情的交流。

2. 不利于网上个人言行的管理

因为不实行“实名制”，随便发表言论难以受到监督和处罚，因为主体是“虚拟”的，言行的法律追究也会存在障碍，不利于网络社会的有序运行。

3. 不利于网上交易的信用瓶颈问题的解决

网上交易是网上活动的一个主要内容，当前存在的主要问题是信用瓶颈障碍，特别是许多人在网上交易时不负责，甚至进行不合法的勾当，扰乱了市场正常的经济秩序，这样，网上交易所具有的减少交易成本、提高效率、消除时间和空间障碍也就成为一句空话。

4. 不利于与银行储蓄实名制相互对接

银行储蓄存款实行了实名制，交易支付过程的个人实名制问题已经解决。而个人在互联网上的实名制仍然存在许多问题，一方面我国应逐步推行个人上网的实名制；另一方面我国政府应保护个人隐私及其发表个人观点的权利。

因此，政府应逐步推行个人上网“实名制”，并给予个人相对空间。这样，创造一个相互信任的社会基础，为完善现代市场经济奠定良好的基础。

习题

1. 何谓网络协议，你所知道的网络协议有多少？
2. 简述 TCP/IP 的内容。
3. 何谓 Web 技术？
4. 何谓 IP 地址？
5. 何谓域名系统？
6. 何谓 Internet 端口/插口？
7. 简述 URL 的结构。
8. 简述 HTML 的作用。
9. 有哪九种上网形式？
10. XML 与 HTML 有什么区别？

11. 何谓 cnXML?
12. 简述 MPLS。
13. 简述 ASP 及其地位。
14. 何谓电子商务实名制?
15. 简述从网络主体角度来看的网络实名制。
16. 谈谈个人上网能否推行实名制。

第四章　电子商务的支付系统

电子商务的支付系统分为电子支付和非电子支付，非电子支付主要是指传统支付，随着电子商务的发展，非电子支付所占的比例呈下降趋势。本章主要论述电子支付。中国人民银行 2005 年发布的《电子支付指引（第一号）》将电子支付界定为，电子支付是指单位、个人直接或授权他人通过电子终端发出支付指令，实现货币支付与资金转移的行为。电子支付的类型按电子支付指令发起方式分为网上支付、电话支付、移动支付、销售点终端交易、自动柜员机（ATM）交易和其他电子支付。

第一节　电子支付概论

电子支付由卡基支付、网络支付、移动支付、其他支付等构成，见图 4-1。

1. 卡基支付

卡基支付是指当前十分普及的一种支付工具，因此用卡基支付工具进行电子商务的支付具有坚实的商务基础。在卡基支付工具交易和支付过程中，通常包括持卡人、发卡行、卡片协会、收单行和商户几个参与者。其中，发卡行和收单行可以是同一家银行。卡基支付包括银行卡支付和非银行卡支付，银行卡支付包括借记卡和借贷卡，非银行卡支付包括智能卡（多功能预付卡、Smart Card、IC 卡）、电话卡等。

通过计算机网络，如 Internet 进行商务交易和支付，遇到的安全

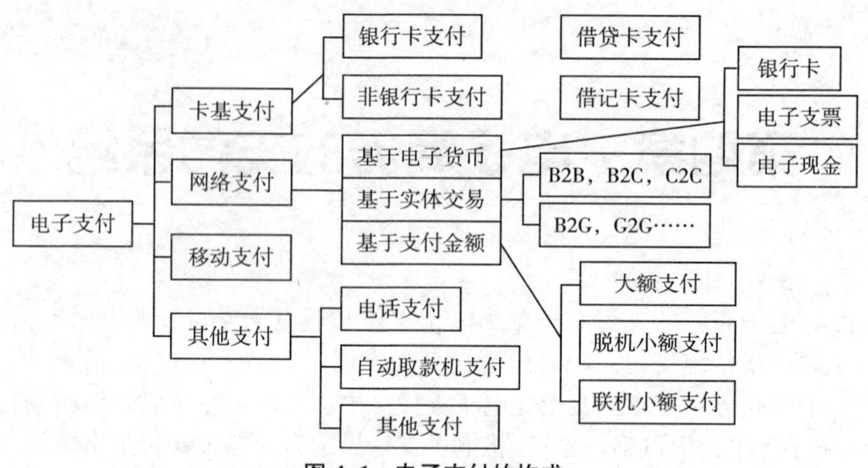

图 4-1　电子支付的构成

问题与利用邮购和电话购物所遇到的风险类似，罪犯通过截获银行卡号和持卡人的个人信息等进行欺诈。Internet 作为开放性的网络，在安全性方面有很多漏洞，如果有关信息不经加密处理便通过 Internet 传送，危险性很大。因此，各种 Internet 上的卡基支付工具都将安全问题作为首要的问题来解决。

2. 网络支付

网络支付是电子支付的一种形式。广义地讲，网络支付是以互联网为基础，利用银行所支持的某种数字金融工具，发生在购买者和销售者之间的金融交换，而实现从购买者到金融机构、商家之间的在线货币支付、现金流转、资金清算、查询统计等过程，由此为电子商务服务和其他服务提供金融支持。

(1) 基于电子货币的支付。基于电子货币的支付包括银行卡支付、电子支票、电子现金等。

第一，银行卡支付是指利用银行发行的借记卡、信用卡等支付。

第二，电子支票（Electronic Check，E-check）是指一种借鉴纸张支票转移支付的优点，利用数字传递将钱款从一个账户转移到另一个账户的电子付款形式。这种电子支票的支付是在与商户及银行相连的网络上以密码方式传递的，多数使用公用关键字加密签名或个人身份证号码（PIN）代替手写签名。用电子支票支出，事务处理费用较低，而且银行业能为参与电子商务的商户提供标准化的资金信息，故而是最有效率的支付手段之一。

第三，电子现金（E-Cash）是指一种以数据形式流通的货币，也就是我们所说的网络货币，它把现金数值转换成为一系列的加密序列数，通过这些序列数来表示现实中各种金额的币值。用户在开展电子现金业务的银行开设账户并在账户内存钱后，就可以在接受电子现金的商店购物。

（2）基于实体交易的支付。基于实体交易的支付包括各种电子商务交易活动的支付，如 B2B、B2C、B2F、C2B（C2T）、B2B2C、C2C、B2G、C2B、G2G 等交易活动的支付等。

（3）基于支付金额的支付。基于金融支付金额的支付包括大额支付、脱机小额支付、联机小额支付等。

第一，大额支付系统（RTGS）——主要处理银行之间大额资金转账，通常支付的发起方和接收方都是商业银行或在中央银行开户的金融机构。

第二，脱机小额支付系统——也称批量电子支付系统，主要指 ACH（自动清算中心），主要处理预先授权的定期贷记（如发放工资）或定期借记卡（如公共设施缴费）。支付数据以磁介质或数据通信方式提交清算中心。

第三，联机小额支付系统——指 POSEFT 和 ATM（Automated Teller Machine）系统，其支付工具为银行卡（信用卡、借记卡或 ATM 卡等）。

3. 移动支付

移动支付，也称为手机支付，是指允许用户使用其移动终端（通常是手机）对所消费的商品或服务进行账务支付的一种服务方式。整个移动支付价值链包括移动运营商、支付服务商（如银行、银联等）、应用提供商（公交、校园、公共事业等）、设备提供商（终端厂商、卡供应商、芯片提供商等）、系统集成商、商家和终端用户。移动支付是使用移动设备通过无线方式完成支付行为的一种新型的支付方式。移动支付所使用的移动终端可以是手机、PDA、移动 PC 等。

移动支付产业属于新兴产业，根据市场研究公司 Gartner 的数据，2010 年全球使用手机进行支付的人数预计将增长 54.5%，从 2009 年的 7020 万人增长到 1.086 亿人，亚洲领衔增长。2010 年移动支付用户占全部移动用户数量的 2.1%。亚太地区移动支付用户数量预计从 2009 年的 4180 万人增长到 6280 万人。在欧洲、中东和非洲地区，移动支付用户数量预计从 1680 万人增长到 2710 万人。在北美，移动支付用户数量预计从 190 万人增长到 350 万人。

2010 年我国手机用户达到 8.59 亿户，其中手机网民规模达到 3.03 亿人，较 2009 年底增加了 6930 万人。手机网民在总体网民中的比例进一步提高，从 2009 年末的 60.8%提升至 66.2%。目前在中国，手机支付领域也在蓬勃发展，根据艾瑞咨询发布的《2009 年中国手机支付发展研究报告》数据显示，2009 年中国手机支付市场交易规模为 24 亿元，同比 2008 年的 7.9 亿元增长 202.6%，2010 年中国手机支付市场规模达到 28.45 亿元，接近 29 亿元，手机支付用户总数突破 1.5 亿户。而从 2010 年 9 月开始，根据中国人民银行（以下简称“央行”）公布的《非金融机构支付服务管理办法》，即使不与银行合作，运营商照样能大规模开展手机支付业务。咨询公司 Informa 报告认为，预计到 2013 年，我国移动支付的市场规模将达到 8600 亿美元。

4. 其他支付

其他支付包括电话支付、自动取款机支付、其他新的支付方式。

（1）电话支付。电话支付是电子支付的一种线下实现形式，是指消费者使用电话（固定电话、手机、小灵通）或其他类似电话的终端设备，通过银行系统就能从个人银行账户里直接完成付款的方式。

（2）自动取款机支付。自动取款机又称 ATM，是 Automatic Teller Machine 的英文缩写，意思是自动柜员机，因大部分用于取款，又称自动取款机。它是一种高度精密的机电一体化装置，利用磁性代码卡或智能卡实现金融交易的自助服务，代替银行柜台人员的工作。可进行提取现金、查询存款余额、进行账户之间资金划拨、余额查询等工作；还可以进行现金存款（实时入账）、支票存款（国内无）、存折补登、中间业务等工作。持卡人可以使用信用卡或储蓄卡，根据密码办理自动取款、查询余额、转账、现金存款、存折补登、购买基金、更改密码、缴纳手机话费等业务。

1939 年，Luther George Simjian 发明了自动取款机。但是，现代意义上的自动取款机概念由英国人谢泼德·巴伦于 1968 年提出，原型机出现于 1969 年。第一台自动取款机被安装在纽约的化学银行。如今，ATM 机发展的速度相当快，与银行机构的比例达到了 4∶1。美国海军甚至将 ATM 机装到了军舰上。

（3）其他新的支付方式。如“拉卡拉”线下支付、“易缴费”线下支付等。

第二节　电子商务的支付系统

一、电子商务支付系统

随着科技的发展，电子商务支付系统将有许多种类，目前主要有四类，即大额支付系统、脱机小额支付系统、联机小额支付系统、电子货币。

1. 大额支付系统（Real Time Gross Settlement，RTGS）

大额支付系统主要处理银行之间大额资金转账，通常支付的发起方和接收方都是商业银行或在中央银行开户的金融机构。大额系统是一个国家支付体系的核心应用系统。现在的趋势是，大额系统通常由中央银行运行，采取 RTGS 模式，处理贷记转账，当然也有由私营部门运行的大额支付系统，这类系统对支付交易虽然可做实时处理，但要在日终进行净额资金清算。大额系统处理的支付业务量很少（1%~10%），但资金额超过 90%，因此大额支付系统中的风险管理特别重要。

2. 脱机小额支付系统

脱机小额支付系统亦称批量电子支付系统，主要指 ACH（自动清算中心），主要处理预先授权的定期贷记（如发放工资）或定期借记卡（如公共设施缴费）。支付数据以磁介质或数据通信方式提交清算中心。

3. 联机小额支付系统

联机小额支付系统指 POSEFT 和 ATM 系统，其支付工具为银行卡（信用卡、借记卡或 ATM 卡等）。与以上支付系统相比，两个系统都是小额支付系统，金额小、业务量大、交易资金采用净额结算，但 POSEFT 和 ATM 中需要对支付实时授信。

4. 电子货币（Electronic Money）

电子货币泛指正在出现或构想的各种零售（小额）支付方式。电子货币是具有储藏或预付功能的电子货币工具，存放着消费者可使用的资金或币值，可分为基于卡或基于软件的两大类。电子货币为现金支付工具，即电子形式的现金，代替目前的纸和硬币。目前的非现金支付属于访问型工具（Access Instrument），其功能允许工具持有人访问其银行的账户。

电子商务已由专网或增值网 VAN 条件下 EDI 形式发展到互联网开放式网络环境下的真正意义上的电子（或数字）商务。在EDI 电子商务的情况下，支付和商务交易是由不同的系统做某些改变，使其能够处理互联网电子商务中的支付交易。在互联网电子商务条件下，要求相应的支付系统或对原来的支付系统做某些改变，使其能够处理从支付到最后完成资金转账的全过程。

由 Vsia 和 MasterCard 组织联合开发的 SET 协议就是最典型的代表。但是 SET 并没有满足电子商务对电子支付的全部要求，一些其他支持协议，特别是各种各样的电子货币方案正在不断地推出。

二、我国金融电子化建设取得较大进展

1. 建成了 5 个全国性的电子资金转账系统

中国人民银行的电子联行系统，已覆盖全部 340 个中心支行和大部分经济发达地区的县支行，四大国有商业银行的电子资金汇兑系统已覆盖了主要的营业网点。这些电子支付系统的建立，大大加快了异地支付交易的处理。20 世纪 90 年代初的那种由于票据传递迟缓和手工处理落后所造成的大量在途资金现象已经基本消除。据

不完全统计，目前至少有90%的异地支付交易是经过电子支付系统处理的，基本上做到了行间资金转账当天结算。2001年9月，交通银行、中信实业银行、招商银行、深圳发展银行、广东发展银行、福建兴业银行、中国光大银行、华夏银行、上海浦东发展银行、中国民生银行10家银行达成协议，通存通兑。[①] 2010年，中国人民银行“网上支付跨行清算系统”（俗称“超级网银”）已正式上线。

2. 同城票据交换的自动化程度已有了较大的提高

16个业务量大的城市已经建立了票据清分机系统，200多个城市建立了同城金融数据通信网络。这些设施极大地加快了同城票据的清算速度，许多城市票据清算所每天交换票据两次，个别城市还建立了同城电子支付系统。

3. 累计发行各类银行卡超过24亿张

在国家金卡工程的推动下，中央银行组织各商业银行，按照联合共建的原则，努力为广大消费者提供更方便的用卡环境。现在银行卡信息交换系统试点工程已经结束，已经进入扩展阶段。银行卡支付交易迅速增长，到2010年已累计发行各类银行卡24.15亿张，其中绝大多数仍属于借记卡。

4. 建设中国现代化支付系统

在中国支付系统现代化建设中，CNAPS（中国现代化支付系统）项目受到国内和国际金融机构的高度重视，它的目标是要建成适应中国社会主义市场经济发展的现代化支付体系。世界银行为这个项目提供了技援贷款，并派了国际专家组给予指导。目前，这个项目的试点工程已进入最后阶段。

5. 研究和开发了多种电子商务支付方式

为了促进电子商务在我国的顺利发展，研究和开发适合于电子商务的电子支付方式，已经成为我国支付系统现代化建设的一个重要组成部分。目前已经建成的电子支付系统是发展适合电子商务中电子支付方式的重要基础，即目前银行间的资金转账系统和商业银

---

① 范海涛，温馨. 一家开户十家通行，银行实行战略大联盟——十家银行即将通存通兑［N］. 北京青年报，2001-9-11.

行内的各种类型的支付系统（电子资金汇兑、网上银行、银行卡等）将为电子商务提供各种服务。

6. 中国银联卡已经“走出国门”

2002 年 1 月 10 日，北京、上海、广州、杭州和深圳 5 个城市在中国人民银行的引导下，率先推出能够跨行、跨地区使用的“银联卡”，银联卡与传统的银行卡不同的是，在银行卡的右下角多了一个以红、绿、蓝三色银行卡组成的“银联”标识。具有这个标识的银行卡，可以在任意一台 ATM 机或 POS 机上取款、消费。目前，中国银联卡已经走出国门，可以在 20 多个国家的 POS 机和 40 多个国家的 ATM 机上使用。

第三节　网上支付工具

一、卡基支付

1. 借记卡

借记卡是指持卡人须先按发卡机构的要求交存一定金额的备用金，当持卡人在使用借记卡时，按借记卡内的备用金的数量多少掌握使用，不能够超用，也不能够透支。

2. 信用卡

信用卡（Credit Card），是商业银行发行的，拥有透支功能的银行卡，分为贷记卡和准贷记卡。贷记卡是指银行或者信用卡公司给予持卡人一定金额额度，持卡人可以在信用额度内先消费，后还款的信用卡；准贷记卡是指持卡人须先按发卡银行要求交存一定金额的备用金，当备用金账户余额不够支付时，可在发卡银行规定的信用额度内透支的信用卡。

3. IC 卡

IC 卡（Integrated Circuit）是集成电路卡，又称智能卡（Intelligent Card，Smart Card），IC 卡的种类很多，是在特定材料制

成的塑料卡片中嵌入微处理器和存储器等 IC 芯片的数据卡。使用时插入相应的处理器中，通过卡上的端口同阅读器上的插座相链接，进行相当于 RS-232 的数据通信。在我国 IC 卡具有广泛的应用领域，许多城市相继推出了 IC 卡支付系统或 IC 卡信用卡系统，在行业应用上，包括汽车 IC 卡加油系统、IC 卡税收系统、IC 卡无线电话收费系统等，IC 卡在我国的金融交易和非金融交易方面的使用上已有了一个良好的开端。据不完全统计，截至 2002 年 6 月，我国已累计发行 IC 卡约 8 亿张，仅 2000 年我国发行的各类 IC 卡就达 2.3 亿张。

4. 卡基消费活跃

截至 2010 年末，全国累计发行银行卡 24.15 亿张，同比增长 16.9%，数量居全球首位，其中 90%为借记卡。约 5 亿中国人养成了使用银行卡刷卡消费的习惯，中国已成为全世界最为庞大的银行卡市场。与此同时，越来越多的金融服务渗透到了公众的日常生活当中，如信用卡借贷消费、缴费、充值、网购付款、期刊订阅、购买游戏点卡等。

2010 年末，银行卡跨行支付系统联网商户 218.3 万户，联网 POS 机 333.4 万台，ATM 机 27.10 万台，较 2009 年末分别增加 61.65 万户、92.57 万台和 5.61 万台。截至 2010 年末，我国每台 ATM 机对应的银行卡数量为 8913 张，同比减少 7.3%；每台 POS 机对应的银行卡数量为 724 张，同比减少 15.6%。银行卡受理市场建设成效不断显现。2010 年，发生银行卡业务 257.56 亿笔，同比增长 30.8%，增速较上年同期加快 12.7 个百分点；业务金额 246.76 万亿元，同比增长 48.7%。

银行卡消费呈现快速增长态势，2010 年银行卡渗透率达到 35.1%，比 2009 年 32.6%提高 2.5 个百分点，社会消费品零售市场进一步活跃。2010 年，全国银行卡卡均消费金额和笔均消费金额分别为 4318 元和 2151 元，与 2009 年相比分别增长 30.0%和 9.5%。银行卡跨行消费业务 37.24 亿笔，金额 9.05 亿元，同比增长 25.2%和 49.8%，分别占银行卡消费业务量的 76.8%和 86.7%。

对于社会消费品零售总额而言，截至 2010 年末，我国全国银行卡支付联网的商户达到 218 万家，消费金额 10.43 万亿元。2010 年，全国刷卡消费金额（剔除房地产、批发业等）占社会消费品零售总额的比例已经达到35.1%。

二、数字现金（E-cash）

1. 数字现金的概念

数字现金是指以数字化形式存在的货币，它是一个适合于在互联网上进行小数字实时支付的系统，有可能成为电子贸易应用的一种形式。数字现金与信用卡不同，信用卡仅是一种支付手段，其最终还必须通过结算机构予以兑现，而数字现金与现有的实币一样，本身就是货币。从国家金融机构来看，数字现金比现有的实际现金（纸币和硬币）具备更多的优点。实际现金需要金融机构承担较大的存储风险、高昂的运输费用，并且要求对安全保卫以及防止伪币等工作有较大的投资，而数字现金的发行则避免了这些问题。数字现金包括存储性的预付卡和完全数字化的用户号码数据文件等形式。具体来说，主要有以下五个方面的属性：

（1）货币价值。数字现金必须有一定的现金、银行授权的信用或银行证明的现金支票进行支持。当数字现金被一家银行发出并被另一家所接收时不能存在任何不兼容性问题。如果失去了银行的支持，数字现金会有一定的现金风险。

（2）可交换性。数字现金可以与商品或服务、网上信用卡、银行账户存储金额、支票或负债等进行互换。一般倾向于数字现金在一家银行使用。事实上，不是所有的买方会使用同一家银行的数字现金，他们甚至不使用同一个国家的银行的数字现金。因而，数字现金就面临多银行的广泛使用问题。

（3）可存储性。可存储性将允许用户在家庭、办公室或特殊用途的设备中提取一定数量的数字现金，存入上述设备中。由于在计算机上产生或存储现金，因此伪造现金非常容易，最好将现金存入一个不可修改的专用设备。这种专用设备应该有一个友好的用户界面以有助于通过Password或者其他方式的身份验证，以及对于卡内信息的浏览显示。

（4）重复性。必须防止数字现金的复制和重复使用（Doublespending)。因为买方可能用同一个数字现金在不同的国家、地区的网上商店同时购物，这就是数字现金的重复使用。一般的数字现金系统会建立事后检测和惩罚机制。

(5) 保密性。完全数字现金没有明确的物理形式，它以用户数字号码的形式存在，这使其适用于买卖双方在地理位置上处于不同地点的网络和互联网事务处理中，其交易行为就是从买方的数字现金中扣除一定费用并传输到卖方，实际的数字现金在传输过程中通常要经过加密处理，以保证只有真正的卖方才能够获得这笔现金。

2. 电子支票

电子支票 (E-check)，是指电子资金的传输。它是支票的无纸化运作，最大限度地利用当前银行系统的自动化潜力。

电子支票包括以下三个实体：购买方、销售方和金融机构。当购买方与销售方完成一次交易处理后，销售方要求付款。此时购买方从金融机构那里获得唯一的一份付款证明，这个电子形式的付款证明表示购买方账户欠金融机构的钱。购买方在购买时，将这个付款证明交给销售方，销售方再转交给金融机构。整个交易处理过程同传统的支票查证过程类似。当作为电子方式进行时，付款证明是一个由金融机构出示证明的电子流。更重要的是，付款证明的传递、账户的负债和信用几乎是同时发生的。如果购买方和销售方没有使用同一家金融机构，通常需要由国家中央银行或者国际金融组织协调或者控制。

3. 数字信用卡

数字信用卡 (Digital Credit Card)，又称进行网上交易的实时清算的银行数字信用卡。

当网上商店在进行在线销售产品和服务时，一般应运用网上信用卡的实时清算系统进行资金支付。我国现在许多银行已经在探索进行实时的网上信用卡的实时清算，如招商银行、中国建设银行、中国工商银行、中国银行、北京商业银行等。

在电子商务中，最简单的信用卡支付形式是让用户提前在某一个银行或金融机构登记一个信用卡账号和口令，当用户通过 Internet 在公司购物时，用户只需要将账号和口令传送到该公司；而完成购物后，用户会收到一个确认本次购买是否有效的电子邮件。如果用户对电子邮件的应答为有效，公司就从用户的信用卡账户上扣除该笔交易的费用。目前，更为安全的方式是在 Internet 上通过 SET 协议进行网络支付，具体方式是用户在网上发送信用卡号码和密码，通过加密发送到银行进行支付，而在支付过程中需要进行用户、商家以及付款要求等合法性验证。

第四节　网上银行

一、网上银行

银行是一个悠久的行业，从 12 世纪在意大利诞生算起，已有 800 多年的历史。目前银行业面临着社会的演变和管理制度的变迁，面临着诸多挑战，如传统银行业的资金媒介和支付服务地位下降的挑战，传统银行的支付功能优势正在减弱等。许多传统银行和网络公司利用互联网将银行支付系统的接口设到政府、企业、家庭和个人的计算机终端；保险公司、基金公司、信用卡公司等非银行金融机构迅速崛起和发展带来的“脱媒”，开始吞噬商业银行的市场份额。

网上银行（E-bank）是计算机、网络和银行的三位一体，是利用 Internet 的技术，为客户提供综合、统一、安全、实时的银行服务，包括对私、对公的各种零售和批发的全方位银行业务，还可以为客户提供跨国支付与清算等其他服务的贸易、非贸易的银行服务。

网络银行具有较低的交易成本，据调查，实体银行网点每一笔交易所需要的费用为 1.07 元，电话银行为 0.45 元，ATM（自助银行）为 0.27 元，而网络银行为 0.01 元。

二、网上银行的两种模式

1. 纯网上银行

纯网上银行又称虚拟银行（Virtual Bank），是一种完全由互联网发展起来的全新的电子银行，它是为专门提供在线银行服务而成立的。其特点主要如下：

（1）只有一个办公地址，既没有分支机构，也没有营业网点，所有的业务都通过网络进行。

（2）业务、交易和办公实现无纸化，即银行的所有票据、单据、文件、货币全面电子化；银行与客户之间的文件传递、往来结算都是通过计算机和数据通信网进行；客户只要在办公室或家里就可以完成各种金融交易，获得各种金融服务，而不需要亲自到银行。

以上两个特点使纯网上银行大幅度地提高了业务的操作速度和运作水平，降低了服务成本，提高了服务的准确率和精确度，消灭了金融交易和信息服务的时空界限。

2. 由传统银行网络化实现的网上银行

由传统银行网络化实现的网上银行是传统银行与网络信息技术相结合的产物，是传统银行在电子商务时代的提升、创新和发展。这类网上银行一般是传统银行利用互联网作为新的服务手段，建立银行站点，提供在线服务。其显著特点如下：

（1）银行由实体化向虚拟化转化。银行不再仅以其物理建筑和有形机构的扩展来体现实力，更主要的是以高新技术产品和快捷、方便、安全的服务来体现。

（2）为客户提供不受时空限制的全方位金融服务。

（3）改变了传统银行的经营管理体系和业务运作模式。传统银行的网络化实质上是金融领域的一场革命，客观上要求银行必须在机构网点、人员结构、劳动组合、服务设施和运作模式等方面进行改革，以适应数字化时代的发展需要。

（4）为客户带来了便利。与传统银行相比，客户可以坐在办公室或家里进入网上银行，享受银行的各种服务，下达业务指令。

三、国内外网上银行发展现状

1. 世界网上银行发展

1985 年世界第一家全自动化银行——苏格兰拉斯哥银行的 TSB 运行，到 1989 年世界第一家电话银行——英国米兰银行运行。芬兰银行业较早运用电子银行支付系统并在世界保持领先水平，从1984年到1996年，由于大力推广电子银行支付系统，芬兰银行业的劳动生产率年均增长54%，与此同时，银行业就业人数减少了1/3强。[①]瑞典银行客户已经超过220万，占瑞典全国总人口的1/4，瑞典的主要商业银行之一的斯安银行也宣布，在2003年完全取消人工取款。[②]1995年10月，世界第一家新型的纯网络银行产生——美国第一安全网络银行（Security First Network Bank，SFNB）诞生，只有员工几十人，没有建筑物，只有一个网址。现在世界各国银行都纷纷采取不同策略加快推进银行的电子商务进程，大力发展网上银行。目前，欧美国家在网上银行这一领域居领先水平，由于北欧人对高科技的接受能力较强，计算机拥有率及互联网使用率很高，所以，北欧三国的网上银行渗透率及用互联网进行金融交易的比例均居世界之首。

2. 中国大陆网上银行的发展

据中国人民银行的资料统计，我国已有中国银行、中国工商银行、中国建设银行、中国交通银行、中国光大银行、中国农业银行、中国邮政储蓄银行等50多家银行的200多个分支机构，拥有网址和主页，至2001年9月，开展实质性网络业务的银行分支机构已达50多家，客户人数超过165.6万。[③]2009年，我国网上银行交易总额高达404.88万亿元，其中个人网银交易额达到38.53万亿元，占比9.52%。2010年我国网上银行用户规模达到13948万户，使用率达到30.5%，预计到2015年，我国网上银行交易额将达到3500万亿元左右。

（1）中国银行的网上银行。中国银行1996年在互联网建立和发布自己的主页，成为全国第一家网上银行。1999年6月，推出网上银行服务系列产品，网上银行服务是中国银行为客户提供银行服务的新手段。它是以现有的银行业务为基础，利用互联网技术为客户提供综合、安全、实时的金融服务。中国银行提供的网上银行服务

① 据经济合作与发展组织（OECD）的资料。

② 据瑞典T2U信息咨询公司统计结果。

③ 瞭望周刊，2002，(20).

包括企业在线、支付网上行、银证快车三个部分。

（2）招商银行的网上银行。自 1997 年招商银行率先建立网站，1998 年上半年开始为企业和个人用户提供网上支付服务。目前已经开办网上银行业务的银行有招商银行、中国银行、中国建设银行、中国工商银行和北京商业银行等，其他银行的网上银行业务也正在建设之中。就网上银行的功能和业务品种而言，主要包括以下内容：

第一，替代和延伸既有的银行服务（如转账结算、汇兑、代理收费、发放工资、账户查询等）以及证券清算、外币业务、信息咨询、小额消费信贷服务。

第二，在线支付，既有 B to C 模式下的网上购物、订票、证券买卖等零售业务，C to C 模式下的拍卖和交易，也包括 B to B 电子商务模式下的网上采购招标等批发业，以及金融机构间的资金融通与清算。

第三，企业银行服务，如集团客户通过网络银行实时查询子公司的账户余额和交易信息，在多边协议的基础上实现集团公司内部的财务监管和资金调度，提供财务信息咨询、账务管理等理财服务，进行国际收支申报、发放电子信用证、开展数据统计等。

第四，手机银行服务，又叫移动银行。招商银行早在 1997 年 4 月就开通了国内银行网站“一网通”，并先后推出了面向个人和企业的各种网上服务，至 2001 年 9 月持招商银行“一卡通”的用户达 1500 万，[①] 目前招商银行已经形成了以企业银行、网上个人银行、网上支付、网上商城、网上证券五大系统为主，提供丰富信息服务的综合性金融理财网站。企业银行，自 1998 年 4 月推出以来，到 1999 年 12 月底，已有客户 1000 多家，累计发生业务 6 万多笔，金额 400 多亿元人民币。网上个人银行，自 1997 年 4 月推出个人服务以来，功能不断增加，是国内目前服务种类最多的网上银行。网上支付，是指招商银行向个人客户提供网上购物、消费在线结算及网上支付业务，自 1998 年 4 月推出，1999 年 6 月实现全国联网，目前已在全国 20 多个城市开通该项服务，先后实现了国内第一笔网上购物、网

① 北京青年报，2001-9-11.

上募捐、网上拍卖、网上订票等在线支付。网上商城，可以容纳两部分的网上商户：一是自建网上销售的特约商户；二是通过招商银行网上销售平台进行交易的商户。网上信用卡商城的商品种类包括数码影音、笔记本/电脑、手机通信、家用电器、家居生活、时尚美妆等六大类。销售形式有订购和拍卖两种。网上证券，1999 年 6 月，招商银行与联合证券公司共同开发，推出“客户”一卡通或活期存折账户，与证券保证金账户对应，为客户在深圳、上海股市的证券交易提供 24 小时转账便利。“网上证券服务”系统同时提供实时（及盘后）行情查询、资金清算、信息查询等多项服务功能。

（3）中国建设银行的网上银行。中国建设银行 1999 年 8 月先后在北京、广州两地正式对外开通网上银行，深圳分行的网上银行业务也正在开发之中。具体功能包括以下四大部分：①信息服务；②账务查询服务；③网上交易；④客户服务。

至 2001 年 6 月末，中国建设银行网上银行客户已达 5 万个，月平均交易笔数、交易金额分别为 56 万笔和 2400 万元，分别比上年同期增长 10 倍，月均交易量达 5 亿元，中国建设银行为了切实有效地防止在网银业务运行和操作过程中可能出现的风险，网上银行系统通过权威的中国金融认证中心（CFCA）为企业客户颁发电子证书，并在企业客户端引入 IC 卡进行身份识别和权限管理，妥善解决了在互不见面的互联网上确认交易双方彼此身份的问题。此外，中国建设银行还引入了国际和国内先进的安全技术措施，建立了由高强度加密的、国内最高安全级（B_1 级）的商用操作系统和 24 小时 ISS 动态安全监控系统组成的特别安全系统。

2002 年是我国加入世界贸易组织第二年，一些外资银行迅速涉足网上银行这一领域。至今已有 6 家外资银行获准在中国大陆提供网上业务，如中国香港东亚银行、恒生银行、汇丰银行、花旗银行、德意志银行等。其中花旗银行获准在中国大陆为企业和个人提供以下网上银行服务：①在线银行业务；②付款系统；③在线服务管理等。

第五节　线下便民支付及拉卡拉模式

一、线下便利支付

线下支付是相对于网上支付来讲的，具体来说，任何需要用银行卡来支付的都属于线下支付，基本上不通过网上支付的都叫线下支付，具体方式有：货到付款、邮局汇款、银行转账和当面交易等，但这些都是传统线下支付方式。

现代线下支付是指用户使用银行卡在线下利用电子终端进行非现场自助刷卡支付的电子支付方式。线下支付属于金融服务领域，主管部门是中国人民银行，由于金融行业严谨、严格的特殊性，线下支付行业有着较高的进入门槛，中国的线下支付产业也是近年发展起来的。[①]

新线下支付属于电子支付的范畴，是基于便民的目的，在不同的零售终端或办公楼、住宅铺设的支付网络。对于消费者而言，线下支付带来极大的支付便利，并通过支付的便利来提升生活的便利。对于发单机构来说，线下支付会给传统的发单机构提供更多的选择。而对于中国支付体系发展来说，线下支付为银行卡提供更多的业务支持，同时，线下支付的大力发展吸引了众多商户的加入，进一步丰富了我国现有的支付体系。

据易观国际发布《线下便利支付市场 2010 年 Q4 市场状况监测》显示，线下支付渠道业务量增长迅速，2010 年第四季度线下便利支付市场交易金额规模为 790 亿元左右，环比增长率为 12.66%。比较有影响的有两种模式：

（1）拉卡拉线下支付模式。2008 年，拉卡拉线下支付模式开始流行于各大电子商务平台。通过将拉卡拉安装在京、沪、广、深等

① 易观国际. 中国线下便利支付市场专题报告（2009）[R]. 2009.

一线城市，以及太原、成都、南京、无锡等地便利店和连锁超市里，消费者不需要开通网银、不需要在网络上注册，可以直接到拉卡拉便利支付网点，刷任何一张银联卡就为网上消费付款。2010 年全年交易金额达 1500 亿元，信用卡还款交易量较 2009 年增长 80%，用户渗透率为 10%。全国拉卡拉便利支付点 4 万个，覆盖 256 个城市，遍布城区的便利店、超市和社区店。在北京、上海、广州、深圳、成都、南京、杭州等 38 个大中城市，拉卡拉的密度都超过了邮局的 3 倍。

（2）易缴费线下支付模式。2011 年，易缴费线下支付模式开始流行于北京等地，这种自助缴费终端设备打破了“网上购物、网上支付”的传统购物模式，实现了“网上购物，线下支付”的新型购物模式。北京市已经成功布设了近 1000 台类似 ATM 的“缴费易”终端设备。随着“缴费易”与淘宝、盛大、大麦等顶级电子商务企业的合作，“缴费易”还将陆续入驻上海、广州、深圳等一线城市。

二、线下便利支付的特点

1. 不需要上网就能够支付

线下支付是相对于网上支付来讲的。网上支付一般是通过第三方支付平台实现的，如支付宝、财付通、百付宝等。而线下支付则是在网上或者其他场所消费后，选择其他时间在线下利用电子终端进行自助付款。由于网银自身存在的注册复杂、安全系数低等问题使得许多消费者担心在网上支付会出现安全问题，据调查，淘宝网也有大量的交易是因为网上支付的安全问题而导致最终没有完成。而线下支付恰好弥补了线上支付的这个缺陷。

2. 支付形式多样，支付空间没有限制

在线下便利支付点，消费者用任何一张带有银联标志的银行卡，就能为多家银行的信用卡还款，同时还可以完成手机充值、公共事业缴费、支付宝交易号支付、银行卡余额查询等多种业务，还能够实现信用卡积分兑换、期刊订阅、小额保险支付等业务，甚至还能刷卡为公益慈善项目捐款。以往必须到银行柜台才能办理的各种业务，在拉卡拉便利支付点都可以很快自助完成。此外，线下支付的地点可由消费者自己安排，而不局限于在现场或者在网上银行。目前线下支付已实现了可以在连锁便利店、超市、卖场、办公室、加油站、药店甚至是家里进行支付，消费者可以选择自己最方便的地点进行支付，这大大节约了支付的时间，提高了支付效率，为消费者带来了极大的支付便利。

3. 整合线上虚拟经济和线下实体经济

线下支付不仅可以为连锁便利店、超市、卖场、加油站和药店等商家提高客流量，还可以使商家在“不需进货、不需配送、不需改造收银系统”的情况下，迅速开展多种电子商务，极大地丰富商家的销售品种，使线上虚拟经济和线下实体经济真正融为一体。

4. 线下便利支付的产业链

线下便利支付的整体业务可以看做是持卡人通过刷卡向商户进行支付，这其中刷卡的账单系统和渠道由便利支付服务商和终端网点来构成，而结算则由中国银联和持卡人、商户账户所在银行完成。因此，在此产业链中，商户是最上游的环节，中间环节主要有各家商业银行、银联、便利支付服务商、各类终端网点等，产业链下游则是拥有各项支付需求的持卡人。另外，中国便利支付市场还承担部分金融业务，主要包括信用卡还款、转账以及查询等业务，与此相对应的产业链中则无商户环节，相应银行为产业链上游环节（见图 4-2）。

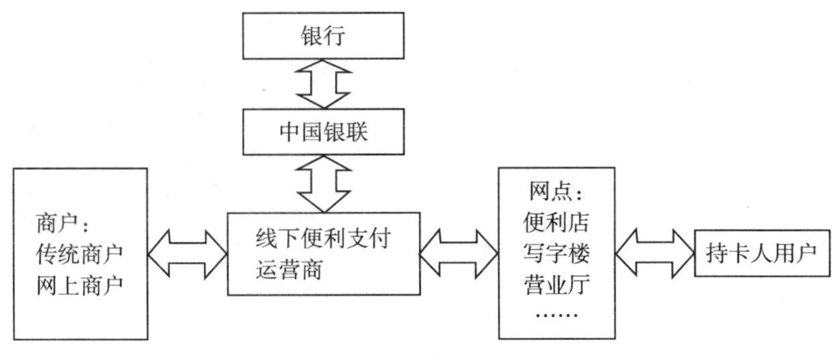

图 4-2 线下便利支付产业链

纵观便利支付产业链，有以下两点须注意：一是中国银联的中枢地位。中国银联的中枢地位源于中国金融行业的特征，在线下便利支付市场同样有明显体现。二是线下便利支付运营商的核心地位。与其他环节相比，线下便利支付运营商是唯一依存该产业链的环节，即其生存和发展与该市场的生存和发展完全相关。因此，线下便利支付运营商也是该市场发展的最主要推动力，该市场的发展也以此环节为核心。

三、线下便利支付运营商的商业模式——拉卡拉模式

1. 拉卡拉便利支付

拉卡拉公司全称拉卡拉（北京）电子支付技术服务有限公司，2004 年底由联想投资、金山（雷军）和孙陶然共同注资 200 万美元成立。拉卡拉是中国线下便利支付市场的重要厂商，依托自主开发的 Lakala 电子账单处理系统和分布在全国主要城市的便利支付网点，为持卡人提供包括还款、缴费、充值以及网上购物支付等方面的便民金融服务，以及为企业客户提供电子账单支付服务。

依靠产业链条上的准确定位和创新的商业模式，中国线下便利支付市场上的领头羊拉卡拉逆势而动，充分显示了线下便利支付广阔的市场前景。拉卡拉商业模式成功的关键源于它构筑了创新型的集成式支付平台，顺利实现多方共赢。

2. 拉卡拉模式特点

（1）拉卡拉面对终端用户，定位于便民金融服务商，用户可用一张银联卡在拉卡拉上完成跨行还款、缴费、支付、订购等多种不同操作。拉卡拉网点布局密集，加之其绕过互联网，直接与银联系统对接，这对于不堪忍受银行营业网点排队折磨或对网络支付的繁琐手续和安全性存在顾虑的市民来说，具有很强的吸引力。

（2）就银联、银行来说，拉卡拉与银联转接系统连接，变身为无处不在的 ATM+POS 机，但其后台交易仍需通过银联提供的硬件和技术支持来完成，无损银联在产业链中的核心地位，因此拉卡拉与它并不形成利益冲突，甚至有利于刺激消费者增持银联卡。同时，拉卡拉的出现有利于帮助合作的银行柜台剥离低端业务，降低营业点的人流量和运营成本，对于营业网点及自助设备较少的中小银行效果尤其明显。据统计，仅在上海，持卡人通过拉卡拉向平安信用

卡还款累计金额就已突破40亿元。

（3）对中国电信、淘宝网、携程网等签约商户而言，拉卡拉凭借其强大的渠道力量为它们提供了支付终端。在这个过程中，拉卡拉并不沉淀资金，可以有效缩短消费者买单、还款的时间，甚至实现实时支付，从而有利于商户提前收款，提高资金周转速度，降低资金压占和坏账风险。同时，通过拉卡拉的EBPP平台，商户出具的账单资料被整合成统一的格式，并集中呈现在拉卡拉账单上，可以有效地掌握消费者信息。

（4）使用拉卡拉终端的第四个受益方则是便利店等安装其设备的实体网点。相关统计显示，自安装拉卡拉后，便利店客流量上升了40%，而专程使用拉卡拉的顾客的80%~90%都会在便利店买东西。

拉卡拉的收入主要来源于两方面：一是签约商户的加盟费，二是交易中收款方支付的手续费分成。通常在交易中产生的手续费将由银联、发卡行、收单方（商户开户行及拉卡拉等专业化服务公司）、商户等分配，其比例由各方协商确定。以信用卡还款为例，一般情形下，信用卡的发卡行会拿出每笔还款交易手续费的1元与其他合作方分配，拉卡拉则大致可以获得其中的20%~30%。

除了不断增加合作伙伴之外，拉卡拉模式的核心在于以量取胜，通过尽可能地广布网点和提高刷卡率来扩大自身的收入规模。自从拉卡拉的服务平台商用以来，就一直加快在全国布局。契合“无限接近消费者”理念的24小时便利店、药店、咖啡店是拉卡拉在北京和上海等地铺点的首选合作者，同时，拉卡拉联手沃尔玛、华润万家等大型连锁超市向二、三线城市渗透。即使金融危机来袭，拉卡拉的扩张步伐也没有因此停顿，反而有加速之势，频繁刷新着每月新增1000家网点的速度。

业务的可扩展性也是营业前景的一大看点。拉卡拉的规模优势体现在此支付平台极易整合多种金融服务业务，从而有利于吸引多元化的商户借用自己庞大而便捷的渠道终端。除起初提供的还款、缴费、充值等常见金融服务，2008年11月，拉卡拉联手支付宝，推出“网上购物，刷卡支付”的新模式，成为除货到付款、网上支付、移动支付外的便利点线下支付的第四种支付模式，实现线上、线下支付资源的整合，而电子商务与刷银联卡的顺利对接为合作双方提供了交叉渠道。据悉，最近拉卡拉还将推出车贷、房贷还款、交通罚款等新业务。

3. 拉卡拉面临的挑战

（1）如此大规模地在全国布点，对公司资金链的稳定性和流动性提出了较高要求，且后期网点的维护成本也是不小的支出。

（2）银联、支付宝等支付平台已经比较成熟，构成了行业进入壁垒，拉卡拉要提高知名度，名牌推广仍需下大力气。

（3）目前拉卡拉在支付安全上存在一定的防范漏洞，其设备对伪造信用卡缺乏足够的辨别能力，技术上需要作进一步的改进。

第六节　虚拟货币及其交易

一、虚拟货币不是法定货币

虚拟货币是非真实的货币，不是法定货币，是指在虚拟跟现实有连接的情况下，虚拟的货币有其现实价值。知名的虚拟货币如百度公司的百度币，腾讯公司的Q币、Q点，盛大公司的点券，新浪推出的U币米票（用于iGame游戏），侠义元宝（用于侠义道游戏），纹银（用于碧雪情天游戏）。

二、虚拟货币产生原因

虚拟货币是网络服务商为方便网上交易行为，降低其交易成本而开发的一种支付手段，可以把虚拟货币理解为互联网上的交易货币，是传统货币的延伸和发展。网络货币是货币形态的虚拟化，将传统具有实体形态的货币数字化、符号化，在一定程度上仍然是纸币的对应物。

三、虚拟货币的作用

消费卡型网络货币是网络货币的原型，之所以用这个名称是因为这类网络货币与现实世界中由商场（或其他企业）发行的消费卡在本质上是一样的，也有人将其类比为食堂的饭票。首先，二者都是用现实货币去购买另外一个在一定范围之内具有某些货币职能的货币替代品（稍有不同的是，商场的消费卡在使用上常常具有一定的期限）。其次，二者都是一种预付制度。

四、虚拟货币的特点

1. 虚拟货币是依附于现实货币而存在的

虚拟货币不能脱离现实货币而独立存在，它的发行量（或者说是规模）取决于有多少人购买，购买量有多大。

2. 发行单位不负责兑付现金

网络货币在被购买后不能通过“官方”渠道还原为现实中的货币。原因有两点：一是该类货币的发行在本质上仍然只是一种普通的商品销售，是企业实现利润的手段，因此企业不会将到手的钱退回去。二是如果发行者承诺负责兑付现金，那么一旦由于某种原因消费者不愿意再继续持有该货币时，就会出现“挤兑”，从而使企业迅速破产。

3. 发行虚拟货币没有任何成本

发行虚拟货币的单位可以也愿意无限量地发行这种所谓的网络货币，而实际发行的货币量（或者说规模的扩张）则完全依赖于消费者的购买数量。所以，如果网络货币仅是单纯的“消费卡”型货币，那么这种货币将很容易贬值（因为企业的“官方定价”通常不是市场出清的价格）。这也就是为什么针对该种类型的货币会自发地出现很多可兑换为现金的“黑市”。而且很显然，在“黑市”上网络货币只可能贬值。

4. 网络虚拟货币以15%~20%的速度增长

随着网络经济的发展，网络虚拟货币不再局限于小额支付，其支付能力不断增强，功能也日益完善。Q币、百度币、新浪U币等网络虚拟货币不但能够在网络世界作为支付工具，而且有些虚拟货币还可以直接用于换取传统实物商品。在多种网络虚拟货币并存、竞争的过程中，Q 币等少量网络虚拟货币逐渐赢得了网络世界“硬通货”身份——即用 Q 币可以换得其他虚拟货币，或者直接用 Q 币在非腾讯网站进行消费。据估计，2010 年底全国网络游戏中，活跃付费账户数量为 30410 万人；国内互联网已有几十亿元人民币规模的虚拟货币在流通，并且每年以 15%~20%的速度增长。

五、虚拟货币的类型

虚拟货币的类型主要有 Q 币、U 币、百度币等近百种，其中游戏币占的比例较大，详见表 4–1。

表 4–1 具有一定规模的网络货币

币种	发行公司	使用范围	汇率（与人民币）	获得方式
Q 币	腾讯	QQ 会员、QQ 秀、QQ 游戏超级玩家、QQ 交友包月、资料下载	1Q 币=1 元	银行卡、财付通、电话银行、QQ 卡等
U 币	新浪	网游点卡购买、游戏下载、网络占卜、UC 网络聊天室纸贺卡、任你邮、网上商城支付	银行卡：1U 币=1 元	银行卡、宽带、手机、固定电话、e 购通、酷币兑换等
百度币	百度	百度传情、影视、缴电话费	1 百度币=1 元	银行卡快钱支付、Yee Pay 支付、手机
POPO 币	网易	购买道具、POPO 游戏、发免费短信、下载 POPO 表情	无	使用 POPO、我行我泡上传图片、奖励
盛大元宝币	盛大	各种盛大服务（盛大音乐、易宝平台）、充值杀毒、浏览收费资料、看电影	100 盛大元宝币=1 元	银行卡、充值卡、短信
MM 币	猫扑	增值服务（社区管理、道具购买）	1MM=0.2 元	固定电话、移动电话、银行卡
China–Pub V 币	VBook	收看 VBook	10V 币=1 元	网上支付、阅读卡、邮局汇款、银行汇款

续表

币种	发行公司	使用范围	汇率（与人民币）	获得方式
卡拉	云网	网络彩票（快乐 8）、社区	1 卡拉=1 元	网上支付、邮局汇款、银行转账
狐币	搜狐	搜狐付费增值产品及服务（VIP 邮箱、搜秀、摘星吧、星相紫微）	1 狐币=1 元	银行卡、手机、固定电话、宽带账号
联众币	联众	会员资格、联众秀、特殊标志、参加比赛	10 联众币=1 元	银行卡、电话银行、邮局汇款、支付网关
21CN 快感卡	21CN	宽频电影、在线音乐、收费邮箱、在线游戏	21CN 快感卡 1 元=10 元	邮政 185 电话购买、邮政 183 网上订购、邮局购买

其他部分游戏币：

天堂——天堂币、热血传奇——热血币、传奇世界——游戏卡、泡泡堂——点券、疯狂坦克——坦克币、破天一剑——游戏卡、科洛斯——虚拟账号、完美世界——游戏充值卡、征途——游戏卡、魔力宝贝——点卡、魔兽世界——金币、可乐 8——点卡、凯旋——点卡、丝路传说——游戏卡。

1. Q 币

Q 币是由腾讯推出的一种虚拟货币，可以用来支付 QQ 的 QQ 行号码、QQ 会员服务等。通常它的兑价是 1Q 币=1 元人民币，用腾讯拍拍网交易一般都是 9 折。

腾讯 Q 币，通过购买 Q 币卡、电话充值、银行卡充值等方式获得。Q 币卡面值分别有 10 元、15 元、30 元、60 元、100 元、200 元。用户可以拨打 16885885 声讯电话申请得到 Q 币，申请到的 Q 币可以在腾讯网站购买一系列相关服务，购买时根据相应的提示投入相应的 Q 币数。

（1）Q 币支付服务。Q 币卡目前暂时可以用来支付 QQ 的所有服务，包括申请 QQ 行号码、购买 QQ 靓号、QQ 会员服务、QQ 交友、QQ 贺卡、QQ 宠物、钻石会员等，还可以购买 QQ 游戏，包括游戏大厅中的各种游戏以及 QQ 堂、QQ 幻想、QQ 音速、QQ 三国中的道具，也可以用 Q 币来买穿越火线 CF 点，腾讯稍后还将推出一系列精彩个性化增值服务。

（2）Q 币不是法定货币。腾讯公司称 Q 币不是真正意义上的货币。网络虚拟货币 Q 币已经引起社会注意。有人认为，虚拟货币代替人民币成为网上交易的一般等价物，涉嫌违反《人民币管理条例》，并会冲击我国的金融秩序。

2. U 币

（1）U 币的概念。U 币是新浪网推出的一种虚拟钱币。像 QQ 币一样，U 币可在网络上方便地消费，充值方式多样。并且新浪采用了更加灵活的方式，积分也可换 U 币，促进网友更多地使用新浪网的服务。用户可以通过银行卡、固定电话、手机、神州行充值卡等方式购买到 U 币。

（2）U 币积分的用途。U 币可以用于购买新浪读书、UC、财经、星座、游戏等产品提供的增值服务。使用新浪 U 币积分可以参加 U 币积分频道的所有抽奖兑换活动。U 币积分的奖品设置：MP3、数码摄像机、名牌手表等实物、电子优惠券、新浪纪念品、商城优惠券、iGame 金币卡等多重奖品。

3. 联众币

（1）联众币的概念。联众币是联众世界中的一种虚拟货币。联众世界用户在对联众商城提供的七大类产品——联众会员、财神系列、超值推荐、联众标志、大型网游、联众秀和包月服务类进行购买时，全部以联众币进行支付。

（2）联众币充值使用方法。购买联众币产品后，系统会为联众用户的 ID 账号内加上相应的联众币，同时，用户也可以进入联众商城购买联众产品。

4. 百度币

（1）百度币的概念。百度币是百度公司针对个人用户在互联网上消费而推出的唯一虚拟货币，在消费过程中，1 百度币价值 1 元人民币。每一位百度注册用户拥有唯一对应的“百度币账户”，可以保存、管理自己所拥有的百度币。

（2）百度币获得方式。百度币支持“百付宝”、“百度币卡”、“神州行卡”、“网上银行”、“声讯电话”、“第三方支付账号”共六大类充值方式。

第一，百付宝是百度提供的专业网上支付管理账户服务，包括在线充值、交易管理、在线支付、提现、账户提醒等丰富的功能。特有双重密码和实时监控功能为百付宝账户提供双重保障。

第二，百度币卡是百度发行的账户充值卡，分为实物卡和虚拟卡。实物卡可在便利店、书报亭、软件店垂询购买。虚拟卡可通过手机短信、声讯电话方式购买。

第三，神州行卡充值可以利用神州行充值卡给百度币账户充值。全国各地用户只需在当地售卡点购买全国通用的神州行充值卡，就可获得相应数额的百度币。

第四，网上银行充值是百度针对网上交易精心打造的在线支付平台。可以使用已经开通网上银行功能的银行卡购买百度币，足不出户，一分钟完成充值。

第五，声讯电话充值即使用手机、固定电话拨打声讯热线，根据提示音进行操作，就可以轻松充值百度币到个人账户中。

第六，第三方支付。用户可以使用第三方支付平台的支付账户进行百度币充值，目前支持快钱、YeePay 易宝。

5. 狐币

（1）狐币的概念。狐币是搜狐网为了解决用户在购买产品过程中的支付不便而发行的一种带有点数的一次性预付卡，用户可在有效期内将点数充值到通行证中，用来消费公司所有可用点数支付的产品。

（2）狐币使用方法。狐币兑换 My Game 平台游戏币攻略：登录平台游戏分区首页后，在会员登录框中选择兑换金额即可。

（3）狐币购买方法。用户可以通过工行、招行、农行、快钱等渠道购买，此外还可以通过手机银行、宽带账号以及神州行充值卡以及上无忧卡点卡商城等途径购得狐币。

6. 点卡

（1）点卡的概念。点卡的全称是“虚拟消费积分充值卡”，是按服务公司的规定以现金兑换虚拟点的形式，通过消耗虚拟点（积分）来享受该公司的服务的一种钱款支付形式。故有“积分卡”和“点卡”的简称。

“积分卡”通常指用在商场购物、银行、购买各种票券等可以反复使用的PVC卡；点卡，亦称点数卡，是网络游戏常见的计费卡模式，玩家通过购买点卡，获得相应的游戏时间。通常一张点卡只能使用一次，且必须激活（充值）后有效。

点卡有实体卡与虚拟卡之分：①实体卡需要玩家自行充值，可在游戏厂商设置的销售网点购得。②虚拟卡指玩家通过电话充值、网上银行等渠道获得卡号及卡密。一般销售网点倡导玩家在网点购买虚拟卡，即买即充。

（2）点卡类型。

第一，时间点卡。这类点卡，多见于收费网络游戏中，这类游戏公司以销售点卡为主要游戏收入。玩家购买后，到指定网站给指定游戏账号充值。点卡点数被折算为相应游戏时间。在此后游戏中，系统将按规定的时间单位扣点。

第二，虚拟货币点卡。这类点卡多见于免费网络游戏，以及一些半免费游戏中，激活后，点卡点数被换算为游戏中的虚拟货币。这类游戏会将通常游戏的虚拟货币分为两类：一类可以在游戏中获得；另一类只能通过点卡充值。且后者的实际价值远大于前者，游戏开发商将许多价值较高的虚拟物品设置为只能使用点卡购买，或者升级服务。这样的缺点是严重导致游戏玩家的实力失衡，乃至不花钱就不能维持游戏中的地位，导致广大游戏玩家普遍反感，可这种情况玩家虽有不满也只好被迫接受。

7. POPO币

POPO是由网易公司开发的一款免费的绿色多媒体即时通信工具，POPO不仅支持即时文字聊天、语音通话、视频对话、文件断点续传等基本即时通信功能，还提供邮件提醒、多人兴趣组、在线及本地音乐播放、网络电台、发送网络多媒体文件、网络文件共享、自定义软件皮肤等多种功能。并可与移动通信终端等多种通信方式相连。可以使用POPO安全、快捷、高效地和朋友交流。

POPO币可用于购买POPO游戏、下载POPO表情、发送免费短信等。

8. 21CN 快感卡

快感卡是 21CN 在线收费服务的统一充值卡，目前它可以充值的在线收费服务包括：宽频电影、在线音乐、收费邮箱、在线游戏。用户购买快感卡后可以灵活选择任一种收费服务进行充值。如果今后 21CN 开发任何新的收费服务，快感卡都能对其进行充值。

21CN 以前发行过多种不同种类的充值卡、业务卡，如各种邮箱卡、游戏卡等，用户在充值的时候不方便，所以发行 21CN 快感卡（统一充值卡）是大势所趋，快感卡将成为 21CN 唯一的实体充值卡。

快感卡的面值有 10 元、30 元、50 元、100 元、200 元五种，在初期发行的有 10 元和 30 元两种，随着业务的拓展，将不断推出其他面值的快感卡。

9. 卡拉

卡拉是云网会员账户的点数单位，会员可以通过参与活动或直接购买的方式获得卡拉，在购物时，会员可以选择“卡拉支付”方式使用卡拉冲抵相应数额的商品款。有些用户不方便或不习惯多次网上支付或者当地缺乏云网所支持的实时支付方式，这时就可以使用一次性网上支付或转账汇款等各种方式从云网购买卡拉，然后再使用卡拉购买商品，而且这种方式比用银行卡在网上支付更方便快捷，不必每次都访问银行网站的支付页面，整个购物流程都可以在云网完成。

10. 盛大卡/盛大点券

盛大卡的全称是盛大互动娱乐卡。盛大卡可为盛大在线服务的所有网络游戏及互动娱乐内容充值。目前盛大卡共发行了以下几种面值：5 元、10 元、30 元、35 元、45 元、100 元、350 元和 1000 元。充值方式有银行卡充值、手机固话充值、网吧充值、网点充值以及宽带账单支付。

“盛大点券”是由盛大在线向用户发行的一种虚拟兑换工具，用户可以使用“盛大点券”直接购买盛大在线接入的各类娱乐内容，包括网络游戏（如“热血传奇”、“传奇世界”）、对战平台、棋牌平台、网络文学等。

六、我国虚拟货币市场存在的问题

虚拟货币经过10多年的发展，其种类和数量逐渐丰富与增加，使用范围和交易量也越来越大，在润滑网络生活方面发挥了巨大作用。但是，我国虚拟货币发展还处于初级阶段，金融监管还几乎是空白状态，相关的法律制度也没有建立健全。当前，相关法律的缺失导致虚拟货币存在如下安全隐患：

（1）存在着虚拟财产被盗风险。虚拟货币市场最大的风险除了通货膨胀，还有诈骗和“木马”盗窃。

（2）存在着利用虚拟货币逃税洗钱风险。网络交易平台的发展，通过网络经商的现象成为时代的潮流和发展趋向。随着网上交易的实现，虚拟货币交易也早已是公开的事情。同样是交易行为，纳税也是理所应当，但网上交易如何纳税现如今还没有比较合理的现实的解决方案。工商部门有关人员表示，网络信息的发展促成虚拟交易的形成，现在国家还没有明确的法律法规进行规范整治，工商注册部门也没有相应的应对措施。这种现象为洗钱犯罪提供了空间，电子货币可将钱不留痕迹地输送到世界任何一个角落，调查机关若是想获取相关证据则需要获得网上所有数据包并且破译所有密码，但这在现实中几乎是不可能的。

（3）存在着利用虚拟货币进行赌博的风险。随着网络技术的发展，网上娱乐现象早已大众化。虚拟货币的产生也让一些不法之徒钻了空子。现在，一些网络游戏平台在虚拟网络博弈中竟利用虚拟货币进行赌博，或是盗取他人账户进行虚拟货币的暗箱操作。有媒体报道，在某个名为“中国游戏中心”的游戏娱乐网站，玩家可通过网上冠名的“金币”进行赌博，而所谓的“金币”则必须通过现实人民币进行购买。网站上还设有专门的网上银行、电信营业厅等供玩家购买、兑换的网络货币交易区。这些具有赌博性质的游戏吸引了大量的网络玩家，但国家至今对网络赌博现象还没有明确的法律法规约束。

七、虚拟货币现状分析

1. 虚拟货币之间相对封闭

各个网站在利益的驱使下纷纷建立了自己的网上支付平台。例如，腾讯 Q 币、百度的百度币、新浪 U 币等。Q 币只能在腾讯的网站上购买商品和服务，满足腾讯用户多样化的需求。百度币同样只能在百度网站上使用，只可以购买百度提供的商品和服务。新浪 U 币、网易点卡以及各个游戏网站的游戏币同样如此。

2. 虚拟货币正在走向现实市场交易

腾讯 Q 币可以用来购买其他游戏的点卡、虚拟物品，甚至一些影片、软件的下载服务等。虽然腾讯一再强调，“Q 币不能和人民币双向兑换”，但是根据淘宝网 2008 年 9 月的统计数据显示，专门从事腾讯产品销售的卖家已经突破 5000 家，商品数量已经超过 40 万种，QQ 专区每天的交易额都超过 85 万元。这表明，虚拟货币正在由虚拟市场交易走向虚拟市场和现实市场之间的交易。不仅如此，早在 2006 年百度与盛大集团也签下协议，盛大集团为百度在全国 18 万个销售点提供百度币的销售服务。这次合作百度获得了盛大几百万用户的注意力，盛大集团也从百度获得了相应的网络通行证。

3. 虚拟货币的发行、交易混乱

在现实世界中，一国的法定货币供给量取决于其基础货币供给及相应货币乘数，中央银行应根据中央政府债权净额、对国内外金融机构债权、对外金融资产净额等确定基础货币供应量，并根据不同货币层次流通速度及货币乘数最终决定货币供给。由于缺乏相应的法律及监管，虚拟货币完全取决于网络服务经营商的企业经营状况，只要有需求，就会有供给，不受任何法律和监管部门的约束。

八、对虚拟货币的政策建议

面对网络虚拟货币的迅猛发展，2007 年 2 月 15 日，国务院 14 个部委联合发出《关于进一步加强网吧及网络游戏管理工作的通知》，开始对网络虚拟货币实行监管。2008 年 10 月，北京市地方税务局得到国家税务总局批准，开始对出售虚拟货币所得收入征收个人收入所得税。2009年，文化部、商务部颁布《关于加强网络游戏虚拟货币管理工作的通知》。但由于目前仍处于制度建立初期，虚拟货币盗窃案件、虚拟货币运营商与用户之间的权利纠纷案以及用户之间虚拟货币交易纠纷等问题时有发生。从总体上讲，国家对于虚拟货币的监管仍有待进一步完善。

1. 建立健全相关的法律法规

政府机关在管理虚拟货币的过程中必须克服传统的直线思维方式，避免使用"限制发行"的方法减少虚拟货币的流通，而应该适应时代的要求调整自己的管理思路，建立一种科学的管理模式。首先，切断虚拟货币与现实货币自由兑换的渠道，明确规定虚拟货币与现实货币兑换属于违法行为，任何金融机构、单位和个人都不得参与虚拟货币兑换活动，个人之间的私下交易产生法律纠纷，国家机关不予保护。其次，如果网络运营商和网络服务商发行虚拟货币，一旦发生交易纠纷，网络运营商和网络服务商必须首先向受害人承担赔偿责任。

2. 加强对虚拟货币的监管

（1）要对虚拟货币的发行、网络和终端设备服务商的准入审批进行严格分离，从源头上把好虚拟货币的安全关。①网络虚拟货币对基础货币的替代及其无限扩张能力对中国人民银行货币管理权形成冲击，可能影响正常经济秩序。因此，中国人民银行对网络虚拟货币发行权应进行备案，并对其与人民币之间互换进行监督，这些措施具有很强的实践意义。②应当有效控制虚拟货币的发行数量，对虚拟货币的发行主体和虚拟货币的种类进行必要的限制。

（2）对虚拟货币的交易进行监管，对网络虚拟货币交易涉及税收征管、法律监督、货币流量监控等方面的问题应由相关职能部门进行监管。

（3）对虚拟货币与人民币之间的兑换进行监管。建立一套由事先的保证金制度、事中的保险赔付机制、事后的破产清算机制等组成的综合风险保障体系。这样才能保持虚拟市场的金融稳定，防范资金风险。

3. 虚拟货币不会对现有金融系统产生不利影响

应鼓励和促进虚拟货币健康发展，虚拟货币不是法定货币，不具有人民币的全部功能特征，不可能对人民币的唯一法定货币地位形成真正的冲击；虚拟货币的发行量再大也不会导致人民币通货膨胀，也不会对金融系统造成影响与冲击。同时由于虚拟货币具有促进互联网经济发展的强大功能，政府应创造有利于虚拟货币发展的政策环境，鼓励发行虚拟货币的企业合法竞争，没有必要由政府或某个机构统一发行虚拟货币，建立所谓的“虚拟货币中央银行”。

4. 应保护企业经营虚拟货币和公民持有虚拟货币的合法权利

目前国内存在许多虚拟货币盗窃案件，虚拟货币运营商与用户之间的权利纠纷以及用户之间虚拟货币交易纠纷。行政与司法系统应努力寻求在现有法律框架下维护企业与公民对虚拟货币的合法权利，通过行政法规或者对刑法、物权法、合同法、知识产权法等法律的司法解释实现对虚拟货币权利的保护，并努力调解各种权利纠纷。司法系统对于盗窃发行商或者用户虚拟货币数额过大的行为应予立案调查；在虚拟货币运营商与用户之间发生纠纷并提起诉讼时，法院应予受理。同时，立法系统应该积极研究虚拟货币专项法律的制定。

5. 建立虚拟货币交易平台审核制度

建立虚拟货币交易平台审核制度，一方面防止利用虚拟货币进行洗钱等违法犯罪活动；另一方面方便对虚拟货币交易进行征税。

第一，规定虚拟货币交易只能通过虚拟货币交易网站进行，禁止私下的虚拟货币交易。专门的虚拟货币交易网站具有以下两种功能：①可以作为交易双方的担保，为交易双方提供安全保障；②作为政府代理人，负责对交易双方进行日常监管和代收交易税。

第二，专业经营虚拟货币交易的网站应由政府进行审核或者备案。

第三，制定详细的管理规定，要求虚拟货币交易网站对虚拟货币交易情况进行记录，并重点监控大额度虚拟货币交易，以防止其有可能涉及洗钱活动或虚拟货币盗窃活动。

6. 虚拟财产与虚拟货币不应征收财产价值税，但是应征收财产收益税

对于虚拟财产与虚拟货币不应征收财产价值税，但可以征收财产收益税。虚拟货币的发行过程、借币收费过程和回收过程不能向消费者征税，因为这些过程主要是消费者与运营商或运营商与其合作者之间进行交易，这些交易的税收已经包含在运营商和其合作商向政府缴纳的税收里，不能再向消费者重复征税。

对于虚拟社区以虚拟货币为交易媒介的商业行为不应征税，公民在虚拟社区中的商业行为所赚得的虚拟货币不应成为征税的对象，但是当公民将这些赚得的虚拟货币兑换成人民币时应该对其进行征税。专业的虚拟货币交易中间商所赚得的利润应该向税收部门纳税。

北京市政府对虚拟货币征税的做法是合理的。但是其征税的可行性需要由完善的虚拟货币交易记录制度加以保障。管理部门很难对私下的个别交易进行记录，因此主要应该监管专门的虚拟货币交易网站和重要虚拟货币发行企业的交易记录。

习题

1. 电子支付包括哪些种类？

2. 卡基支付包括哪些种类？

3. 1952 年美国加州富兰克林银行首先发行银行卡，至今在全球有影响的信用卡有：①_____、②_____、③_____、④_____。

4. 简述我国银行卡的发行和使用概况。

5. 简述我国智能卡的发行和使用情况。

6. 什么是数字货币，具有哪些特点？

7. 数字货币有哪些类型？

8. E-cash 具有哪些属性？

9. 数字支票的三个实体是：①_____、②_____、③_____。

10. 什么是数字信用卡，我国实行网上实时清算的银行有哪些？

11. 电子转账系统可分为哪四类？

12. 我国金融电子化建设在哪五个方面取得了进展？

13. 什么是网上银行，有哪两种模式？

14. 什么是纯网上银行，有哪些特点?

15. 什么是传统银行网络化实现的网上银行? 有哪些特点?

16. 世界上第一家纯网上银行是______，于______年产生。

17. 简述世界网上银行的发展。

18. 正误判断：

目前，中国没有纯网上银行。(　)

手机银行是一种网上银行业务。(　)

虚拟货币不是法定货币。(　)

19. 简述中国大陆网上银行的发展，具有哪些网上银行业务?

20. ______早在 1997 年 4 月就开通了国内银行网站“一网通”。

21. 简析拉卡拉线下便利支付模式。

第五章　电子商务的安全系统

第一节　电子商务的安全性及其保护

一、电子商务的安全性

1. 信息的保密性

信息的保密性指信息在传递过程中或存储中不被他人窃取，因此，信息需要加密以及在必要的节点设置防火墙。

2. 信息的完整性

信息的完整性指信息传输和存储两个方面的完整性，在存储中要防止非法篡改和破坏网站上的信息，在传输过程中，使信息从真实的信源传送到真实的信宿。

3. 信息的不可否认性

信息的不可否认性指信息的发送方不能否认已发送的信息，接收方不能否认已收到的信息，否则，正当的交易就无法进行。

4. 交易者身份的真实性

交易者身份的真实性指交易双方确实存在，不是假冒的，否则正当交易也无法进行，每个通信者具有法律生效的证据证明其是否实施过信息交换和获取的行为。

5. 系统的可靠性

系统的可靠性指计算机系统的计算有效、程序无误、传输准确、不受外部环境干扰，防止由于计算机病毒或其他人为因素造成的系统拒绝服务或滥用。

二、电子商务信息安全保护的内容

1. 保护（Protect）

保护，即保护电子商务的五性：①信息的保密性；②信息的完整性；③信息的不可否认性；④交易者身份的真实性；⑤系统的可靠性。

2. 检测（Detect）

检测，即对保护能力的考查判定，为了防止黑客利用系统存在的漏洞入侵系统进行破坏和犯罪，在系统建成后和系统工作中应经常对系统进行安全检测，以便动态地判定系统的保护能力。

3. 反应（React）

反应，即发现黑客入侵或有人越权使用犯罪，系统及时自动地或人工采取措施，制止入侵和犯罪。

4. 恢复（Restore）

恢复，即在系统遭到人为破坏后及时恢复工作的能力，及时恢复能够避免造成更大的损失。

第二节　密码技术

一、密钥系统

1. 加密和解密

加密是指将文字和数据进行编码，使它成为一种不可理解的形式，这种不可理解的内容叫密文。解密是加密的逆过程，即将密文还原成原来可以理解的形式。密钥系统又称对称密钥系统，它使用相同的密钥加密和解密，发送者和接收者有相同的密钥，这样就解决了信息的保密问题，这是最早的加密方法。

加密和解密过程依靠两个缺一不可的元素，即算法和密钥。算法是加密和解密的一步一步的过程。在这个过程中需要一串数字，这个数字就是密钥。例如，我们将字母 a、b、c、d、…、w、x、y、z 的 26 个字母的自然顺序保持不变，但使之与 E、F、G、…、Z、A、B、C、D 分别对应，即相差 4 个字母。这条规则就是加密算法，其中 4 为密钥。如果信息为 hongtao，则按照这个加密算法和密钥，加密后的密文就是 LSRKXES。在加密算法不变的前提下，密钥是关键。

2. 密钥长度

密钥的长度是密钥的位数。密钥的破译实际上是破获密钥，解开密文。密钥的位数越长，加密系数就越牢固。

二、密码算法的四大类

1. 序列密码

在序列密码体制中，明文按字符逐位地被加密，它要求通信双方使用实施同一种密码算法的序列密码机，在密钥管理机制的安排下，通过安全信道双方获得本次通信的共同密钥。接收方通过密钥解密，获得信息。

2. 分组密码

在分组密码体制中，先将明文分组，每组含有多个字符，然后逐组进行加密。也就是说，分组密码是用一个固定的变换对一个比较大的明文数组进行多次迭代的加密操作。一个分组密码有两个重要的参数：一个是密钥的长度；另一个是每次操作组的大小，称作分组长度。分组密码适合于计算机网络的分组交换环境，是当前使用的主流加密体制。由于加密变换是对一个明文分组，长时间以来多选用 64 比特，进行多次迭代，因此，一比特差错会逐步扩散到整个分组，所以分组密码体制存在差错扩散的缺点。但由于分组交换协议中有差错校验和自动请求重发的功能，因而这个缺点并没有影响在计算机环境中使用分组密码。

分组密码体制中最著名的算法是美国政府 20 世纪 70 年代颁布的国家数据加密标准 DES，这是由 IBM 公司研制的一种分组密码算法。但是，随着计算机能力迅速增强，DES 算法已经不能够适应当前信息安全的需要，于是美国正在推动适应21世纪的新的加密标准AES的研究。

3. 公钥与私钥

最早的密钥系统是私钥（Secret Key）系统，随着科技的发展，又产生了公钥（Public Key）系统，又叫非对称密钥系统。公开密钥是将密码建立在解某些已知的数学难题之上的具体实现途径，它与私钥不同的是，私钥是通信双方在进行通信之前需通过一个安全信道事先交换密钥，这实际上是非常难的；公钥密码体制可使通信双方无须事先交换密钥就能够建立起保密通信。目前国际上流行的公钥密码体制主要有以下两类：

一类是建立在大整数因子分解问题的基础之上，这就是第一个公钥密码体系RSA，它既可以用于加密，又可以用于签名。公钥和私钥是两个很大的质数，用其中一个质数与原信息相乘，对信息加密，可以用其中的另一个质数与收到的信息相乘来解密。但不能用其中一个质数求出另一个质数。每个网络上的用户都有一对公钥和私钥。公钥是公开的，可以公布在网上，也可以公开传送给需要的人；私钥只有本人知道，是保密的。在加密应用时，某个用户让给他发密件的人用这个公钥给密件加密发给他，一旦加密后，只有该用户知道自己的私钥才能解密，这样就解决了信息保密问题。

另一类是IEEEP1363标准的椭圆曲线公钥密码ECC。由于大整数因子分解的能力日益增强，对RSA公钥的安全带来“威胁”，于是人们将椭圆曲线用于公钥密码体系的设计，虽然没有发明使用椭圆曲线的密码算法，但人们用有限域上的椭圆曲线实现了已存在的公钥密码算法。椭圆曲线上的离散对数的计算要比有限域上的离散对数的计算更困难，能设计出密钥更短的公钥密码体系。目前，国外一些公司已经开发出了符合IEEEP1363标准的椭圆曲线公钥密码ECC。

4. Hash 函数

Hash函数，也称杂凑函数，可用于信息的完整性检验，生成信息校验码MAC，并有助于改进数字签名的功效。杂凑函数是多对一的函数，各种协议的设计中，就是利用它把任意长的输入串变化成固定长的输出串。因为输入量的微小变化最终表现在生成的固定长度的输出串中，所以可以起到完整性校验的作用。

三、生物识别技术

生物识别技术是指利用一些人体固有的不可变而且唯一的特征来确定身份的技术。现代科技可将人的这些特征用于特定的行业和区域，主要包括指纹、虹膜、手掌掌纹、声音、全身形体特征以及脸部特征等，而指纹识别技术由于技术上的优势以及历史上的一些原因，成为生物技术行业最容易采纳的技术。Compaq、Intel、西门子、微软等国际 IT 软硬件巨头都开始重视该项技术，同时还产生了比如 Veridicon、Identix 等生物行业的大企业。中国在指纹技术上的研究也达到了国际领先水平，2000 年 11 月在美国拉斯维加斯举办的 Codex/Fall2000 上，中国的中正生物认证技术有限公司发布了专门用于电子商务交易安全的 eBioSign（tm）。

指纹识别技术的基础是每个人指纹的唯一性。据资料统计，2011 年 10 月全球总人口达 70 亿人，历经 300 年都不会有两个相同的指纹出现。

指纹识别技术主要涉及四个功能：读取指纹图像、提取特征、保存数据、对比。在一开始，通过指纹读取设备读取到人体指纹的图像，取到指纹图像后，要对原始图像进行初步的处理，使之更清晰，这个过程称为质量优化（Quality Enhancement）。接下来，指纹辨识软件建立指纹的数字表示特征数据，一种单方向的转换，可以从指纹转换成特征数据，请注意该过程是不可逆的，而两枚不同的指纹不会产生相同的特征数据。软件从指纹上找到被称为“节点”（Minutiae）的数据点，也就是那些指纹纹路的分叉、终止或打圈处的坐标位置，这些点同时具有七种以上的唯一性特征。因为通常手指上平均具有 70 个节点，所以这种方法会产生大约 490 个数据。有的算法通过把节点和方向信息组合产生更多的数据，这些方向信息表明了各个节点之间的关系，也有的算法还处理整幅指纹图像。总之，这些数据通常称为模板（Template），保存为 1K 大小的记录。这个过程可以称为特征提取（Feature Extraction）。最后，通过计算机模糊比较法，把两个指纹的模板进行比较，计算出它们的相似程度，最终得出两个指纹是否匹配（Matching）的结果。具体到电子商务的安全应用，指纹技术也可以通过外加的设备最终利用生物信息加强互联网的安全等级。以我国中正公司的 eBioSign（tm）为例来说明怎样利用指纹功能来加强电子交易的安全性。

eBioSign（tm）是一个可以利用 RS232 串口或者 USB 口和计算机进行通信的外围设备。该外围设备的突出特点是使用指纹识别技术，满足了电子交易的安全性。为了叙述方便，我们假定你已经进行了指纹录入 eBioSign（tm）的过程（Enrollment）。在此以后，由 eBioSign（tm）产生公钥和私钥对，并把公钥通过 PC 机提交给 CA 认证中心；CA 认证中心生成证书后，又通过 PC 机存储在 eBioSign（tm）中，存储的地址由 PC 机指定，并有附加的文字说明；由于私钥由数字签名产生，并且在整个过程中未曾离开过 eBioSign（tm），所以私钥绝对安全。

在用户发出一个通信请示的时候，比如发送一封加密 E-mail，eBioSign（tm）会根据用户的要求由计算机导入 E-mail 的明文，利用收信方的公钥进行加密，然后导出密文（这个时候的密文只有拥有和这个公钥相对应的私钥的用户才可以解开，否则只能看到一篇乱码）。然后，在发送的时候包含了利用发送信方私钥加密的签名，由于只有自身才拥有使用该密钥的权限（使用前要按指纹确认权限），所以收信方收到的 E-mail 属于不可抵赖的 E-mail。同时即使该 E-mail 在共同数据网传输过程中被第三方截取，第三方也是不可能看到这个 E-mail 的，因为他没有解密权限（指纹对应的私钥）。

通过这种加密手段，用户可以尽管放心地在公共数据网中传递各种机密信息。账号信息以及个人的隐私信息在传输中都是绝对安全的，这样就可以解决电子商务中的核心交易安全问题。[①]

① 谢琼辉. 指纹识别技术与电子商务 [N]. 电子报. 2001-2-26.

第三节 网络安全协议

一、S-HTTP

S-HTTP（Secure HTTP）是安全超文本传输协议，它是 Enterprise Integration Technologies 开发的安全协议，它基于 www，提供保密、认证、完整性和不可否认等服务，保证在 Web 上交换文本的安全。S-HTTP 采用密钥对来加密以保障 Web 站点上的信息安全，即 S-HTTP 支持超文本传输协议（HTTP），为 Web 文档提供安全和鉴别，保证数据的安全。如果主页 URL（通用资源定位器）为 http：//开始，说明该页遵循安全超文本传输协议。例如，在前面申请数字凭证的过程中，Versign 的每个页面的 URL 为 http：//开始，这就表示该站点的 Web 页面是安全的，能够保证申请人的个人信息、信用卡信息在 Web 站点上是安全的。

二、SSL

SSL（Secure Socket Layer）是安全套接层协议，是 Netscape 公司开发用于 www 上的会话层安全协议，它用于保护传递于用户浏览器和 Web 服务器之间的敏感数据，通过超文本传输协议（HTTP）或安全的超文本协议（S-HTTP）把密码应用于超文本环境中，从而提供多种安全服务，成为目前电子商务运用中受到广泛重视的协议之一。

三、SET

SET（Secure Electronic Transaction）是安全交易协议，是 Visa、MasterCard 和 IBM 等公司联合开发的用于开放网络进行电子支付的安全协议，用于保护用户商店和银行之间的支付信息安全，这个协议考虑的安全因素较多，安全保护的功能较完善、较严谨，但是比较复杂，实现也较困难。

四、S/MIME

S/MIME（Secure/Multimedia Internet Mail Extensions）是安全多目的 Internet 邮件扩展协议，它依靠密钥对保证电子邮件的安全传输。如在中国使用该协议，应用数字证书。

此外还有许多相应的协议。

第四节 数字证书与 CA 认证手段

一、数字签名

数字签名（Digital Signature）技术是将摘要用发送者的私钥加密，与原文一起传送给接收者。接收者只有用发送者的公钥才能解密被加密的摘要，然后用 Hash 函数对收到的原文产生一个摘要，与解密的摘要对比，若相同，则说明收到的信息是完整的，在传输过程中没有被修改，否则，就是被修改过，不是原信息。同时，也证明发送者不能否认自己发送了信息。这样数字签名就保证了信息的完整性和不可否认性。

二、数字时间戳

数字时间戳（Digital Time-stamp）是用来证明信息的收发时间的，在交易文件中数字时间戳和数字签名一样是十分重要的，它也是证明文件有效性的形式之一。用户首先将需要加时间戳的文件用 Hash 函数加密形成摘要，然后将摘要发送到专门提供数字时间戳服务的权威机构，该机构对原摘要加上时间后，进行数字签名（用私钥加密），并发送给原用户。原用户可以把它发送给接收者。

三、数字证书

数字证书（Digital ID）也叫数字凭证、数字标识。它含有证书持有者的有关信息，以标识他们的身份。证书包括以下一些内容：证书拥有者的姓名、证书拥有者的公钥、公钥的有效期、颁发数字证书的单位、颁发数字证书单位的数字签名、数字证书的序列号。

数字证书的类型主要有个人数字证书、企业（服务器）数字证书、软件（开发者）数字证书。

四、认证中心

认证中心（Certificate Authority，CA）是承担网上安全电子交易的认证服务，能签发数字证书并确认用户身份的服务机构。认证中心通过向电子商务各参与方发放数字证书，来确认各方的身份，保证网上支付的安全性。认证中心主要有三个组成部分：注册服务器（RS）、注册管理机构（RA）、证书管理机构（CA）。注册管理机构负责证书的审批，是持卡人的发卡行或商户的收单行。因此，认证中心离不开银行的参与。

1. X.509V3 及其内容

CA 标准经过多次修订，形成了 X.509V3 证书标准，与以前的 CA 相比，增加了证书扩展属性的扩展域，可以定义密钥的用途、策略、路径限制等内容。该标准于 1996 年 6 月正式完成，其内容包括：证书版本号、证书序列号、签名算法标识、签发证书的 CA 名称、用户名称、此证书公钥使用的算法标识、证书的公钥、证书签发者唯一标识、证书扩展部分、CA 签名等。

2. CA 结构与层次

CA 体系分为三种：①树形层次结构；②网状结构；③在大多数浏览器中，采用了一种简单的信任方式——信任列表。其中树形层次结构具有代表性。例如，认证中心的树形认证结构：在双方通信时，通过出示由某个认证中心（CA）签发的证书来证明自己的身份，如果对签发证书的 CA 不信任，则可验证 CA 的身份，逐级进行，一直到公认的权威 CA 处，就可确信证书的有效性。每一个证书与数字化签发证书的认证中心的签名证书关联。沿着信任树一直到一个公认的信任组织，就可确认该证书是有效的。例如，C 的证书是由名称为 B 的 CA 签发的，而 B 的证书又是由名称为 A 的 CA

签发的，A 是权威的机构，通常称为根（Root）CA。验证到了 CA 处，就可确信 C 的证书是合法的。

3. CA 维护

以一个根 CA 为例：

（1）初始化流程：①CA 密钥的产生；②CA 密钥的保存；③CA 密钥的备份；④CA 产生自签的根 CA 证书。

（2）CA 密钥的更新。

（3）CA 证书的审批。

（4）最终用户的证书签发流程。

（5）证书的更新流程。

（6）最终用户证书废除流程。

（7）证书废止列表 CRL 的生成与发布。

（8）证书的归档。

4. 国内外认证机构

国内外认证机构主要有：

（1）VeriSign 公司：www. verisign. com

（2）BankGate CA 公司：www. bankgate. com

（3）BelSign NV-SA 公司：www. belsign. com

（4）CertiSign Certificadora Digital Ltd. 公司：www. certisign. com. br

（5）GTE Cyber Trust Solutions Incorporated 公司：www. cybertrust. gte. com

（6）Key Witness Canada 公司：www. keywitness. com

（7）Thawte Consulting 公司：www. thawte. com

（8）首都在线和上海格尔软件合作推出国内首家安全电子邮件认证站点：http：//secumail. 263. net

（9）1998 年 10 月 21 日，世界最大的 8 家银行与美国名为 CertCo 的电子商务公司共同组建了一个认证中心，名为全球信用集团（Global Trust Enterprise），其目的是建立一个协作系统，通过数字认证的方式来识别企业间的电子商务参与者。

（10）原国家外经贸部电子商务中心（http：//www.moftec.gov.cn）承担的国家“九五”重点科技攻关项目——商业电子信息安全

认证系统。

除了以上所述，国内外认证机构还有很多，在此不一一列举。

第五节　防火墙

一、防火墙

防火墙（Fire Wall）是指一个由软件系统和硬件系统设备组成的、在内部网和外部网之间的界面上构建的保护屏障。所有的内部网和外部网之间的连接都必须经过此保护层，在此进行检查和连接。

防火墙的功能是防卫来自网络内外的威胁。只有授权的信息才能够通过此保护层，从而使内部网络与外部网络在一定意义下隔离，防止非法入侵、非法使用系统资源，执行安全管理措施，记录所有可疑的事件。

需要注意的是防火墙不是安装在两个网络界面上就能够自动完成安全功能的，从厂商买来的防火墙需要根据机构的需要，制定安全政策加以初始化才能起到相应的作用。

随着科技的发展，目前又产生了第四代防火墙，它采取了包过滤技术、代理服务技术、可信信息系统技术、计算机病毒检测防护技术和密码技术等。

二、防火墙的类型

防火墙的类型主要有三种：数据包过滤防火墙、应用级网关和状态监视器。

1. 数据包过滤防火墙

即通过在网络中的适当位置对数据包进行过滤，根据检查数据流中每个数据包的源地址、目的地址、所有的 TCP 端口号和 TCP 链路状态等要素，然后依据一组预定义的规则，以允许合乎逻辑的数据包通过防火墙进入到内部网络，而将不合乎逻辑的数据包加以删除。

在互联网这样的分组交换网络上，所有往来的信息都被分割成许许多多一定长度的数据包（通常简称包），包中有发送者的IP地址和接收者的IP地址。当这些数据包被送上互联网时，路由器会读取接收者的IP地址并选择一条物理上的线路将其发送出去，数据包可能以不同的路线抵达目的地，当所有的数据包抵达后会在目的地重新组装还原。数据包过滤式的防火墙会检查所有通过过滤的数据包里的IP地址，并按照系统管理员所给定的过滤规则过滤数据包。如果防火墙设定某一IP地址为危险，从这个地址来的所有信息都会被防火墙阻挡。①

2. 应用级网关

因为数据包过滤防火墙可以按照IP地址来禁止未经授权者的访问，但是它不适用于公司用来控制内部人员访问外界的网络，所以对于这样的企业来说，应用级网关是更好的选择。应用级网关应用于特定的互联网服务，如超文本传输（HTTP）、远程文件传输（FTP）等。应用级网关技术是建立在网络应用层上的协议，过滤和转发技术，针对特别的网络应用协议指定数据过滤逻辑，并可以将数据包分析结果和采取措施进行登记和统计，大多数的应用级网关防火墙产品使用的是应用代理机制，它们都具有网络地址转化特性，通过网络地址转化，可以隐藏内部网的IP地址，不被不可靠的网络之外的用户所见。

应用级网关又叫代理服务器，代理服务器技术是防火墙技术中最受欢迎的一种安全技术措施，它的优点在于可以将被保护的网络内部结构隐蔽起来，增强网络的安全性能，同时，可以发挥它较强的数据流监控、过滤、记录和报告的功能。其缺点在于需要为每个网络服务器专门设计、开发与代理服务软件相应的监控过滤功能，并且由于代理服务器具有相当的工作量，需专门的工作站来承担。它的特点是将所有跨越防火墙的网络通信链分为两段，外部计算机的网络链路只能到达代理服务器上，因此实现了“防火墙”内外计算机的隔离，其安全点也设置于OSI模式的应用层。

---

① 李鼎. 电子商务基础［M］. 首都经贸大学出版社，1999，305.

作为互联网的安全措施，防火墙应用代理软件建立系统内外用户间的屏障，某个网络的用户如果要和另外一个网络的用户在网上联络，该用户首先是同所属网络的用户在网上联络，然后再与另一网络的用户链接，反过来也是一样。这样，防火墙在网络之间充当代理服务器，它支持任何一种为互联网开发的通信软件，包括文件传输协议 FTP 和 HTTP 等。在大多数情况下，防火墙的一侧是互联网，另一侧是 Extranet，我们通常把 Internet 叫可靠网，把Extranet 叫做不可靠网。

3. 状态监视器

这种防火墙采用了一个在网关上执行网络安全策略的软件引擎，称为检测模块。检测模块在不影响网络正常工作的前提下，采取抽取相关数据的方法对网络通信的各层实施监控，抽取的数据，即状态信息，动态地保存起来，作为以后制定安全决策的参考。检测模块支持多种协议和应用程序，并可以很容易地实现应用和服务的扩充。

与其他安全方案不同，当用户访问到达网关的操作系统前，状态监视器要抽取有关的数据进行分析，结合网络配置和安全规定做出接纳、拒绝或给通信加密等决定。一旦某个访问违反安全规定，安全报警系统就会拒绝该访问，并记录，而且向系统管理器报告网络状态。

另一个优点是它会监测 RPC 和 UDP 之类的端口信息，数据包过滤器和代理网关都不支持此类端口。这种防火墙无疑是非常坚固的，但它的配置非常复杂，而且会降低网络的速度。值得注意的是，防火墙对普通人来说是一层安全的防护，但是没有任何一种防火墙可以给你绝对保护。这就是为什么许多公司建立多层防火墙的原因。

总之，防火墙产品性能的竞争将是产品竞争的重点，提高性能和采用模块化设计是防火墙技术发展的主要方向。

习题

1. 简述电子商务的安全性及其保护内容。

2. 简述加密、解密、算法、密钥、密钥长度，并用“great wall”

为原文举例说明。

3. 简述四种密码算法。

4. 简述指纹识别技术及其运用。

5. 简述TCP/IP、SSL、SET、S/MIME及其对电子商务安全的作用。

6. 简述数字签名、数字时间戳、数字证书。

7. 如何在首都在线上申请个人数字证书并使用它?

8. 简述防火墙及其特点，其具有哪些类型?

第六章　电子商务的法律、法规及标准

第一节　亟待建立和完善电子商务法律体系

电子商务的产生和发展使人们的经济生活、行为准则、传统习惯都在发生一系列的变化，因此需要相应的法律和法规来规范，电子商务的引入和推行的实践已给电子商务立法创造了一些条件，这些年来，我国相应出台了一些管理办法和条例等法规，但尚无专门的电子商务法，因此建立完善的电子商务法律体系成为一项紧迫的任务。具体来说，包括以下六个方面：

第一，具有强大生命力的现代电子交易手段已经越来越被人们所认识，“电子商务代表着未来贸易的发展方向”（江泽民，1998年），其应用推广将给经济和社会带来极大的效益。以电子商务为全球经济第一增长点，以跨国竞争为标志的全球化已经成为一种发展趋势。

第二，传统经济和社会形态下的法律制度已经不能适应形势发展的需要，传统的知识产权保护制度是以专有性、地域性和时间性为基本特征的，网络信息时代的发展动力是“公开与公用性”，保护专有技术的有效措施等受到来自网络环境的挑战。

第三，随着通过计算机和网络进行贸易行为，政府对这一贸易形式的鼓励和引导及调控均难以实现，而市场经营主体之间的经营活动处于无章可循的状态，消费者权益难以保障。

第四，由于网络空间没有确定清晰的国界，电子商务活动可瞬间遍及全球而且具有天然的跨国性，网络空间国家管辖权的确定因素及协调与证据选择方法都面临着挑战。

第五，电子商务通过互联网打破了国家边界的地理限制，代表着国家主权的海关和税收在互联网面前形同虚设，从而在多方面影响到国家的安全。我国在参与电子商务的过程中，需要在与国际公约相适应的同时，采取必要的措施保护我国人民的利益。

第六，在知识经济时代，随着经济活动全球化，战略性技术联盟已成为一个趋势，由于电子商务有着与传统行业不同的特点，加之网络经济主要特点之一的网络效应，加剧了权益资源存量的有效性及资源分布的不均衡性。

第二节　电子商务的立法原则

一、调整与完善传统商法

我国的电子商务处于“成长期”，正在向“发展期”转变，传统的贸易方式与电子商务形式将长期共存，而传统立法中关于贸易的有关法律条文对网上交易带来了不相一致的问题，同时又派生出许多不相适应的地方，如《消费者权益保护法》等。因此，一方面要完善立法；另一方面要考虑到电子商务中出现的新情况，对传统立法做必要的修改。例如，对于网上交易，立法的重点是保护消费者的利益，使电子签名等工具合法化；对于知识产权保护，重点在于商标权、域名权、专利权等；对于个人隐私的保护，重在禁止贸易壁垒，防止过度采集并利用个人数据进行交易；对于网上的安全，重在保护商家、个人、公共社会、国家安全等；对于跨域交易税收和关税，当前亟待研究的是免税、税收管辖、防止重复征税、税款流失等问题；对于电子支付，重在防止欺诈、伪造问题；对于网上管制，主要涉及有关信息接入，国际合作，有关信息内容、外国信息引发的内容的限制，广告内容限制，以及互联网内容选择平台，要尊重各个国家的文化、语言、历史、传统，保护消费者不受低级的、暴力的、损害公共利益等方面的影响，还有网上交易文化，等等。

二、国内立法与国际立法的协调一致

在互联网基础上的电子商务是全球性的商务活动，而不仅是某个国家的内部业务，因此电子商务的法律制度既要考虑国内环境，又要考虑与国际接轨。应考虑如下六个基本原则：

（1）电子商务的基本主体是企业和各类交易当事人，电子商务法应由企业和各类交易当事人来主导。

（2）电子商务法应保护各交易当事人的利益，基本点应是保护消费者的利益。

（3）电子商务法应保护网上合理的竞争和限制网络垄断。

（4）电子商务离不开政府的推动，电子商务法应明确界定政府的职能。

（5）电子商务法应有利于网络经济与传统产业的融合。

（6）电子商务的物质技术基础设施应面向全球化。

三、电子商务的法律体系

1. 电子商务合同

在电子商务活动中，电子合同具有重要的意义，它与传统的以纸张为基础的电话、电报、传真等合同不同，交易双方可以突破空间和时间的障碍，这同时又为假冒他人身份从事交易提供了机会，因此，在当事人进行网络签约的过程中，数字签名、公钥加密、认证中心等越来越多地应用到电子商务中，使电子商务合同的法律规范成为一个重要问题。

（1）网上合同引发的证据法方面的问题。主要是电子数据能否在诉讼中被法院采纳为证据，而电子数据能否作为证据法上的证据，这直接关系到电子交易中当事人合法权益的保护，关系到网络电子商务的顺利发展。

（2）网上合同的履行问题。随着互联网的发展，商家们正在将传统的 EDI（Electronic Data Interchange，电子数据交换）转移到互联网上，并使其交易得到迅速发展。在网上合同的履行中，可能会遇到这样一些问题，如网上合同的跨域流动、网上知识产权的保护、电子交易的支付机制等。

2. 电子商务知识产权保护

网络上涉及的知识产权包括网络技术给版权、专利权、商标权等制度带来的新问题。与网络技术最密切的是版权保护，网络传输中的数字信息包括了各种文字、影像、声音、图形和软件等智力成果，而这些成果存在着版权归属和保护问题，传统的国内法和国际法都相对滞后于网络经济的发展，这在专利权、商标权方面已经表现出来。

3. 网上隐私权保护

网上隐私权是指公民享有的私人安宁与私人信息依法受到保护，不被他人非法侵犯、知晓、搜集、复制、利用、公开的一种人格权。目前网络隐私保护领域遇到三大问题，如个人数据过度搜集、个人数据二次开发利用、个人数据交易问题，这已引起国内外的高度重视。

4. 网上活动管制

电子商务并非是完全的市场经济，互联网也并不是一个无管制的空间，许多现行的法律适用于互联网设施的分布和使用、适用于互联网上的信息传输、适用于互联网上的许多活动，同时，也表现出许多方面的不适应，为了规范电子商务活动，研究网上商务活动已成为国内外商法研究的重要内容，如其中的网上税收、广告、网络商人的行为规范等。

5. 国际私法

对于国际纠纷可以考虑从网址入手来确定管辖权，然后确定其法律适用性，但网络技术对网上行为造成的地域模糊，表现在对互联网案件的识别和链接因素的确定上无所适从，一是在原有的法律体系中识别；二是在原有的法律体系之外通过国内立法与判例、国际条约与公约建立起一个“网络空间法”，形成一个独立的法律部门处理国际纠纷。

第三节　电子商务立法的主要内容

一、买卖双方身份认证办法

电子商务也有一个市场准入问题，电子商务主体包括两类网络企业：一是从事网络经营活动的经济组织，包括以下两类：①直接从事网络经营活动的企业，如网上交易主体直接从事的网上虚拟商店，网上经营和网下经营合二为一。②间接从事网络经营活动的企业，如网上市场，为交易当事人提供交易“场所”和网络服务，主要从事经营中介活动，随着网络经济的发展，分工将越来越细。二是利用网络从事商品和服务经营活动的传统企业。从事网上直接贸易活动的主体应该通过到工商行政管理部门注册取得合法的执照；参与电子商务的买卖双方互不相识，需要通过一定的手段相互认证；提供交易服务的网络服务中介组织、提供交易服务的中介机构也有一个认证问题；传统企业利用网络手段进行网络交易活动，也有一个认证问题。国家工商行政管理局应统一管理认证事务，为参与网络交易的各方提供法律认可的认证办法。在试点城市，如北京等地的许多经营性网站都有一个当地工商行政管理部门的电子徽章标识。

二、网上身份证制度

目前我国没有网上身份证制度，任何人可以用任何名字登录网络，笔者认为应建立网上实名制，即建立一个严密的个人电子身份证系统，相当于每一个人在网络上的“居民身份证”，在登录网络时，网民必须输入其号码，得到验证后才能享受到网络服务。为了适应信息网络技术的飞速发展，尽快与国际接轨，天津市 2001 年开始在全国率先实行网上“身份证”。天津电信公司与天津市质量技术监督局合作开发的网上“身份证”，具备网上缴费、网上报税、网上购物、安全邮件等电子商务活动功能，实现了“一卡通”。天津电信将为其在天津热线电子商务平台上提供全方位服务。

作为互联网应用的热点，电子商务正席卷全球。如何保证电子商务活动安全，一直是电子商务研究的核心问题。组织机构代码证IC卡与CTCA数字证书一体化是单位开展网上业务的安全保障。

（1）组织机构代码是国务院授权由国家质量技术监督部门赋予每个党政机关、社会团体、企事业单位等组织在全国范围内唯一的、终身不变的法定代码标识。通过代码证IC卡可完成单位查询、登记、数据转换等工作。

（2）数字证书是在互联网上安全开展电子商务和电子政务的保障，是国际上普遍采用的一种方法。中国电信CTCA数字证书是具有中国自主知识产权并通过国家密码委员会鉴定的安全产品，能够在全国范围内广泛应用。①

三、电子合同的合法性程序

电子合同是在网络上，当事人之间为了实现一定的目的，明确相互之间的权利和义务关系的协议，它是电子商务安全交易的重要保证。电子合同涉及确认通过电子手段形成的合同的规则和范式，规定约定电子合同履行的标准，定义构成有效电子书写文件和原始文件的条件，鼓励政府各部门、厂商认可和接收正式的电子合同、公证文件等；规定为法律和商业目的而做出的电子签名的可接受程度，鼓励国内和国际规则的协调一致，支持电子签名的其他身份认证手续的可接受性；推动建立其他形式的、适当的、高效率的、有效的合同纠纷调解机制，支持在法庭上和仲裁过程中使用计算机证据。

四、电子支付管理

电子商务的支付形式有三种，即电子信用卡、电子支票、电子现金（数字现金）。联机信用卡支付方式根据其特点又可分为联机直接信用卡支付方式和联机间接信用卡支付方式。网上联机直接信用

① 与国际接轨，天津实行网上身份证［EB/OL］. 大洋网，2001-6-29.

卡支付十分便捷，但安全性相对较差，为了加强顾客对电子支付机制的信赖感，一些公司推出了一种联机间接信用卡支付方式。而替代互联网联机信用卡支付的方案是以电子货币进行支付的。目前，电子货币的表现形式主要有储值卡（Sored-value Cards）、智能卡（Smart Card）和数字现金（Digital Cash）三种。明确电子支付的发展需要用法律形式详细地规定出电子支付命令的签发与接收，接收银行对发送方支付命令的执行，电子支付的当事人的权利和义务以及责任的承担。

五、电子商务安全保障

电子商务的迅速发展，对交易安全提出了更高的要求，强化交易安全的法律保护具有重要意义。

（1）在民法基本法的立法上，应反映出交易安全的理念。为此，要大胆借鉴和移植发达国家电子商务保护交易安全的成功经验和制度，并结合我国的实际，构造一套强化交易安全保护的法律制度。

（2）在商事单行法立法上，可以基于商法的特别法地位及其相对独立性，满足商法中商业行为较高的交易安全要求，在某些方面可以适当突破民法基本法中的某些制度，以期强化这方面的交易安全保护。

（3）在计算机及其网络安全各种管理的立法上，应针对电子商务交易在虚拟环境中运行的特点，明确提出电子商务交易安全保护的法律措施。

（4）在法律解释上，当务之急是全面分析最高人民法院所做出的司法解释，剔除不利于交易安全的结论，并在以后的解释中注意考虑交易安全的因素。

（5）在条件成熟时，制定保证电子商务交易安全的专门法律和法规。

六、电子证据制度

由于网络信息传递的数字性和存储介质的可擦写性，人们在网上签订的合同在发生纠纷时极易被篡改，导致当事人的举证困难。

如果建立电子证据制度，人们在网络上签署的所有合同都经过一个数据交换中心备案，诉讼时该中心提供的备案材料无须认可，直接可以作为证据使用，可以极大提高网上交易的信用度和可操作性。这一制度的建立需要法律予以支持。

七、网络著作权法

网络作为一种新兴的大众传媒，可以使一些文学艺术作品缩短创作和发行周期，从而步入商业化轨道，利用网络进行商业化运作是其发展方向，今后文学艺术作品可实现创作、批量生产、流通通过网络链实现一体化，我们可以在网络上读小说、听音乐、看图画等，但是，这种传播方式应受到《著作权法》等的规范。如何规范？法律对这些无明确规定，以致司法实践中法院难以判定，甚至无法操作，即使最高法院审判委员会通过了《关于审理涉及计算机网络著作权纠纷案件适用法律若干问题的解释》，但仍显相对滞后。在我国出现过作家状告某网站侵权的案件；在美国也发生过 MP3 网站被起诉的案件。由于法律在这个领域里相对空白，致使网上侵权行为十分严重，在一定程度上影响了网络文化的发展。

八、网络反垄断法

垄断行为会妨害市场竞争的发展，从而给整个社会经济带来严重后果，正因为如此，1911 年美国标油公司被肢解为许多石油公司，2000 年美国司法部坚决要把微软公司拆分，2001 年撤诉。由于地理空间及各地风俗文化的不同，在常规经济发展过程中，即使有一个强大的垄断者存在，弱小竞争者也可以凭借自己的“地利”、“人和”而生存。但互联网是无国界的，随着网络的发展，有可能出现网络垄断者，它一旦占据垄断地位，其竞争对手立即处于极其不利的地位，甚至遭受灭顶之灾。因此，必须制订网络反垄断法，对潜在的垄断者进行限制或拆分，以避免网络垄断的灭顶之灾的发生。

九、网络言论法

网络文化涉及电子商务文化问题，目前各国的宪法大都规定了个人享有言论自由。但是，这并不意味着用户可以不顾任何禁忌随便议论敏感话题。而且由于世界各国的政治文化传统不同，这些禁忌又千差万别。有些国家禁止国民议论政治问题，另外一些国家对性的话题十分敏感。但是，互联网是没有国界的，在本国发表的合法议论可以传到任何一个可以上网的国家，在那个国家里，这些言论有可能是非法的，那么用户是否该对此承担法律责任呢？现行的法律没有这方面的规定。特别是在进行跨国经营过程中，在商业广告上表现得更为特殊。

第四节　国内外电子商务法律与法规

一、全球性的电子商务主要法律和法规

随着电子商务的发展，电子商务的立法也提到议事日程，1998年10月，召开了被称为全球电子商务里程碑的联合国经济合作与发展组织的电子商务部长级会议，接着在1999年9月召开了被称为全球企业界电子商务大聚会的电子商务全球商家对话的巴黎会议，这两个大会具有重要意义，为推进全球电子商务法制建设制定了全球电子商务行动计划，描绘了未来电子商务法制建设的框架。早在1995年6月14日，联合国国际贸易委员会第29届年会通过了一部《电子商务示范法》，该法由两大部分组成：一是电子商务法律的原则；二是这些原则在具体贸易领域里的运用。电子商务原则是示范法的核心，它将纸面文件的基本功能抽象出来，对在使用电子信息从事贸易的情况下，符合哪些条件即可视为等同于书面签订买卖合同和进行货物运输合同制定了一套准则。目前世界上至少有30个国家和地区已经制定、颁布了实质意义的电子商务法。

二、美国等一些国家的电子商务法律和法规

1995年全世界范围内第一部全面确立电子商务运行的法律文件

《数字签名法》在美国犹他州颁布，1997 年 7 月 1 日美国政府公布了《全球电子商务政策框架》，在全球范围内掀起了一股电子商务潮。这份文件主张不对互联网上的商务活动进行限制和征税，并形成统一的全球一致性的法律框架，建议就一些共同关注的问题，其中包括未成年人保护、加密技术和审查制度等，建立一套国内和国际的指导措施，并就如何保证互联网继续成为自由竞争、消费者自主选择的、不受管理的媒介提出了具体的原则。美国参议院在 1999 年提出了一份有关保护网络安全的法案，内容主要是反黑客计划。2000 年初，在黑客对美国网站进攻事件发生后，美国总统立即主持召开了网络安全会议，寻求对付黑客的策略，2000 年 10 月 1 日，美国《电子签名法》（LEEE Spectrum）生效。

美国是电子商务最发达的国家，目前已有 44 个州制定了与电子商务有关的法律。有关信息安全方面的立法活动也进行得较早，美国也是信息安全方面法案最多，也较为完善的国家。早在 1987 年就再次修改了《计算机犯罪法》，在 20 世纪 80 年代和 90 年代初被作为美国各州制定地方法规的依据，这些地方法规确立了计算机服务盗窃罪、侵犯知识产权罪、破坏计算机设备或配置罪、计算机欺骗罪、通过欺骗获得电话或电报服务罪、计算机滥用罪、计算机错误访问罪、非授权的计算机使用罪等罪名。美国现已确立的信息安全的法律有：《信息自由法》、《个人隐私法》、《反腐败行径法》、《伪造访问设备和计算机欺骗滥用法》、《电子通信隐私法》、《计算机欺骗滥用法》、《计算机安全法》、《正当通讯法》。1990 年 11 月，信息安全问题小组论坛（EIRST）成立，信息安全问题涉及计算机安全密码的应用，随着计算机网络的发展，法规的热点转移到对密码的应用管理上。美国对密码的控制和要求高于数字签名的密码，1993 年克林顿总统发布《托管加密行动》，1999 年 7 月，美国的全国州法统一委员会通过了《统一电子交易法》。

1996 年欧盟委员会提出发展互联网的基本原则，1998 年 10 月欧盟制定《电子商务私人资料保护法》开始生效，这项法律是 1995 年的相关法规的延续，它十分严格地限定了在传递和使用个人数据时必须遵守的规则。1997 年 4~7 月，欧洲国家颁布了《欧洲电子商务行动方案》及配套法律，反映了对电子商务安全的关心和需要努力解决的问题。行动方案提出，计算机犯罪是一个重要问题，在电子技术洗钱、非法赌博、恶意伤害或著作权侵害等方面，已经有国际合作，在新的通信网络上要与有组织的跨国犯罪进行斗争，面对国际网络上的高技术和计算机犯罪，各国政府已经作出强有力的反应。欧盟还颁布了《关于内部市场中与电子商务有关的若干法律问题的指令》。

1998 年，新加坡制定了《电子商务法》，内容有：电子签名和电子记录、网络服务提供商的责任、电子合同，电子记录和签名的安全数字签名的效应、数字签名职责、认证职责、认证规则、电子记录和签名的政府应用、总则。

日本 1997 年设立“大规模设备网络安全对策委员会”，2000 年初制定了反黑客对策行动计划，并实施了《关于禁止不正当存取行为的法律》，以加强对黑客等不正当行为的处罚。在 2003 年以前实施电子政府工程，并使用新一代加密技术，日本的加密技术不亚于欧美。

加拿大颁布了《网络加密法》、《个人保护与电子文档法》、《保护消费者在电子商务活动国权益的规定》，并准备在竞争法中加入有关电子贸易欺骗等条款。1993 年颁布了《统一电子商务法（草案）》。

德国政府组织了一支“特遣部队”用于对付网络黑客，该部队由内政部、联邦信息安全办公室等部门组成。1997 年颁布了《信息与通用服务法》。

法国政府成立了电子商务协调办公室，用以监督商业网站，缉拿网上商业犯罪。2000 年颁布了《信息技术法》。

1999 年澳大利亚颁布了《电子商务交易法》，韩国颁布了《电子商务基本法》。1998 年新加坡颁布了《电子交易法》，印度颁布了《电子商务支持法》。

三、我国电子商务法律和法规

我国电子商务的立法虽然起步较晚，但发展较快。近几年来，我国逐步制定了一系列电子商务的法律和法规，在一些城市电子商务法律和法规体系的探索步伐较快。

1. 国家级电子商务法律

我国没有国家级的电子商务专门法，但是具有许多单项法。2004年8月全国人大常委会通过《电子签名法》，2005年4月1日生效。《合同法》、《刑法》、《关于维护互联网安全的决定》等虽不专门针对电子商务问题，但其中分别含有电子合同、打击电子商务犯罪与违法行为的重要条款。《著作权法实施条例》、《计算机软件保护条例》、《商标法实施条例》、《电信条例》、《专利法实施细则》、《互联网上网服务营业场所管理条例》、《网上商业数据保护办法》等适应国际通行趋势，规定了相应的条款，成为当前我国电子商务可依据的法律法规群。

2. 地方性电子商务法律

2000年1月5日，中国香港特别行政区立法会出台了《电子交易条例草案》；2003年2月1日，中国大陆首部电子商务地方立法——《广东省电子交易条例》开始正式实施；2004年10月1日，《湖南省信息化条例》正式施行；2007年9月14日《北京市信息化促进条例》颁布，2007年12月1日起施行。

广东首部电子商务法案于2001年问世，2003年2月1日起在广东施行。这部法案是《广东省电子商务交易管理条例》，共分7章64款，其中对于电子商务、电子网络等基础的术语作了定义，对于关键性的法律信用问题，专门用了两章的篇幅来规范“电子记录与电子签名”及“电子合同”，同时，对电子认证的办法、网上消费者权益保护及违反条例的法律责任作了相关规范。

《广东省电子商务交易管理条例》遵循了与国家大法统一的原则，对于合同、消费者权益保护等条款都是依据国家大法补充形成的，并参照了联合国《电子商务示范法》、美国《统一电子交易法》等外国法案，并考虑了广东电子商务的特征，采用了开放市场，当事人可以自由选择商业活动、技术与管理中立等原则，有一定的可操作性。

这一条例在全国具有开创性，因此也必然会存在不足，如有些行为属性尚需要明确界定。如在网上广告管理中，哪些电子邮件属于广告信件？哪些属于通信？网上消费者受法律保护，黑客有时也

"渗"在消费者中，如何辨别？如何界定电子商务的管辖权，如有人通过广州的服务器在上海买了一件商品，到底由谁来管？尽管存在诸多问题以及种种局限，但广东第一部电子商务法案的出台，依然是中国电子商务史上具有里程碑意义的事件。

3. 国家级的电子商务法规

（1）国家级电子商务产业政策。

第一，2005 年 1 月，国务院出台了《国务院办公厅关于加快电子商务发展的若干意见》，这是我国最早的电子商务产业政策（雏形）。

第二，2007 年 6 月，国家发展和改革委员会、国务院信息化工作办公室联合发布了我国《电子商务发展"十一五"规划》，这是我国第一个电子商务产业政策。该《规划》明确提出要完善电子商务国家标准体系：围绕电子商务发展的关键环节，鼓励企业联合高校和科研机构研究制定物品编码、电子单证、信息交换、业务流程等电子商务关键技术标准和规范，参与国际标准制修订工作，完善电子商务国家标准体系。

第三，2007 年 3 月，商务部发布《关于网上交易的指导意见（暂行）》(2007 年第 19 号公告)，提醒网上交易者，网络交易存在一定风险，在使用网上交易之前要尽可能地多了解对方的真实身份，并注意保存网上交易记录。这部《意见》的出台是政府职能部门加强电子商务交易管理的信号。同年颁布 《关于促进电子商务规范发展的意见》。

第四，2008 年 4 月 1 日，国家工商总局与商务部等七部委联合发布《关于进一步加强违禁品网上非法交易活动整治工作的通知》，对网络安全管理秩序和违禁品生产经营秩序进行集中整顿。2008 年 12 月，中国证监会发布《关于加强对投资者网上交易安全保护的通知》，《通知》要求各证券、基金、期货公司加强网上交易投资者身份认证手段，增强网上交易软件的安全防护能力，加强对投资者的安全信息提示，加强监控，及时发现非法交易行为。《计算机信息网络国际互联网管理暂行规定》提出了对国际互联网实行统筹规划、统一标准、分级管理、促进发展的基本原则。

第五，2009 年 11 月，商务部发布《关于加快流通领域电子商务发展的意见》，明确了政府部门对电子商务的引导和扶持政策。

第六，2010 年 1 月 13 日，国务院总理温家宝主持召开国务院常务会议，决定加快推进电信网、广播电视网和互联网三网融合，目前“三网合一”是指电信网、广播电视网和计算机通信网的相互渗透、互相兼容，并逐步整合成为全世界统一的信息通信网络，实现网络资源的共享。

第七，2010 年 5 月，国家工商总局发布《网络商品交易及有关服务行为管理暂行办法》，首次明确了网店的实名认证规定；6 月，商务部颁发《关于促进网络购物健康发展的指导意见》，对网络购物予以政策上支持的同时，特别强调落实工商登记和实名注册制度，再度规范电子商务市场发展。

第八，2010 年 6 月，中国人民银行制定并发布《非金融机构支付服务管理办法》，对网购支付业务在门槛设置、权责等方面进行了明确规定。为配合《非金融机构支付服务管理办法》（中国人民银行令〔2010〕第 2 号发布）实施工作，中国人民银行制定了《非金融机构支付服务管理办法实施细则》，于 12 月公布实施。

（2）地方性电子商务产业政策。许多地方政府也出台许多规定，如 2008 年 5 月，《浙江省网上商品交易市场管理暂行办法》；2009 年 3 月 1 日，《上海市促进电子商务发展规定》实施；2009 年 1 月，浙江省工商局出台《关于大力推进网上市场快速健康发展的若干意见》；2009 年 4 月 28 日，北京市商委颁发了《关于促进网上零售业发展的意见》等。

（3）政府十六大“金字工程”。1993 年以来，政府实施“金桥”、“金卡”、“金税”的“三金工程”（见表 6-1），很快实现海关、商检、税务、外汇管理、统计、银行及企业之间及时准确的信息数据传递与交换，为电子商务的普及打下了坚实基础。

表 6-1　政府十六大“金字工程”

行业	工程	1993 年以来建设重点
1. 信息	金桥工程	1993 年启动，包括：①金桥地面骨干网项目；②金桥卫星通信网项目；③金桥无线移动数据用户接入网项目；④金桥光纤城域用户接入网项目；⑤金桥网络电话/传真项目；⑥金桥 Internet 信息服务项目；⑦国有大型企业综合信息网技术改造项目
2. 银行	金卡工程	1993 年启动，广义是金融电子化工程，狭义是电子货币工程。它是我国的一项跨系统、跨地区、跨世纪的社会系统工程。它以计算机、通信等现代科技为基础，以银行卡等为介质，通过计算机网络系统，以电子信息转账形式实现货币流通
3. 海关	金关工程	1993 年启动，包括：①通关便利化系统；②电子账册系统；③海关物流监管系统
4. 公安	金盾工程	①信息中心的扩容和完善；②接入网的延伸落地；③应用系统的全面加强
5. 税务	金税工程	①电子税务信息安全系统；②税收征管系统；③防伪税控系统
6. 社保	金保工程	①“五险”系统；②集中数据库；③办公自动化
7. 质检	金质工程	①电子政务网络平台；②质检数据库群；③业务监督管理系统
8. 财政	金财工程	①财政业务应用 11 个软件系统；②覆盖全国各级财政管理部门和财政资金使用部门的信息网络系统
9. 审计	金审工程	①应用系统建设；②局域网建设；③安全系统建设；④标准规范建设；⑤人员培训
10. 水利	金水工程	①水资源管理决策支持系统；②水质监测与评价信息系统；③电子政务系统；④国家防汛指挥系统
11. 工商	金融监管	①企业信用分类监管系统；②电子政务系统；③综合业务管理系统
12. 商务	信福工程	商务部 2007 年建设并推出
13. 农业部	金农工程	农业部 2007 年建设并推出
14. 供销总社	新网工程	供销合作总社 2008 年建设并推出
15. 旅游	金旅工程	国家旅游局 2001 年推出
16. 综合	示范工程	国家发改委、商务部电子商务示范城市、示范企业

资料来源：笔者根据各类资料整理，1997~2010 年.

第五节 电子商务标准

一、国外电子商务标准的发展

20 世纪 60 年代，欧、美大公司之间专用 EDI 系统的出现掀开了早期电子商务发展的序幕。随后，根据各行业的 EDI 应用需要而制定的行业标准相继出台，如 TDCC（美国运输数据协调委员会）运输业通用电子报文格式标准，ODETTE（欧洲电子数据交换组织）专门为汽车行业制定的标准，SWIFT 标准则是国际银行业广泛应用的 EDI 标准。

20 世纪 70 年代，美国政府就致力于密码技术的标准化，从 1977 年公布的数据加密标准 DES 开始，美国国家标准技术研究院（NIST）就制定了一系列有关密码技术的联邦信息处理标准（FIPS），在技术规范的前提下对密码产品进行严格的检验。1998 年 7 月 1 日，在美国政府发布的美国电子商务纲要中，明确提出要建立一些共同的标准，以确保网上购物的消费者享有与在商店购物的消费者同等权利。韩国一些主要的电子设备公司也建立联盟，签署联合协议，规定在 2000 年修订《电子商务框架法》。

20 世纪 80 年代，为满足跨行业 EDI 应用的要求，美国国家标准协会在 1985 年公布了用于国内贸易的 EDI 标准——X.12，而欧洲则公布了用于欧洲地区贸易的 EDI 标准——GTDI（贸易数据交换指南）。这两个标准很快在北美地区和欧洲各国得到广泛的支持，并形成了两大主要的标准体系，对促进北美地区和欧洲地区的跨行业电子商务应用奠定了基础。

20 世纪 90 年代，随着全球经济贸易体系的重组、国际贸易程序简化进程的深入，EDI 成为跨国多边贸易和各国简化国际贸易单证处理的主要手段。1989 年，UN/EDIFACT 标准的诞生进一步确立了 EDI 技术在简化国际贸易过程中所扮演的重要角色，这在全球掀起了“无纸贸易”的浪潮。EDI 以其高效、快捷、准确、可靠等特点一直受到国际大型企业的重视。但是，EDI 技术的复杂性、高额的成本使中小企业望而却步。

1999 年 12 月 14 日，在美国加州旧金山的 St.Francis 饭店，世界上第一个 Internet 商务标准（The Standard for Internet Commerce，Version 1.0-1999）诞生了。这一标准是由 Ziff-Davis 杂志牵头，组织了 301 位世界著名的 Internet 和 IT 业巨头、相关记者、民间团体、学者等经过半年时间，对 7 项、47 款标准进行了两轮投票后才最终确定下来的。虽然这只是 1.0 版，但它已经在相当程度上规范了利用 Internet 从事零售业的网上商店需要遵从的标准。制订这个 Internet 标准的目的有以下五个：①增加消费者在Internet 上进行交易的信心和满意程度；②建立消费者和销售商之间的信赖关系；③帮助销售商获得世界级的客户服务经验，加快发展步伐并降低成本；④支持和增强 Internet 商务的自我调节能力；⑤帮助销售商和消费者理解并处理迅猛增长的各种准则和符号。

显然，这一标准既可以被销售商用于其 Internet 商务，并且向所有消费者和合作伙伴宣称自己符合这一标准；也可以被消费者用来检验销售商是否可以提供高质量的服务。同时，也可以指导如 IT 供应商、网站开发商、系统集成商等从事相关的业务。整个标准分 7 项、47 款。每一款项都注明是“最低要求”，还是“最佳选择”。如果一个销售商宣称自己的网上商店符合这一标准，那它必须达到所有的最低标准。

1. 成立机构

为了迎接电子商务给全球带来的机遇和挑战，使之在全球范围内更有序地发展，1997 年 6 月，ISO/IEC JTC1 成立了“电子商务业务工作组（BT-EC)”。BT-EC 确定了电子商务急需建立标准的三个领域：

（1）用户接口，主要包括用户界面、图像、对话设计原则等。

（2）基本功能，主要包括交易协议、支付方式、安全机制、签名与鉴别、记录的核查与保留等。

（3）数据及客体（包括组织机构、商品等）的定义与编码，包括现有的信息技术标准、定义报文语义的技术、EDI 本地化、注册机构、电子商务中所需的值域等。目前 BT-EC 仅对其中的几项内容进行了阐述，其目的是通过解决关键问题，从而就解决方法加以推广，以扫清实现全球电子商务道路的障碍。

2. 签署文件

ISO、IEC 和 UN/ECE（联合国欧洲经济委员会）共同致力于电子商务的标准化工作。曾签署了“理解备忘录”，就 EDI、开放式 EDI 及有关贸易单证标准领域进行合作。1998 年 11 月，三者又签署了一个电子商务领域有关标准化的“理解备忘录”。该备忘录包括总体部分、3 个附录及上述的注册表，扩充了以前的合作框架，扩展了各部门之间的电子商务，增加了国际用户团的参与，以确保它们的标准化要求得到满足。作为国际用户团的参加者有 CALS（连接采办和受命期保障，世界性的非政府组织，制定国际工业组织之间电子商务的标准要求）及 NATO CALS 组织（NATO 为北大西洋公约组织的缩写）。国际用户团参与者必须满足“理解备忘录”中关于国际用户团注册规定的具体内容，而且它们的参与必须在标准化组织之间相互达成协定的基础上。“理解备忘录”提供了 21 世纪电子商务发展的有效基础，是国际合作的极好范例。

3. 互联网的商务标准

随着电子商务在网上兴起，对电子商务的规范提出了迫切的要求。Rosetta Net 于 1999 年 7 月 8 日推出草案 Rosetta Net Implementation Framework （RNIF） Specification，该标准为互联网上的商务活动的进一步发展提供了保障。该标准草案的起草和制订汇集 200 多家知名的电子商务公司和研究机构，旨在促进全球电子商务的广泛实施，支持和强化互联网商务活动的自我调整。

4. XML

随着 20 世纪 90 年代 Internet 的逐步成熟和完善，尤其是 HTML 和 Web 技术的出现，基于 Internet 的电子商务技术得到飞速发展。1998 年，可扩展置标语言（XML）的诞生进一步丰富了信息交换技术，基于 XML 的信息交换技术已成为当今电子商务的关键技术之一。XML 为 EDI 提供了基于 Internet 的解决方案，它将商业规则从商业信息中分离出来，保留商业信息原有的结构和内容在各应用系统间进行存储和处理。XML 的灵活性在为各企业制定信息交换规则提供便利的同时，也带来了企业间各种不同交换规则间相互转换的麻烦。

为提高信息交换的效率、借鉴 EDI 标准规范的经验，有关公司、行业协会和国际标准化组织相继推出了一些基于 XML 的电子商务标准框架。这些标准框架的目标都是要通过 Internet 实现企业间高效、可互操作的信息交换和信息处理，其中比较典型的标准规范有 OBI、IOTP、ECO 框架、Biz Talk、Rosetta Net、cXML、xCBL 等，见表 6-2。

表 6-2　国外电子商务标准

OBI	Open Buying on the Internet （Internet 上的开放采购）由 OBI 财团提出。该标准是一个 Internet 上针对 B2B 商务模式的开放式、稳定的标准框架
IOTP	Internet Open Trading Protocol（Internet 开放式贸易协议）由 Commerce One 提出。该标准为 Internet 商务提供互操作性框架
ECO 框架	ECO 框架主要由 Commerce Net 发起，主要研究电子商务互操作性，用来指导电子商务相关标准的制定。ECO 关注的重点是整合三类电子商务服务，它们是不同的数据资源库、多种的数据语义上的结合，安全的注册机制和智能化中介的网上购物
Biz Talk	Biz Talk 是微软发起的电子商务 Schema 标准库。Biz Talk 的结构使各个商业行业能够定义自己的 Schema，并提交到 Biz Talk.org 这个开放的门户进行注册。同时 Biz Talk 制定了一些预先定义好的标记供使用，并且每个 Schema 必须遵守一些规则和有一些必要的元素和属性，只有这样才能生成一个标准的 Biz Talk 消息
Rosetta Net	该标准是由全球 200 多家世界知名的硬件制造商、软件开发商、系统集成商、技术提供者、销售商、金融机构、运输商及终端用户筹建的一个全球性的电子商务标准化机构——Rosetta Net 提出。Rosetta Net 主要针对信息技术和电子元器件公司的供应链管理，制定了业务流程规范和业务数据交换规范，其主要标准包括 Pip（贸易伙伴界面流程）、数据字典、Rnif
cXML	cXML 主要由 Ariba 公司设计，是一套轻量级的 XML 文件类型定义集，并定义 B2B 交易所需的有关文件类型及相关格式，它很适用于采购交易
xCBL	xCBL 由 Commerce One 提出，它是一套可扩展的、公共的文本模板库。CBL 在研究、分析各种 XML 文件格式的基础上建立一套公用的 XML 部件，并利用这套公用的 XML 部件在各种商务文件间进行转换从而达到在处理不同商务文件格式的系统之间信息的有效交换和处理

5. ebXML

协调、交流和合作则成为促进全球电子商务标准发展的必然。2000 年，UN/CEFACT 和 OASIS 两个分别代表着传统标准和新兴标准的制定组织共同在全球范围内发起了基于 XML 的电子商务标准框架（即 ebXML 标准）的研制工作，该项工作得到了全世界百余企业的支持和参与。2001 年 5 月，第一批 ebXML 相关标准规范正式发布，ebXML 是全球基于 XML 的电子商务信息交换框架，它向全球各贸易参与方提供一种可互操作的、安全稳定的电子商务信息交换模式。ebXML 是一系列构成电子商务模型框架的技术规范的统称，通过这些技术规范来构建一个全球电子化市场，在这个市场内不分地域和规模的各类企业能够通过交换基于 XML 的电子业务信息开展彼此间的业务。ebXML 力图建立一种基于开放式标准的电子商务理论框架，为电子商务实施提供理论指导。

2000 年，微软、IBM、Sun、Oracle 及其他有关厂商纷纷摒弃了各自不同的技术标准，共同选定了 SOAP、WSDL 和 UDDI 三种基于 XML 的相关标准作为 Web 服务的底层架构技术。另外，在 W3C 联盟及 OASIS 等业内标准组织的协助下，微软、IBM 等公司还计划进一步合作，共同制定对全球 Web 服务市场发展至关重要的诸如安全与可靠性等方面的 Web 服务标准。Web 服务主要是建立在表 6-3 所列标准规范之上的。

表 6-3 Web 服务标准规范

Soap（简单对象访问协议）	Soap 是以 Xml 形式提供了一个简单、轻量的用于在分散或分布环境中交换结构化和类型化信息的机制，并成为传递 Web 服务调用消息的基础。它包括四个部分：Soap 封装（Envelop），封装定义了一个描述消息中的内容是什么，是谁发送的，谁应当接收并处理它以及如何处理它们的框架；Soap 编码规则（Encoding Rules），用于表示应用程序需要使用的数据类型的实例；Soap Rpc 表示（Rpc Representation），表示远程过程调用和应答的协定；Soap 绑定（Binding），使用底层协议交换信息
Wsdl（Web 服务描述语言）	Wsdl 是用于描述 Web 服务的一种 Xml 语言，它将 Web 服务描述为一组对消息进行操作的网络端点。一个 Wsdl 服务描述包含对一组操作和消息的一个抽象定义、绑定到这些操作和消息的一个具体协议，以及这个绑定的一个网络端点规范

续表

Uddi（统一描述发现和集成）	Uddi 提供一种发布和查找服务描述的方法。Uddi 数据实体提供对定义业务和服务信息的支持。Wsdl 中定义的服务描述信息是 Uddi 注册中心信息的补充。Uddi 提供对许多不同类型的服务描述的支持。因此，Uddi 没有对 Wsdl 的直接支持，也没有对任何其他服务描述机制的直接支持
Wsfl（Web 服务流语言）	Wsfl 使商业流程和利用了大量 Web 服务的交易生命周期能够进行同样的无缝集成。它试图用一个有向图模型来定义和执行商业流程；它定义了一个公共接口，该接口允许商业流程把自己宣传成为 Web 服务

二、我国电子商务标准发展

1. 我国电子商务标准的基本状况

（1）进入 21 世纪，国家重视电子商务标准。2005 年 9 月，国家相关委员会、标准化研究院、信息化工作办公室及电子商务协会等联合承办了“国家电子商务标准化研讨会”。多次会议都力求推进我国电子商务标准化的进程，明确了未来国家电子商务标准化工作的重点。

2006 年，我国基于 XML 的电子商务关键技术标准体系基本形成，有 14 项基于 XML 的电子商务国家标准通过验收；发布了《电子商务术语标准》和《电子商务标准化指南》等。但是，我国电子商务在业务流程、在线支付、安全保密等关键技术方面的标准还有待进一步的研制和实施。

为了进一步加强电子商务标准化工作，2007 年 1 月，国家电子商务标准化总体组正式成立，它是我国电子商务国家标准的总体协调和规划机构。总体组的成立将有力地推进我国电子商务标准化工作的进程，促进骨干企业参加电子商务国家标准的制定工作，强化电子商务标准的应用与实施，为下一步开展和制定我国电子商务国家标准，构建和完善国家电子商务标准体系起到积极的作用。

随即，国家电子商务标准化总体组秘书处发布了《国家电子商务标准体系（草案)》，该草案建立了国家电子商务标准体系和标准体系明细表。

（2）电子商务标准制定成效显著。据统计，截止到 2007 年，我国已制定或修订电子商务国家标准共 111 项，其中采用国际国外标准的国家标准共 75 项；已经报批的标准共 4 项；需要制定的国家标准共 59 项，主要集中在在线支付、信用服务、安全认证三个方面。

第一，电子商务基础性标准。2004 年，中国电子商务协会颁发了《在线交易平台服务自律规范》、《计算机信息网络国际联网保护管理办法》、《计算机信息系统安全保护等级划分准则》。

2005 年 5 月，首度在发展中国家举办的主题为“提升中小企业竞争力”的“Rosetta Net 全球大会”在北京召开，拉开了我国中小企业电子商务与国际 Rosetta Net 标准接轨的序幕。

在互联网时代和供应链全球化的环境下，风靡了几十年的专用接口 EDI 处于“夕阳”阶段，不少大企业已开始全面停用。对如今散布世界各地、数量众多、实时性要求苛刻的异构商务平台来说，建立一个基于 XML 数据交换标准的、描述企业间商务流程交易的标准框架体系已经成为必需。于是，非营利性组织发起的 Rosetta Net、Commerce Net 以及由电子商务解决方案提供商发起的 Commerce One、Ariba，由微软发起的 Biz Talk、ebXML 标准，由中科院软件研究所电子商务技术研究中心发起制定的 cnXML 标准等应运而生。

从当前的市场应用情况来看，标准基本上分为两层：底层的数据交换标准和高层的面向流程的标准。作为数据交换比较有效的语言之一，XML 是通过标签（Tag）来描述数据，不同行业的人们根据自己应用数据的习惯定义了不同的标签，形成诸如 cXML、ebXML、XCBL 等一系列具有行业特性的数据描述语言。

目前，注重流程的标准大致分为两类：一类来源于由多家企业自发组成的非营利性行业标准化组织，如 Rosetta Net、Commerce Net 等；另一类来源于电子商务及解决方案供应商，如 Commerce One、Ariba 等。

第二，电子商务应用性标准。2006 年，我国基于 XML 的电子商务关键技术标准体系基本形成，有 14 项基于 XML 的电子商务国家标准通过验收；发布了《电子商务术语标准》和《电子商务标准化指南》等。

商务部发布的《电子商务模式规范》（SB/T10518-2009）、《网络交易服务规范》(SB/T10519-2009)、第三方电子商务交易平台服务规范（2011 年 4 月 12 日）三项标准已由中国标准出版社正式出版发行。为促进我国电子商务持续健康发展，三项标准对电子商务的运作模式、交易参与方的市场行为、第三方电子商务交易平台服务规范提出了推荐性的技术规范。

2011 年 1 月，中国电子商务协会发布的中国互联网广告四项行业标准——电子商务网络广告标准、中小企业网络营销标准、企业商用邮箱标准、中小企业网络营销网站标准同时出台。这标志着中国互联网广告行业开始迈向健康、稳健的发展道路，也为今后中国互联网广告行业提供了有理可依、有据可循的有力途径。

2011 年 4 月，商务部发布《第三方电子商务交易平台服务规范》，以促进电子商务与网络购物健康和谐发展为宗旨，建立健全长效机制，以制度促规范，以规范促发展，对第三方电子商务交易平台的经营活动进行规范和引导，保护广大企业和消费者合法权益，营造公平、诚信、安全的交易环境。

2. 我国电子商务标准的特点

2005 年是我国的标准年。2005 年，除了政府相继出台《电子签名法》、《关于加快我国电子商务发展的若干意见》、《网络交易平台服务规范》、《电子认证服务管理办法》等一系列重大政策法规和行业规范外，各方在标准层面也加大了力度。对于国内如火如荼的电子商务来说，2005 年既是一个“法制年”，更是一个“标准年”。我国电子商务标准工作具有以下四个方面的特点：

（1）政府积极参与性。我国电子商务起步较晚，但发展较快，得益于政府的积极推动，重视电子商务的基础建设，制定相应的产业政策，出台相应的法律、法规。

（2）充分重视研究工作。充分重视电子商务的研究工作，出版了大量的专著、教材，举办了大量的研讨会，发表了大量的电子商务论文，从不同的角度研究电子商务。

（3）制定标准工作仍相当薄弱。政府、行业协会、企业重视电子商务标准制订和推广，至今已经完成电子商务的标准有 600 多项，但是，电子商务标准仍然十分薄弱，尚有许多制定标准、贯彻标准工作需要落实。

（4）企业参与性较强。一些大中型电子商务企业积极参与标准的制定，许多中小企业还不重视电子商务标准的制定和宣传工作，电子商务标准仍然没有引起高度重视。

cnXML——是由中科院软件研究所联合 8848、联想、用友等单位合作共同建立的一个适合中国国情的、具有自主知识产权的信息交换规范。cnXML 的目标是基于 XML 技术建立一个符合中国大陆商业习惯、传统和商业流程的 B2B、B2C 电子商务语言，提供一套统一、灵活、开放并且可扩充的数据交换格式。

cnXML 有以下九个特点：①标准和规范；②模块结构；③可扩展性；④内容与传输方式的分离；⑤通用性；⑥全面支持中文标记；⑦体现中国大陆的商业流程与习惯；⑧可实现性；⑨精简性。

cnXML 支持互联网开放购买模式，该购买模型是由 OBI 协会提出的一个电子商务交易标准，可以用它来驱动订单流程，完成企业与企业之间的电子商务交易。

OBI 购买模型由以下四个实体构成：购买者（Requisitioner）、采购方（Buying Organization）、销售方（Selling Organization ）、支付权威（Payment Authority）。

3. 我国电子商务标准体系

2005 年 9 月 14 日，“国家电子商务标准化研讨会”举行，此次会议明确了未来国家电子商务标准化工作的重点、工作机制和工作方法，按照“以需求为导向、以企业为主体”的原则，协调和组织企业、政府和科研院所，通过引进、吸收、消化、自主创新等形式，利用 3~5 年的时间，建立起较为完善的国家电子商务标准，以支撑我国电子商务快速、健康、有序地发展。图 6-1 为国家电子商务标准体系框架。

当前我国电子商务标准化仍然存在三个问题：

（1）在标准体制方面，尚未建立起基于 XML 的电子商务标准体制，与国际主流体制和我国电子商务的发展需求不相适应。

（2）在标准内容方面，业务流程和在线支付标准几乎空白，部分标准内容交叉、重复。

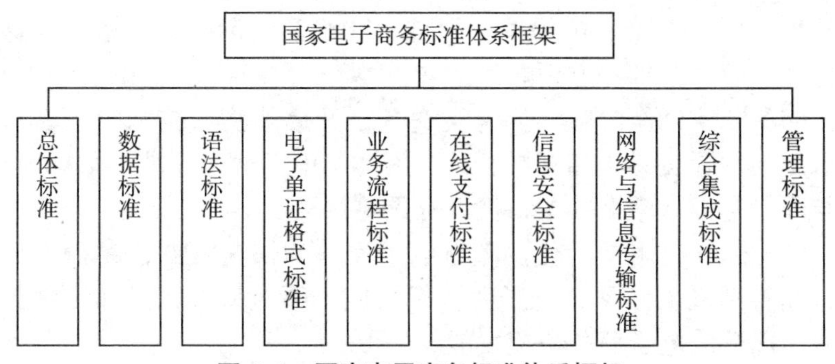

图 6-1 国家电子商务标准体系框架

资料来源：笔者根据国家电子商务标准体系整理。

（3）在标准的市场适应性方面，约一半以上的标准处于几乎未被使用的状态，尤其是报文标准。

而产生这些问题的主要原因在于，标准制订计划未完全受需求的驱动，标准的用户未成为标准制定的主体。电子商务标准化的需求分析应以业务交易流程为主线，围绕三个视角来进行，即业务视角、技术视角和管理视角。

4. 我国电子商务标准发展趋势

随着 21 世纪互联网在全球的日益普及，电子商务呈现出了强劲的发展势头，这要求我们必须要加快标准化工作的发展步伐。纵观国内外电子商务标准化工作的发展现状和趋势，我国电子商务标准将形成以市场驱动为主要动力的市场化发展模式，标准内容趋于广泛，涉及多种领域，标准制定统一集中并与国际接轨，向着市场化、集中化、广泛化、国际化的方向发展。我国电子商务标准发展趋势如下：

（1）标准面向市场化。我国电子商务标准将形成以市场驱动为主要动力的市场化发展模式。

（2）标准规定集中化。电子商务标准主要由商务部、工业和信息化部、国家发展和改革委员会、中国电子商务标准化总体组统一规划与指导。

（3）标准内容广泛化。电子商务标准涉及网上交易、物流配送、电子结算等多方面，以及相应的市场环境，具体包括总体标准、数据标准、语法标准、电子单证标准、在线支付标准、网络与信息传输标准、管理标准等方面。

(4) 标准合作国际化。电子商务是开放经济与技术的产物，国内贸易与国际贸易是相互融合的，因此其电子商务标准必须国际化，参与国际标准并掌握其主动权具有重要意义。

(5) 标准适用灵活化。随着电子商务的快速发展，科技进步加速，商务活动的频繁，电子商务标准应不断地完善，并加快修正的频率，以适应电子商务快速发展。

习题

1. 完善电子商务法律体系具有哪六个方面的紧迫性?
2. 简述电子商务立法的原则。
3. 电子商务立法的主要内容包括哪些?
4. 简述全球性的电子商务法律。
5. 简述美国电子商务立法概况及其经验。
6. 为什么说我国电子商务立法起步晚、发展快?
7. 我国电子商务的法律和法规主要有哪些?
8. 简述电子证据制度，个人上网能否实行“实名制”?
9. 简述我国政府十六大“金字工程”。
10. 简述我国电子商务标准。

第七章 流通信息化和电子商务

第一节 流通信息化

一、流通信息化产生的背景

流通信息化的产生，一方面是社会发展的需要，另一方面是科学技术的发展又为其产生提供了可能性。

首先，在市场经济条件下流通领域的竞争越来越激烈。商家为了生存和发展都在从各方面提高自己的竞争力。其次，消费者的消费倾向在不断发生变化，个性化、多样化消费渐成主流，而且已经由原来的追求消费数量到追求质量、品牌和服务。再次，流通业追求利润的方式也在发生变化。20 世纪 60 年代追求基本利润，70 年代追求管理利润，从 90 年代至今，追求经营利润已成为商家不得已的选择。商场风云变幻，经营成败的关键在于决策，减少决策失误的前提是尽量拥有充分的信息。例如，决策者经常要考虑的 3W+H 模式（When ，Where ，What ，How to do），它表示何时、何地、会发生何事、该怎样决策。这些都对信息系统提出了较高的要求。又次，传统的经营模式与手段的转变需要流通信息化作保障。“三分技术、七分管理、十二分数据”，十分形象地总结了信息化管理系统的特点。“数据”是信息化管理系统基础的基础，其工作量大、涉及面广、加工精度高，仅仅单纯地依靠基于人工平台的数据整理将严重制约我国流通业的革命。最后，国际化、全球化的流通经营的发展趋势引发了整个社会经济环境的变化。随着我国改革开放的深入，我国流通企业要与世界知名商家竞争，强化信息管理是对流通业的必然要求。

现代高科技的迅速发展，尤其是计算机和网络技术的发展为流通信息化的产生和发展提供了可能。

1946 年世界上第一台电子计算机产生，当时由于技术水平的限制，只能进行数值处理。于是计算机也只能用于狭小的军事领域。20 世纪 50 年代由于计算机应用技术的突破，计算机不但能用于数值处理，而且可以处理数据。数据处理技术的突破，促使了以 NBM、NCR 等为代表的一批高科技公司开始向社会推出商品化的小型计算机系统。商用小型计算机系统的推出使计算机逐步向生活的各个方面渗透。计算机在管理领域的应用促进信息系统的诞生和信息技术的繁荣发展。从应用的角度看，信息技术经历了数值处理——数据处理——知识处理——智能处理——网络处理五个阶段，从而开始在流通管理和企业经营中发挥重要作用。

商品条码的普及使用和条码应用技术的发展进入实际应用阶段。条码阅读器、电子收款机、盘点机等流通信息化所需要的硬件设备及其他高科技产品的支持使流通信息化有了现实的基础。

二、流通信息化的定义

流通信息化是以条形码技术为基本原件，采用高新技术和设备，尤其是光电子信息技术、计算机技术、通信技术及信息化设备，运用经济数学、系统科学的方法来实现商流、物流、信息流以及资金流、消费流的最优化管理与控制，实现商业购、销、存全过程的全面信息化处理，包括数据流通标准化、商品销售信息化、商品选配信息化、商品流通信息化和会计电算化等。

流通信息化的目的：改善流通业经营方式，提高经营效率，降低流通企业经营成本，形成流通企业经营管理的合理化、制度化与标准化，使流通的经营管理现代化，从而全面提高国民生活的品质。

信息化，渗透到流通业购、销、调、存业务的各个环节，致使流通业营销环境、营业形态、营销手段、交易方式等都受到电子信息技术的影响而发生革命性的变化。

三、流通信息化的内容

流通信息化涉及的内容广泛，而且各内容之间互相交叉、互相渗透，要做严格的划分是困难的。为便于叙述，可以将其归纳为数据流通标准化、商品销售信息化、商品选配信息化、商品流通信息化和会计记账标准化五个方面。具体见图 7-1。

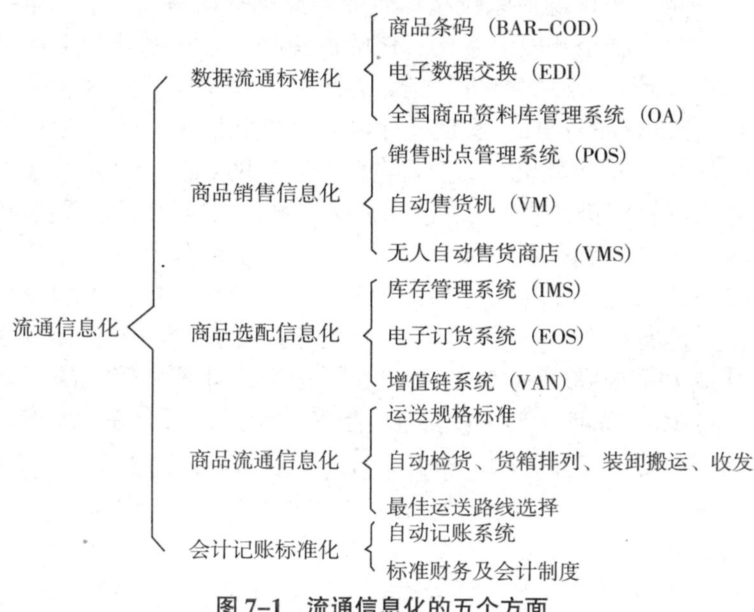

图 7-1　流通信息化的五个方面

流通信息化的其他内容主要包括电子广告和商场的防盗系统。

四、我国流通信息化的现状

20 世纪 90 年代中期以来，我国流通信息化进入快速发展阶段。从外因来讲，国际上存在的各种先进业态组织已经在我国出现并获得一定的发展，给我国商业企业带来巨大的推动力。从国内来讲，国家科技部将流通信息化列为“九五”重点攻关项目。国内贸易部 1996 年制订了《全国商业电子信息技术开发应用“九五”规划要求与中长期发展纲要》，要求连锁企业全面实现计算机管理，必须装备收款机，建立网络系统管理；大型商场的 80%、中小型商场的 40%实现计算机管理；将 POS 系统、条形码技术的普及和应用等作为信息系统的发展重点。这为流通信息化的发展奠定了良好的基础。

微机网流通信息化发展战略研究课题组对北京、上海、天津、深圳等市大中型规模企业，经营面积 10000 平方米以上 113 家，5000~10000 平方米 19 家，5000 平方米以下 10 家进行了调查，在 1999 年底的"全国商业系统重点企业计算机管理调查"中披露：大中型商业企业已经开展信息化工作的占 90%，信息系统的平均工资额约 400 万元；已经实行进、销、存事务处理功能和实施按品种核算的企业占总数的 63%，实现会计电算化的企业占 72%；使用 PC-based POS（三类收款机）的企业占调查总数的 52%，已使用条码扫描器和条码打印机的企业分别占 59%和 44%；已经使用优惠卡和会员卡的企业占总数的 29%和 31%。

我国整个流通业与国外相比仍存在不少差距：主要表现为区域不平衡，发展程度不一致。据不完全统计，流通网点已超过 2000 万家，从业人员 8000 万~12000 万人，其中应用计算机管理的还是少数，不足 3%，而且又集中在北京、上海、天津、深圳等大城市。而其中应用尚处于初级阶段，如上海有近千家超市，其中 70%~80%仍然采用第二代收银机管理，只有较少企业使用第三类 POS 机。现有的管理也只是简单的电子记账，并没有涉及决策层、管理层，没有渗透到流通机制和管理制度等方面。我国零售业物流管理信息化、信息化程度较低，差错多、损耗大、物流成本高；手工操作又使管理成本居高不下。大多数的零售企业仍然采用粗放的管理模式，依靠经验式的管理和基于手工平台上的商业信息采集，无论是销售管理、物流管理、财务管理以及日常的行政管理均缺乏科技含量，随意性较强。我国零售业的仓库周转率仅为发达国家的 30%，配送差错率几乎是发达国家的 3 倍。

第二节　流通信息化的技术内容

一、销售时点系统（POS）

1. POS 的定义

POS（Point of Sale，POS）是由电子收款机和计算机联机构成的网络系统，通过该系统对商业零售的所有交易信息进行采集、加工、整理、分析、传递和反馈，使商店的营销管理现代化。POS 系统被称为流通信息化的第一个阶段。

具体地说，带有自动读取商品条形码功能的收银机，在销售的同时，将每种商品的销售情报，以及商品在进货、配送等阶段所发生的各种情报传送到系统的后台计算机，通过计算机处理加工，并将结果传送到各部门，以此作为商店进、销、调、存等环节进行管理的依据。

POS 系统的重点在于 Point，即“点”，其意义是指对销售的重“点”管理，在于商品销售的同一时间“点”上，即商品销售所发生的资料在此“点”上完成采集输入，商品销售的情况资料包括：Who——人：谁买的，谁卖的；What——物：买什么，卖什么；How much money——多少钱：买了多少钱，卖了多少钱；When——时间：什么时候卖出。

商品销售的情报资料收集过程如下：

（1）条形码阅读器读入商品条形码，并将条形码信息输入收银机。

（2）在数据库中找到有关商品的相应资料。

（3）对销售的商品进行结算，开出单据。

（4）将有关销售资料输入工作站计算机处理。

（5）通过网络将工作站计算机处理的信息传送到后台计算机中心进一步加工。

（6）根据计算机中心加工的结果做出调整和决策，使进销存管理更合理。

2. POS 系统的特征

一个商店使用的完整的 POS 系统，应具有下列特征：

(1) 单品管理。所谓单品是指一个经营体的商品的种类、品牌、型号规格、分类包装等最低一级的分类。单品管理要求 POS 系统对商品的管理应能管理到单品级，具体的内容为：能逐一掌握商场陈列的每一种商品的销售动向；能逐一评估每一个营业员的工作业绩；能逐一掌握每一位顾客的消费情况。

(2) 自动读取。自动读取是指商品销售资料的自动读取。既可以克服手工输入数据，出错率较高的缺点，又可以提高效率。故 POS 系统必须使用高正确率的条形码阅读器来自动读入商品条形码并输入收银机和计算机。

(3) 销售点输入数据。销售点输入数据是指要求商店的 POS 系统在每一个商品销售出的同时输入并整理有关的销售数据资料。可以用图 7–2 来理解 POS 的销售时点的含义：

图 7–2　POS 的销售时点

(4) 集中管理。POS 系统要求对各种商品销售情报的集中管理。由销售点收银机收集的商品销售情报送到后台计算机中心，再与其他部门传送来的情报，经过按一定目的需要进行集中加工处理后，作为决策处理的依据。

3. 引入 POS 系统的前提

商店使用的 POS 系统的首要条件是要求商品的销售信息在商品售出的同时即刻正确输入计算机，这个要求涉及如下两个要素：其一是如何将有关商品的诸多情报集中，并正确地加以表示，又能快速读出，而且这种方法要能获取社会各方面的承认、愿意使用并带有权威性；其二是如何将这些信息正确快速地输入计算机并加以处理。上述两个要素中，第一个是方法问题，这个问题已由商品条形码的推广及普及使用解决；第二个是设备问题，计算机硬件技术及条形码相关设备的发展与完善已使之成为可能。具体来说，POS系统的前提如下：

（1）商店所销售的商品条形码化（包括使用原印码和店内码）。

（2）需要配置性能完善和实用的POS系统的硬件设备。

（3）要有商店决策层人员的积极意识及一定的技术人员。

4. POS系统的功能

（1）对商品进行单品管理。这是POS系统的基本功能。

（2）采购管理。POS系统通过对安全库存量的控制，提供商品比价和历史销量从而使采购决策更科学合理。

（3）进货验收。利用采购单逐笔对商品进行验收，并在POS系统的终端计算机上将采购单修正为进货单，并直接由后台计算机修正总库存量及打印出会计传票等。

（4）库存及销售现场管理。所采购的商品经验收后，可依计算机指示位置入库，也可根据每日销售报表将适当数量的商品从仓库补充到销售现场的陈列位置，这样既避免商场缺货又不使商品的陈列太多。

（5）销售管理。由电子收银机提供商品销售单价，也可随时按需进行变价、折扣、赠送等促销处理，并将有关的数据随时输入计算机。

（6）盘点作业。利用POS系统的盘点机可以随时对商品进行盘存，并将资料送入计算机，由计算机将此资料与库存资料进行比较，并打印出盘点差异报表，再进行盘点，从而得出最新库存资料及确切的盈亏的数据。

（7）厂商管理。在POS系统中建立厂商基本数据资料库，了解供货厂商的信用及合作程度，得以正确掌握商品的来源，达到供销平衡。

（8）会计作业。POS系统可提供每日/月的营业账款统计，各进/退货厂商的应收、应付款的管理及有关的报表，供有关人员参考。

（9）销售分析报表。在营业时，可通过POS系统对商店的销售情况做出主动性的查询与分析，确实掌握销售动态，以便及时制订促销方案。营业后，POS 系统可及时做出每日的营业分析报表、时段及部门分析报表、毛利率分析、畅/滞销商品排行榜等，作为经营策略调整的依据。

(10) 商店员工管理（附加）。一些 POS 系统同时还具有商店员工管理模块，以对商店的人事资料进行管理。建立商店员工的各项资料，包括员工的姓名、年龄、性别、工资、生日等一系列资料，作为经理对员工加薪、晋升等经济或精神激励一系列决策的依据。

二、信息管理系统（MIS）

1. MIS 的概念

信息管理系统（Management Information Systems，MIS）的概念产生已经有 30 多年的历史，经过无数人的努力，已逐步形成了自身的理论、结构、体系以及开发方法等，成为一门覆盖信息科学、系统科学和管理科学等领域的横向交叉学科。MIS 系统被称为流通信息化的第二阶段。

MIS 系统是一个不断发展的新型学科，MIS 系统的定义随着计算机技术和通信技术的进步也在不断更新，1985 年美国明尼苏达大学的戴维斯教授在其经典著作《管理信息系统》一书中给出了 MIS 的概念：MIS 是一个利用计算机软硬件、手工作业、分析计划、控制和决策模型以及数据库技术的人—机系统。它能提供信息，支持企业或组织的运行、管理与决策功能。

在 MIS 系统的技术和知识构成中，最核心的三大要素如下：①系统的观点和系统工程的方法；②定量化管理分析方法；③信息处理和计算机应用技术。

从 MIS 系统概念可知，MIS 系统强调以下观点：

（1）集成化。即系统内部的各种资源设备统一规划，以确保资源的最大利用率。

（2）人—机系统。在这个系统中，人真正自行管理命令，人是对组织的人、财、物资源以及商流、物流、信息流以及资金流和消费流信息进行管理和控制的主体。计算机始终是一个辅助工具。

（3）强调分析、计划、预测、控制功能。

2. MIS 系统的结构

管理信息系统可以描述为“金字塔”型结构（见图 7–3）。

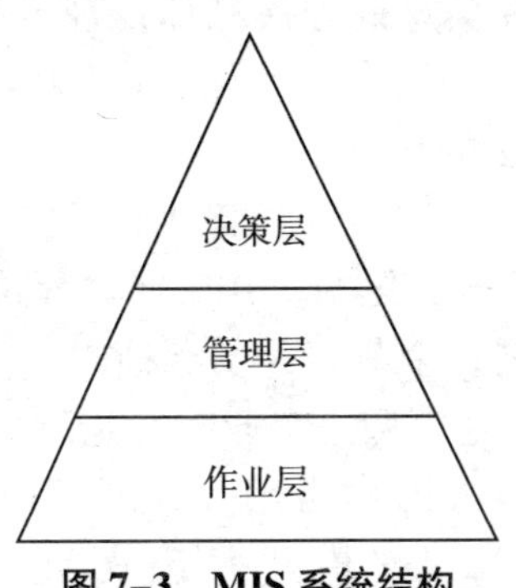

图 7–3　MIS 系统结构

（1）作业层。作业层是 MIS 系统的基础，其任务是高效地使用现有的设备和资源，在预算的范围内执行各项活动。它的处理包括事务处理、报表处理和查询处理。处理所需的数据主要来自企业内部，数据量大。作业层的处理是建立管理信息系统的基础。

（2）管理层。管理层的任务是保证企业所需的人、财、物，综合衡量企业经营的执行情况，检查企业各项技术经济指标的完成情况，并与计划值比较，找出偏差原因，提出解决方案。该层的处理包括使用计划或预算模型来帮助管理人员编制计划与预算，定期提供企业经营情况的综合报告，使用数据方法分析计划执行的偏差，并为管理人员提供满意的行动方案。

（3）决策层。决策层的任务是确定企业的经营目标，制订达到目标的战略计划。它的处理包括用建立数学模型、模拟和试凑法去探索问题的答案。这里所说问题是指企业的目标、经营方向等。尽管管理信息系统支持的战略计划不能像管理层和作业层那样全面，但它能对制订战略计划提供一些实质性的信息。

3. MIS 系统的八个特征

（1）MIS 系统是一个人—机结合的辅助管理系统。

（2）以解决结构化的问题为主。

（3）主要考虑完成例行的信息处理业务。

（4）系统追求的目标是高速度、低成本、高效益。

（5）其设计思想是要实现一个相对稳定协调的工作环境。

（6）数据驱动。在信息处理模型和处理过程相对稳定的前提下，数据成了驱动系统工作的动力。

（7）强调处理方法的科学性、客观性，努力使系统设计符合实际情况，力求使系统的求解过程和解达到最优。

（8）MIS 系统是发展变化的，MIS 有生命周期。

4. MIS 系统的计划、分析、控制和预测

（1）MIS 系统的计划模型。企业一切定量化的分析和管理方法都是围绕计划来进行的。MIS 中常用的计划模型有：投入产出计划模型、JIT（Just In Time）计划模型、矩阵式计划模型、网络计划模型、排序进度计划模型、比例分配计划模型等。MIS 系统中的计划模型在商业企业中常被用于物料需求计划、采购计划、销售计划以及企业综合战略发展计划等。

（2）MIS 系统的分析方法。MIS 系统中的分析方法主要有类比分析方法，类比的对象有预定标准、历史同时期指标、国内外同行业、经营指标等。类比分析方法是 MIS 系统中使用最广泛的一种方法。除此以外，还有优化数学模型的方法，如本—量—利分析模型、最佳库存量模型、优化资源分配的数学规划模型等。

（3）MIS 系统的控制方法。MIS 系统的控制方法主要是指由人—机共同组成的一个闭环反馈控制系统。它实际上是计划和分析模型用于管理的一种实现方法。控制模型可以广泛地应用于 MIS 的各个子系统中。

（4）MIS 系统的预测方法。预测是利用已经发生的生产、经营活动发展变化规律去做时间和空间上的外延，从而预测出未来可能发生的发展变化趋势。预测必须把握以下三方面的问题：一是恰当确定预测数据的样本空间；二是找出函数关系；三是将数值代入确定的函数关系中，通过计算求出希望得出的预测值。

5. MIS 相关学科

MIS 是一个交叉性综合性学科，组成部分有：计算机学科（网络通信、数据库、计算机语言等）、数学（统计学、运筹学、线性规划

等)、管理学、仿真等。随着科学技术的高速发展，MIS 涉及的范围还要扩大。按照不同的标准，MIS 可以做不同的划分：

（1）基于组织职能进行划分，MIS 按组织职能可以划分为办公系统、决策系统、生产系统和信息系统。

（2）基于信息处理层次进行划分，MIS 基于信息处理层次进行划分为面向数量的执行系统、面向价值的核算系统、报告监控系统，分析信息系统、规划决策系统，自底向上形成信息金字塔。

（3）MIS 系统进行了三个发展代层：第一代 MIS 是由手工操作，使用工具是文件柜、笔记本等。第二代 MIS 增加了机械辅助办公设备，如打字机、收款机、自动记账机等。第三代 MIS 使用计算机、电传、电话、打印机等电子设备。

（4）基于规模进行划分，随着电信技术和计算机技术的飞速发展，现代 MIS 从地域上划分已逐渐由局域范围走向广域范围。

（5）MIS 的综合结构，MIS 可以划分为横向综合结构和纵向综合结构，横向综合结构指同一管理层次各种职能部门的综合，如劳资、人事部门。纵向综合结构指具有某种职能的各管理层的业务组织在一起，如上下级的对口部门。

三、商业智能（BI）决策系统

商业智能（BI）决策系统是建立在企业现有的 MIS 系统的基础上的，基于数据库技术，通过数据挖掘和数学模型等算法，将数据加工成信息，为企业决策提供相关依据的应用软件系统，简称为商业智能。商业智能被称为流通信息化的第三个阶段。[①] 其核心是将经验管理转变为现代化数据管理。这就需要有关机构开发适合我国国情的高效实用的数学模型和算法，加速数据库、数据挖掘软件本土化、产品化工作，建立适合我国商业企业特点的决策支持系统的应用。商业智能是一种运用数据库、在线分析和数据挖掘技术来处理和分析数据的崭新技术。

商业智能的工作原理主要是通过对数据进行抽取、清洗、聚类、

① 赵钢. 商业信息化迈上第三台阶［N］. 中国商报，2001-9-27.

挖掘、预测等处理来产生可透析的各种展示数据。而这些数据可直观地显示分析者所要探询的某些经营属性或市场规律。

好的商业智能软件可以针对不同的“维”进行上下钻取、左右拖动及纵横旋转，通过连续的立体动态表来展现各种数据，并对这些数据进行聚类、排序等处理，给管理者带来一种得心应手的分析新感觉。

商业智能除了通过动态表来展现数据外，还能够通过丰富多彩的图形去展现，也能对图形作拉伸、分块、旋转、透视等多种处理，以更直观可见的方式来展现规律。同时，还可对数据作各种标示，如特别好的销售数据用绿色表示，特别差的销售数据用红色表示，它也可对数据进行跟踪分析。

商业智能的技术体系主要有数据仓库（DW）、在线分析处理（OLAP）、数据挖掘（DM）三部分。数据仓库是商业智能的基础，许多基本报表可以由此生成，但它更大的用处是作为进一步分析的数据。OLAP 技术则是帮助分析人员、管理人员从多种角度把从原始数据中转化出来的、能够真正为用户所理解的、真实反映数据特性的信息，进行快速、一致、交互的访问，从而获得对数据更深入了解的一类软件技术。数据挖掘是指一种透过数据模式来分析企业内储存的大量资料，以找出不同的客户或市场划分，分析出消费者喜好和行为的方法。

商业智能应具备以下五个重要理念：

（1）商业智能是一个工具，应用商业智能是为帮助企业参与市场经营，不能“为商业智能而商业智能”。应从基础做起：第一步从经营流程的各个节点上把数据采集回来；第二步在后台把数据管起来，形成后台业务一体化，提高效率，保证平滑的业务运作；第三步透过这些数据发现有价值的规律。

（2）商业智能并不仅是为决策者服务的工具。商业智能更重要的是要让企业的每一个环节，包括采购、配送、供应商、收款、盘点等整个供应链的每个节点，都能够产生一个智能的、协同的、及时补货的、能预测的规划。商业智能也是一个全员的工具，涉及企业的全体员工。

（3）商业智能是为了更好地服务于顾客。商业智能一方面是一种管理工具，另一方面更重要的是要借助它了解顾客，对顾客的喜好、满意度做出最快的反应，提升服务质量。

（4）商业巨头、成长较快的商业企业、信息化基础好的企业应关注商业智能。商业智能不是商业巨头的专利，只要信息化的第一、第二步成功的企业都是有能力、有机会用到商业智能的，但不同级别的企业使用商业智能会有程度和价值上的差异。

（5）商业智能投入要与应用相称。商业智能不神秘，不要以为一定要花费高才是好的，商业智能重在应用，应用到什么程度，相应商业智能也要在这个程度，大而全没有必要。

四、电子数据交换系统（EDI）

1. EDI 的定义

EDI（Electronic Data Interchange，EDI）是指用于计算机之间传输诸如商品订单和发票之类商务文件的一系列标准，它可以有效地提高企业工作效率，为了 EDI 能被有效使用，用户必须遵循格式化和交换信息。EDI 包括了三个方面的内容：计算机应用、通信网络、数据标准化。这三方面的内容相互联系，相互依存，构成了 EDI 的基本框架。同时，这三方面也是 EDI 的实现在技术上的三大要素。

由分析我们可以描述出一个 EDI 系统的模型。首先，EDI 是一种数据的电子传输方法，所以 EDI 系统中必然包括通信网络；其次，EDI 信息可被自动处理，这要求通信网络要与计算机连接，同时，要有一定的软件支撑；最后，EDI 信息要为不同的用户所识别，这就要求有一套公认的标准格式，同时还要有一个装置来完成用户文件与标准文件之间的双向转换。

EDI 是一种商业信息传递的手段。但由于 EDI 与计算机贸易过程相联系，因此这就不仅只是一种信息的快速传递手段了。计算机信息管理系统使 EDI 成为一种涉及面极广、影响极深、威力极大的信息处理、管理和通信的手段。

因此，EDI 可简单到只在两个贸易伙伴之间传输订单、发票等；EDI 也可以复杂到完成整个商业贸易过程。EDI 的概念虽不难理解，但它的实施所带来的对企业文化、业务流程和组织机构的影响绝不是微不足道的。

实现 EDI 可以有以下两种方式：①将公司及其商业伙伴的计算机系统直接连接起来，使得商业文件能在公司及其商业伙伴的计算机间往复传输，称之为点对点通信方式；②借助公共通信网络，而商业伙伴的计算机都连接在网络上，通过网络相互交换有关的商业文件，这是网络通信方式。

2. 关于 EDI 和电子邮件（E-mail）

EDI 和电子邮件（E-mail）都是以计算机和网络技术为基础发展起来的信息处理和信息通信技术，二者从某种角度上看有不少交叉的地方，但在用途、应用对象、标准、信息结构、语法规则等方面却存在本质上的不同。首先，在用途上，E-mail 主要用于个人之间的报文通信，如书信、电报、文章、文件等，供收件人自已阅读理解。EDI 的主要用途是各行政和商务组织及团体之间，传送结构化的商业信息，其应用对象是从计算机到计算机，并在数据传输的同时完成进程的自动处理，尽量减少人工的介入。其次，信息结构的格式不同。E-mail 除了在头部按规定格式书写，其余部分没有固定格式。而 EDI 则对信息内容有严格规定的格式。再次，应用的标准体系不同。E-mail 按照 OSI 结构，在应用层采用 X.400 系列，目录服务采用 X.500 系列。而 EDI 的标准化工作要比电子邮件大得多和复杂得多。最后，在安全和法律方面不同。EDI 对安全性的要求较 E-mail 要高，除了在通信上认可收到信息外，还要对内容方面确认。E-mail 一般不存在法律问题，而 EDI 所传送的信息与在纸面上的书写签字具有同等法律效力。

3. EDI 的效益

采用 EDI 可在以下四个方面提高流通效益：

（1）可以节省人工和处理费用。据有关资料，美国零售业每张订单的处理费用在使用 EDI 后下降了 1.3 美元；英国汽车工业每张发票的费用也因使用 EDI 从原来的 9.5 英镑降至 30 便士。

（2）降低了错误率。由于 EDI 本身具有一定的数据检错功能，因而大大减少了出错的几率。据统计，仅此一项就使由于错漏而造成的商业损失减少了40%。

(3) 降低了货物安全库存量，缩短了商业交易周期。这主要是由于使用EDI后，文件处理速度大大提高，信息得到及时交换。

(4) 增加了贸易机会。EDI不仅是一种商业信息的快速传递手段，它在贸易中的应用直接影响到了贸易方式的变革。这种变革可以使企业在整个贸易链中与贸易伙伴建立更好更密切的合作关系，选择更好的贸易伙伴，从而增加贸易机会。

4. EDI标准

(1) EDI标准。各种贸易单证必须具有标准格式才能为各公司的计算机识别，EDI的标准是实施EDI所必需的。它是使各组织之间的不同文件格式，形成公认的标准数据格式，从而实现彼此之间文件交换的目的。EDI的应用离不开结构化信息形式，称为EDI标准。

(2) EDI标准的特征。①提供一种任何贸易伙伴都可使用的语句，这种语句应该是无歧义的。②这种标准是不受计算机型影响的，是能适用于计算机之间的数据交换，同时，又能独立于计算机之外的标准。

(3) EDI标准三要素。在EDI标准中，数据元、段、标准报文格式为EDI标准的三要素。其中，贸易数据元是电子单证最基本的单位。段是由数据元构成的，在电子单证中完成一定功能，组成电子单证的单元。EDI标准中除包括贸易数据元目录和段目录外，还应包括标准报文格式，即用户都能识别的电子单证。标准报文格式一般包括两部分：报文控制部分和报文内容部分。报文控制部分由控制段构成，至少包括报文头和报文尾两个段。报文内容部分由数据段构成，涉及的段由报文性质决定。

五、电子收款机（ECR）

1. 电子收款机的功能

电子收款机（Electronic Cashier Register，ECR）是POS系统的硬件系统前台设备的主要组成部分。此外还有条形码阅读器(Scanner)。电子收款机具有如下功能：

(1) 电子收款机接收条形码阅读器输入的商品条形码，然后根据此条形码搜索收款机内事先设置的商品数据库，找到该商品记录（如无此商品，显示相应提示）的内容，如品名、单价等，最后按本次实际销售数量计算销售总额。

（2）按照实际的销售情况，打印出销售发票。销售过程由显示屏同步显示以供顾客监视，并完成收款、找零等工作，货款放入收银柜。

（3）收款机中事先可设置各种促销处理功能，如折扣、折让、支票交易、改错操作、退货退款及营业员管理功能等，供用户使用。

（4）自动进行销售后的处理工作，将销售情报通过网络传送到前台终端及后台计算机，作进一步的处理；同时，自动进行库存处理。

（5）按需打印各种分析报表，如交易日/月报、商品的单品报表、时段报表、收银员报表等。

2. 电子收款机的组成

电子收款机按其功能及性能不同可分为早期单纯收款型的电子收款机、可用于 POS 系统联网的 ECR 电子收款机及计算机连线型 PC 基准（PC-base）收款机。由于收款机的品种不同，其各自的组成也各不相同，大致有如下组成部分：

（1）电子收款机键盘（Keyboard）。不同功能类型的收款机其键盘的组成格式及功能互不相同。

（2）文字数字显示器（Customer Display）。文字数字显示器用于显示交易价格、金额等现场数据，一般 ECR 配有 1~2 个，其中一个面向顾客，另一个面向营业员，以 LED 方式发光显示。结构有可旋转式、升降式、固定式等，两个文字数字显示器并行工作。

（3）微型票据打印机（Mini Printer）。用于打印交易文字票据，结构有固定式、配件式等。

（4）收银钱柜（Cash Drawer）。收银钱柜为一个独立的扁形金属柜，有电子锁，一般采用 24V 电源，可与收款机连接。在键盘上一般由总计/收款键连接控制，按下此键后收银钱柜自动打开，柜里面分成若干格，分别存放各种面额钞票，有夹子压紧。

（5）PC 机与显示器（PC & Monitor）。较先进的 PC 基准的PC-

POS 收款机系统除了上述各种组成部分以外，还带有 PC 主机及显示器，以进行在本机上的进、销、调、存后台管理。PC 基准的收款机既能用单机来实现小型商店的进、销、调、存全面管理，也可联网组成大型商场的 POS 系统。PC 主机和显示器是这类收款机的必要组成部分。

3. 电子收款机的分类

电子收款机从功能和用途上分，可以分为第一类电子收款机、第二类电子收款机、第三类电子收款机。

（1）第一类电子收款机。最早出现的电子收款机是第一类电子收款机，其主要作用是收款、结账。该机可管理的商业部门一般少于 10 个，单品价格查询数目少，只能对重点商品进行单品管理。适用于小型零售业、便利店、个体企业等。第一类收款机不具有通信能力，不能作为信息系统的数据采集终端。

（2）第二类电子收款机。第二类电子收款机具有通信功能和通信联网能力。与第一类电子收款机相比，第二类电子收款机的功能强得多。其单品数通常在几千个，部门数为几十个，单品价格查询多于 3000 个，4 种以上的结算方式，可连接多种外设，如条码扫描器、票据打印机等。

（3）第三类电子收款机。第三类电子收款机，亦称 PC-base 型收款机或 POS 收款机，是计算机技术、通信技术和机械技术的综合运用，使收款机由早期单纯的信息采集工具进化为多功能的信息处理工具。

第三类电子收款机源于微机，在某种程度上又高于微机。首先，第三类电子收款机既有计算机的通用接口，又有用于商业环境的专用接口。其次，第三类电子收款机具有针对商业环境的专用键盘。最后，由于应用环境复杂，对其抗干扰能力的要求远高于通用计算机。

六、增值链（VAN）

1. VAN 基本概念

增值链（Value Added Network，VAN），是指将与生产厂家、批

发商、零售业相关联的各种商业信息，通过计算机通信服务网络来互相进行交换的信息管理系统，是商业附加价值的注入系统。所谓增加值是指加在传统的电信基本网络上的各项服务，使通信网络的使用价值得以增加。

在 VAN 系统中传输的信息是商品在流通过程中产生的各种信息，如商品的本身信息、顾客资料、订货资料、公司业绩资料、进货资料、库存资料、配送资料、催款付款资料等。

2. VAN 的特征

VAN 的特征在于，它并不只是个别信息系统化，还包括收集、储存、加工和提供流通信息，在企业间形成网络系统，而且可以和供货商、销售对象、金融机关、运输机关、运输业者等与流通业有关的所有企业信息交流，并向信息系统化、经营合理化的目标迈进。

EDI 和 VAN 性质一样，不过 VAN 和 EDI 的相异点是，VAN 是属于业界或地区的闭锁系统，而 EDI 是开放性网络。EDI 的功能是统一订货的协定书与格式、建设订货系统的网络及提供结算与信息库的服务。

VAN 系统的目标是发展成一个全国性的乃至国际性的、开放式和资源共享的应用系统，使各种有用的情报信息得以及时的传送和得到。

七、条形码（Bar-code）

1. 条形码技术

条形码识别技术是用一组宽度不同、平行相邻的条和空，按照一定的编码规则组合起来的符号来代表一定的字母、数字等信息。然后用条形码阅读器扫描条形码，得到一组反射光信号，此信号经光电转换后变成一组与条、空对应的电信号，将此电信号放大整形成为数字信号，再经译码后变为相应的数据，输入计算机，完成识读的过程。条形码技术是一种自动识别技术。它是一种可供电子仪器识别的标准符号，它所表示的各项信息内容，能正确快速地为企业在产、供、销各环节在采集、处理和交换各种信息时提供标识。

条形码尤其适合作为商品的信息标识，以商品条形码（EAN-13

码）为例，一个条形码符号由如下 13 位数字组成：

国别码：2~3 位，由国际编码协会分配；

厂商码：4~5 位，由各国编码中心分配；

商品码：5 位，由各厂商分配；

校验码：1 位，由计算确定。

这样可使每一个商品的条形码在世界范围内是唯一的。商场可以根据商品条形码很方便地在数据库中找到该商品的数据记录并进行处理。

条形码技术是迄今为止最经济、实用的一种自动识别技术，具有以下五个方面的优点：①输入速度快，与键盘输入相比，条码输入的速度是键盘输入的 5 倍；②可靠性高，其误码率约为 1/1000000，首读率大于 98%，是一种十分先进的自动识别技术；③采集信息量大；④灵活实用；⑤条码标签易于制作，对设备和材料没有特殊要求，识别设备操作容易，不需特别培训。

2. 条形码发展过程

20 世纪 40 年代，美国最先利用条形码技术，但是直到近 30 年，条形码技术才得到了实际的应用和快速的发展。现在，欧美、日本、东南亚及其他经济发达国家已经普遍使用商品条形码，并且正快速地向全世界范围推广。虽然条形码最初和最多的应用是在商业，但现在其应用领域越来越广泛，同时，逐步向其他技术领域渗透。我国于 1988 年 12 月成立了“中国物品编码中心”，1991 年 4 月正式申请加入了国际编码组织 EAN 协会。近年来，我国条形码技术发展迅速，目前，商品使用的前缀码有“690”、“691”和“692”，条形码技术在我国已经得到广泛的应用。

3. 条形码技术及应用所涉及的具体内容

（1）条形码编码规则及标准。任何一种条形码，都是按照预先规定的编码规则和标准，由条和空组合而成的。

编码规则主要研究包括条形码基本术语在内的一些基本概念、条形码符号结构以及编码基本原理。编码规则既是有关条形码的入门知识，又是条形码技术的基本内容，也是制定码制标准和对条形码符号进行识别的主要依据。每种条形码的码制是由它的起始位和终止位的不同编码方式所决定的。条形码阅读器要解译条形码符号，首先需判断此符号的码制，才能正确译码。

条形码标准主要包括条形码符号标准、使用标准和印刷质量标准。这类标准由各国的专门编码机构负责制定，也有地区性的标准和行业标准。

通用的条形码的编码规则与标准在国际上是统一的。为了便于物品跨国家和地区的流通，适应物品现代化管理的需要以及增强条形码自动识别系统的相容性，各个国家、地区和行业都必须制定统一的条形码标准。

（2）条形码印刷技术。根据条形码的编码规则和条形码标准，就可以把所需要的数据用条形码来表示，即把它印刷出来，这就涉及印制技术。在条形码符号中，条和空的宽度是包含着信息的，因此在条形码符号的印刷过程中，对宽度公差、反射率、对比度、条空边缘粗糙度以及印刷条形码符号的载体等均有严格的要求，所以，必须按照印刷标准，选择适当的印制技术和设备，以保证印制出符合规范的条形码。条形码印刷技术是条形码技术的主要组成部分，因为条形码符号的印制质量直接影响识别效果和整个系统的性能。

条形码印制技术所研究的主要内容是：制片技术、印制技术，以及研制各类专用打码机、印刷系统的技术和设备等。根据不同的需要，印制设备大体可分为以下三种：①适用于大批量印制条形码符号的设备。②适合于小批量印制的专用机。③灵活方便的现场专用打码机。

其中既有传统的印刷技术，又有现代制片、制版技术和激光、电磁、热敏技术等多种技术。

（3）条形码自动识别设备。自动识别的最终目的是把条形码符号代表的信息转换为计算机可读的数据。自动识别的过程包括光学扫描、光电转换、自动译码、与计算机之间的数据通信及计算机进行的数据处理。这里主要涉及光电转换技术、译码技术、通信技术以及计算机技术。所涉及的设备有条形码扫描器、译码器、计算机硬件和相关的软件、打印设备及显示设备。在商品流通领域中还涉及电子收银机、盘点机、打码机、电子秤等设备。

(4) 条形码自动识别系统。如今，条形码技术已广泛应用于商品流通与销售、工业信息化控制以及办公室信息化等许多领域。为这些应用领域研制各种自动识别系统是条形码技术所研究的主要内容。

各种条形码设备的有机组合组成了条形码的自动识别系统。一般由扫描器、译码器、计算机和打印设备及显示器等组成。

在各种条形码自动识别系统中，销售点情报管理系统 POS 是典型的条形码自动识别应用系统。

八、客户关系管理

1. 客户关系管理的概念

客户关系管理（Customer Relations Management，CRM），是指使以客户为中心的包括销售、市场营销和客户服务的业务流程信息化并使之得以重组。客户关系管理不仅是要使这些业务流程信息化，而且要确保前台应用系统能够改进客户满意度、增加客户忠诚度，以达到使企业获利的最终目标。需要强调的是脱离后台而只强调前台管理是不够的。只有以客户为中心的应用与能提供客户经验的内部后台系统的集成才可以为整个企业的运作带来所需要的投资收益(ROI)。因此，CRM 实际上是一个概念，它需要一个新的、以客户为中心的业务模型，并由集成了前台和后台业务流程的一系列应用程序来支撑。这些整合的应用系统保证了更令人满意的客户体验，因而会使企业直接受益。

2. 客户关系管理的内容

(1) 客户关系管理的三大功能支柱。

第一，客户服务可能是客户关系管理的关键内容。企业提供的客户服务关系到企业能否保持较高的客户满意度。如今客户期望的服务已经超出传统的电话呼叫中心的范围，电话互动必须与 E-mail、传真、网站以及其他任何客户喜欢使用的方式整合。积极主动与客户建立关系是客户服务的重要组成部分。客户服务能够处理客户各种类型的询问，包括有关的产品、需要的信息、订单请求、订单执行情况以及高质量的现场服务。

第二，销售力量信息化（SFA）是CRM中成长最快的部分。销售人员与潜在客户的互动行为、将潜在客户发展为真正客户并使其保持忠诚度是企业盈利的核心因素。SFA常被拓展为包括销售预测、客户名单和报价管理，经营状况分析。销售人员是企业信息的基本来源，必须要有获得最新现场信息和将信息提供给他人的工具。

第三，营销信息化包括商机产生（Lead Generation）、商机获取和管理，商业活动管理以及电话营销。初步的大众营销活动被用于首次客户接触，接下来是针对具体目标受众的更加集中的商业活动。个性化很快成为期望的互动规范，客户的喜好和购买习惯被列入考虑范围。一对一行销成为趋势。

（2）统一共享的客户资料库。共享的客户资料库把销售、市场营销和客户服务连接起来。这样避免了一个企业的信息来源由于相互独立而导致信息重复、互相冲突现象。例如，著名的Gartner Group公司把采用集成方法的销售、营销和客户服务应用系统称为技术激活关系管理（Technology Enabled Relationship Management）。这种方法改进了企业与其客户互动行为的方式，使企业能更好地满足客户的需求。

（3）分析能力。CRM的一个重要方面在于它使客户价值最大化的分析能力。深入的智能性分析需要统一的客户数据作为切入点，并使所有企业业务应用系统融入到分析环境中，再将分析结果反馈给管理层和整个企业内部，这样便增加了信息分析的价值。企业决策者会权衡这些信息，做出更全面、更及时的商业决策。

九、供应链管理

1. 供应链管理概念

供应链管理（Supply Chain Management，SCM），是指涉及产品原材料至最终用户移动过程中全部相关的活动。SCM包括资源、采购、产品设计、生产计划、物料管理、订单处理、库存管理、运输、仓储管理和客户服务。特别重要的是，它还包含了信息系统。它可使由用户驱动的产品流、服务流、信息流、资金流和人力资源流同步并优化，以满足客户的需求，并且在目标市场上获得最大的财务、运作和竞争优势。

2. 供应链管理的四大功能

（1）客户需求管理。“客户需求管理”方案由一系列模块组成，使企业可随时随地了解客户的各种需求，从而帮助企业提高客户服务水平，并争取赢得新业务，企业与客户通过 Internet 和 EDI 等电子手段进行交流，大大缩短供货需要的时间。

（2）高级规划与调度。“高级规划与调度”方案能够让企业对其整个供应链的供应和需求情况有全面深入的了解，并进行快速的“一步式”规划，企业决策人员可通过“在线模拟”来修改或重新制订计划，从而大大缩短规划周期。

（3）战略采购。“战略采购”方案可以将企业的“计划——采购——付款”整个物料采办过程全面实施信息化管理。

（4）制造管理。“制造管理”方案是多模式制造管理系统，既适合小规模的单个生产设施，又适用于拥有多家生产工厂的要求复杂的全球性制造商。

总之，SCM 是随着互联网和电子商务的发展应运而生的一种新型的管理系统，它能够帮助企业实现从订货、进货、生产、销售等日常工作全流程的信息化，并方便管理者获取与企业相关的各种信息。它有助于降低开支，提高工作效率，增加收入，提高客户的忠诚度，帮助企业的管理者作出更明智的决定。

3. 供应链管理的种类

（1）企业内部供应链。企业的供应链运营规则由生产者“推式”转变为以客户需求为原动力的“拉式”供应链管理。这种供应链管理将企业内部各个业务环节的信息连接在一起，使得各种业务和信息能够实现集成和共享。这是管理企业内部的运作流程，我们将之视为企业内部的供应链管理。

第一，推式供应链管理——传统的供应链管理是物流和企业内部资源的管理，即如何更快更好地生产出产品并把其推向市场。这种管理的出发点是从原材料推到产成品、市场，一直推至客户端。

第二，拉式供应链管理——随着市场竞争的加剧和电子商务时代的到来，市场的核心从生产者转向了消费者。企业产品必须要转化成利润，企业才能得以生存和发展，为了赢得客户，赢得市场，企业管理进入了以客户及客户满意度为中心的管理。

（2）企业外部供应链。企业外部供应链又叫联盟供应链管理——横向管理。在电子商务环境下，企业不再是孤立的组织，而逐渐加入到大的企业联盟中去。那么如何实现企业联盟内，作为合作伙伴的不同企业之间的供应链管理呢？随着全球经济一体化，人们发现在全球化大市场竞争的环境下，任何一个企业都不可能在所有业务上成为最杰出者，必须联合行业中其他上、下游企业，建立一条经济利益相连、业务关系紧密的行业供应链，实现优势互补，充分利用一切可利用的资源来适应社会化大生产的竞争环境，共同增强市场竞争实力。因此，企业内部供应链管理延伸和发展为面向全行业的产业链管理，管理的资源从企业内部扩展到了外部。

（3）全球网络供应链。电子商务的出现改变了我们的商业模式，也将改变现有供应链的结构，传统意义的经销商消失，其功能将被全球网络电子商务所取代。传统多层的供应链将转变为基于互联网开放式的全球网络供应链。在全球网络供应链中，企业的形态和边界将产生根本性改变，整个供应链的协同运作将取代传统的电子订单，供应商与客户间信息交流层次的沟通与协调将是一种交互式、透明的协同工作。一些新型的、有益于供应链运作的代理服务商将替代传统的经销商，并成为新兴业务，如交易代理、信息检索服务等，将会有更多的商业机会等待着人们去发现。这种全球网络供应链将广泛和彻底地影响并改变所有企业的经营运作方式。

十、需求链管理

以高效消费者响应（Efficient Consumer Response，ECR）为主体，推行品类管理，由供应链走向需求链。ECR 核心是要求供应商与零售商要共同关注消费者的需求。ECR 的主体内容是品类管理和四大效率策略，其中品类管理的目标就是零售商和供应商共同参与管理商品品类的过程：①试行品类责任制；②科学划分品类；③合理调整品类；④完善品类评估指标；⑤优化供应商。四大效率策略是指品牌优化、促销推广、库存补充管理、品种组合。

改变传统的“成本+利润=价格”的定价模式，改为以“价格-成本=利润”为核心、以消费者为导向的多种新的定价模式，没有消费者的认可，便没有利润。因此，现代的定价方法可以说是顾客认知定价法。

利用 MIS 系统建立完善的沟通机制，打破传统的垂直的、层级的、封闭的信息沟通渠道，形成交叉型、共享型充分沟通的信息流。具体来说有以下几点：

1. 除了电脑销售数据实时传递外，建立多条信息渠道

（1）工作信息流。对连锁公司运作中的事件、过程、环节、细节、任务，由各级管理人员记录成信息，以电话、传真、报告等形式传递。

（2）业务信息流。它包括自上而下的信息，如品类月报表、销售、毛利分析、进场费、促销费、广告费等多种费用的收取、“有关经营结构的调整”、“营销方案”、“价格调整”等自下而上的信息流，“商品运销状况”、“质量投诉”等。

（3）管理信息流。有关“货架管理”、“费用计划”。

2. 实行发散型信息传递方式

信息传递既考虑层级，又考虑专业部门及相关人员，任何信息均要形成“一对多”的传递形式，所有相关部门都应同时收到信息。例如，营销活动信息，采购部门应同时向总部、卖场等相关部门传递，各级办公室具体协调统一行动，省略信息传递的程序，使信息直接、畅通，杜绝曲线和层级式的重复信息传递。

3. 对数据信息进行深度加工

业务管理者应不断追踪最细化的数据；通过深入基层，向下级了解“如何做，做到何种程度，出现何种问题”的信息；资讯部门应通过努力，将计算机作为由进销存数据统计、收款、对账的工具转换到统计处理、分析、提供“资讯”的手段。

4. 以 4C 营销体系为中心，实施差异化的市场营销策略

传统的营销组合 4P（Product，Price，Place，Promotion）已经过渡到 4C（Customer，Cost，Convenience，Communication）营销体系技术上。4C 体系是以消费者需求为核心的组合。因此，消费者的满

意度、对目标商圈的吸引程度、市场份额的大小是营销的出发点与落脚点。关注消费者（Customer），开展富有特色的促销活动。由连锁总部主导型地分别在各店使用差异化的营销策略。以降低成本（Cost）为先导，通过品类优化管理使各店的商品达到或超过顾客的期望。以便利（Convenience）为原则，完善人性化的购物环境。以沟通（Communication）为契机，利用多种促销资源，开展整体营销、供应商营销、门店营销、地域营销、媒体营销、规模营销等。[①]

第三节 我国零售业电子商务探讨

我国流通活动的组织载体是流通企业，流通企业由批发企业、零售企业、住宿企业、餐饮企业、商务服务企业（租赁、拍卖、典当、旧货、会展、商业信息、商业咨询等企业）、生活服务企业（美容美发、沐浴沐足、洗染、再生资源业、照相、家政、修理等企业）、物流配送企业等构成。在这里仅就零售业电子商务进行探讨。

零售业电子商务是在传统商业零售业的基础上借助于计算机和网络技术发展电子商务，具有其特定的内涵和意义。2009 年我国网上交易规模为 2483.5 亿元，占社会消费品零售总额的比例为 1.98%，同比增长93.7%，2010 年达到 5131 亿元，占社会消费品零售总额的比例为 3.32%，预计 2015 年网购交易规模有望突破 3 万亿元。据统计，在 2010 年中国连锁百强企业中，共有 50 多家企业开展了网络零售业务，如沃尔玛、家乐福、欧尚以及国美和苏宁。淘宝网 2010 年 5 月发布《2009~2010 年度中国网购热门城市报告》。此份报告涉及时间跨度为一年，即 2009 年 5 月 1 日至 2010 年 5 月 1 日。报告显示，中国网购消费力十大城市分别是上海、北京、深圳、杭州、广州、南京、苏州、天津、温州和宁波，主要集中在以江浙沪为主的长三角地区、以广深为主的珠三角地区和以北京为主的京津地区。

---

① 杨卉祥. 采购管理：从供应链走向需求链 [N]. 中国商报，2001-9-26.

一、我国零售业电子商务的商业价值

零售业的电子商务的商业价值，是传统的商业零售业与网络信息业相互融合的结晶。零售企业利用网站+有效的支持服务系统即可以成为一个国际化的零售企业，这个有效的支持服务系统包括有形店铺和实物商品的物流配送分销体系，在已有实体商店的基础上建网上商店具有较大的优势：网上与网下结合，相互促进。概括起来，主要有以下三个方面：

（1）它突破了零售店商圈的限制，延长实物商店的现有商圈的范围，一个网站可以向全球延伸形成高效的连锁网。

（2）它突破了零售店经营时间的限制，成为永不停业的 24 小时的零售店，在时间上得以延续。

（3）它突破了企业经营面积的限制，理论上具有无限的商品陈列空间，在服务能力上得以升级。

二、国内零售业网上商店的经营现状

近几年来，网上购物被越来越多的商家重视，许多传统零售商家纷纷投资上网，在传统商店基础上建设网上商店，比较著名的有 30 多家，如网上商城、网上商场、网上超市、网上专业店等，如北京西单商场的网上商场共有七大类 6000 多种商品，家电商品有空调、洗衣机、音响等，但商品的品种却不及商场的 1/10，2001 年北京西单商场改进了网上商品，以日用百货、书籍、软件、礼品、玩具等商品来突出网上商场的特色；翠微大厦的网上商场共有 4 万多种商品，消费者只需持身份证填好商厦的入网表格即可上网，上网购物时需要拨打商厦的固定电话号码，才可以进入商厦的购物网络。目前上网购物主要是机关团体；城乡华懋大厦的网上商场更进了一步，它除了未实现网上结算外，其余步骤比较到位。消费者在城乡华懋的网页上选好商品，填好订单，并通过电话号码确认，工作人员会按约定时间送货上门；世都百货与招商银行合作，服务对象针对“一卡通”的持有者，实行网上结算，无现金交易，这是一家真正意义上的网上商场；许多餐饮企业实现了电子订餐和下单电子化。

三、传统零售企业上网的目的

1. 扩大宣传

当前，网络对离线购买（即从有形商场购买）的贡献高于在线购买，所以网上商场在目前旨在为顾客提供需要的产品信息，并引导他们到有形商场去购买。

2. 抢占先机

网络经济是21世纪经济发展的趋势，目前家电销售的50%是通过网上交易实现的，2010年我国家电网上销售达到5000亿元。我国网民由1996年的10万人迅速上升到2009年的38500万人，2010年底达到45700万人，2011年6月底达到48500万人，并仍然以较高的速度上升，这一部分消费群体应是不容忽视的重要商业资源，各商场也正是看好这一前景才抢占这一市场。

3. 提高服务

运用网络资源提高商业企业的核心竞争力是零售商今后面临的一个重要任务，如武商集团采取计算机网络进行商品管理，每月对商品销售额进行计算机排名，采取末端商品淘汰制，以精选进货商品；深圳天虹商厦开发供应商网上查询系统，供应商只要在天虹的网上输入自己的代码和密码，就可以立即知道自己所供商品在天虹各个分库的库存和有效订单的情况。

4. 传统零售商与网络商相结合能够提高商业效率

具体表现在以下三个方面：

（1）传统零售商依靠其品牌、信誉等方面的优势，拥有了一批忠诚的客户，一旦这些零售商建立自己的销售网站或是与其他网站联手，必将吸引众多的网上顾客。

（2）网上顾客订货后，传统的零售商可以凭借其快速、低廉的分销和送货渠道将商品尽快送到顾客家中。

（3）据波士顿顾问公司公布的研究报告，对于扩大顾客群的消费，单纯的互联网零售商在这方面的投入的平均成本由1998年每位顾客支出42美元增加到82美元，而在同一时间段，多渠道的零售商，即能够实现电子商务与零售融合的销售商则将这笔费用从22美元减少到 12 美元。

四、传统零售商网上商店分析

传统商店上网的有许多，国外的有迪斯尼（Disney Store.com）、沃尔玛（Wal-Mart）、家乐福（Carrefour），Kmart 集团的 BlueLinght 都有自己的网上商店。我国首条电子商务街是上海“网上南京路”，于 1999 年建成，现在东起中山东路外滩，西至繁华的西藏中路、南京路逾百家商店都已集合上网，新世界商厦、医药一店、南新雅大酒店等将数万种商品上网销售。其他各大城市也都有许多大型商场开辟了网上、网下两条销售渠道，见表 7-1。

表 7-1　各地大型商场网上销售渠道

网上商店名	西单商场	广州友谊宾馆	天南百货	武汉中百	南京路新世界商厦
商品大类	9	14	6	16	13
支付手段	货到付款，网上支付	网上支付、汇款、现金（货到付款）	同左	货到付款，网上支付	网上支付，邮局汇款，银行汇款，现金支付
服务范围	北京市区范围	广州市区范围	同左	武汉地区	上海市区
配送手段	送货上门	同左	同左	同左	送货上门，自己提货
页面	****	****	*****	****	*****
商品搜索	有	有	有	有	有
商品分类	有	有	有	有	有
帮助页面	无	有	有	有	有
付款向导	有	有	有	有	有
留言	有	无	有	有	无
联系方式	电话，E-mail	同左	同左	电话	电话，E-mail

注：当本书出版时，这些网上商店又发生了许多变化，但这却真实地记录了我国网上商店发展过程中的一个阶段，其中 * 号越多表示页面质量越高，反之，质量稍次。

资料来源：中国网友报，2001-2-19.

五、零售业如何发展电子商务

1. 以流通信息化为基础，分阶段实施电子商务

流通信息化是电子商务的基础，没有这个基础，电子商务不可能存在和充分发展。第一步是商业零售业信息化管理，如 POS、MIS 等计算机系统的应用；第二步是零售企业的信息开发应用，如单品管理、客户关系管理、商业零售企业与上、下游供应商之间的产业链条；第三步是网上交易、网上购物和网上服务。信息资源管理、标准规范、业务协同、流通重组是电子商务发展的基本条件与基础内容，有人提出中国零售业应当实行“三层构造，两次推动”[①] 战略，形成我国零售业电子商务发展的主流模式。

2. 实体业态 + 连锁 + 电子商务

充分运用新型业态和经营方式促进零售企业的升级，在我国，传统百货业态正在向现代百货迈进，超市、专业店、仓储商店、便民店成为当前的主流业态，1999 年、2000 年以联华超市的销售额两次超过南京第一百货为标志，代表着超市成为新型第一业态。当前许多新型业态大都采取了连锁经营的形式，零售企业通过采用工厂化现代化大生产的连锁经营方式取得了良好的经济效益，使之成为当前最主要的经营方式，特别是特许经营形式成为主导经营形式，可以充分利用社会资本扩大市场占有率，众多的连锁分店可以支撑网上交易的巨大商圈，这几年沃尔玛、家乐福充分利用现有的连锁网点开展网上交易，得到了迅速发展。业态和连锁都离不开电子商务，企业内部的电子商务可以把诸多分店紧密地联系起来，提高管理的现代化水平，企业外部的电子商务可扩大企业的经营范围和规模，使商圈迅速扩大。

3. 资产重组、实行战略性联合

我国零售企业众多、规模较小，竞争力较差，在激烈的市场竞争中，市场在用无形的手配置社会资源，作为零售企业应充分利用资产重组形式：

① 刘普合. 零售业电子商务模式与策略［N]. 中国商报电子商务，2001-2-21.

(1) 通过资产重组，扩大企业规模，增强企业竞争力，减少过度竞争“摩擦”。

(2) 实现战略性联合，增强企业竞争力，减少过度竞争“摩擦”。

第一种形式可采取新设合并形式 A+B=C，形成新的大型商业零售企业，或者采取兼并形式，如 A+B=A，两种形式都可以采取互补形式或采取同类合并形式；第二种形式主要采取战略性联合形式，可采取互补形式，也可采取同类联合形式，两种形式都有利于企业增强竞争实力，在现代经济条件下，单体店零售企业已经难以生存和发展。因此，电子商务的租赁、托管、外包、“第三方物流配送”等形式已经出现，社会分工越来越细，服务体系也将越来越发达。

4. 通过供应链管理的电子联合经营

通过供应链管理的电子联合经营，采用 B to B 的“一对多”的模式将上游供应商与下游供应商通过 Internet 联系起来，具有重要的意义。通过供应链管理和客户关系管理相互衔接，使由传统的以厂家为中心、以供应商为中心转为以消费者需求为中心，并通过计算机网络逐步实现。

5. 零售企业与网络公司联合，实行优势互补

当前存在以下三类电子商务网站，第一类是传统零售企业自己开办的电子商务网站；第二类是网络公司自己开办的电子商务网站，如阿里巴巴等电子商务网站；第三类是零售企业与网络商共同开办的电子商务网站。

零售企业具有商品经营的优势，如对市场熟悉、信息来源渠道多且快，但传统的零售企业信息网络技术相对缺乏，硬件和软件相对不足。在当前网民较少的情况下，许多零售商店对网上商店的重视程度不够，因为相对实体商店的经营额而言，网上交易额太少了，当前零售企业建网站或上网的目的主要是扩大宣传、抢占商机、进行管理。

网络公司在经营和管理零售商店方面的经验不如零售商，对商品的供货渠道和消费群体及其细分不甚了解，但是网络商拥有硬软件资源和专业技术队伍，对网上经营和管理，网上营销推广具有经验，但对网下物流、配送不甚了解。

零售企业与网络公司相互联合和资产重组就具有某种客观必然性，于是多种形式的并购、联合和重组的商业网站逐渐脱颖而出。传统零售商与网络商相结合能够提高商业效率。

6. 建立和完善先进的物流配送体系

网上交易能够突破有形店铺在时间和空间的限制，网下的物流配送决定了网上交易的实际商圈的大小，随着电子商务的进一步推广与应用，物流和配送对电子商务活动的影响日益明显。电子商务应该是商流、物流、信息流以及资金流和消费流的统一，物流配送是电子商务必不可少的重要条件，是电子商务的重要组成部分之一，电子商务的网上交易和网下实现是不可分割的组成部分。零售电子商务可以充分利用零售企业的分销渠道和网络，但完全靠零售商建立物流和配送网络也不可能，因此在充分利用传统零售商和供货商的分销渠道和网络的同时，应建立完善的、大众化收费的第三方物流配送体系。易趣网则利用其遍布全国各地的交易点作为其物流聚散地。为此人们探索电子商务与传统商业业态的战略性联合、电子商务与特许连锁经营形式的结合等，通过战略性联合和资产重组共建物流配送体系和网络，促进零售业电子商务的进一步发展。

第四节 “三层构造，两次推动”流通战略

一、社会服务层、核心企业层和第一次推动

建立面向全行业的以流通基础信息组织与开发为主要内容的电子商务服务体系，从商品代码、规范单证和市场综合信息等方面提供电子商务发展所需要的基础服务，即电子商务的社会服务层。依托核心商业企业，进行有个性的技术创新与制度创新，推广应用规范的基础信息，开发核心企业电子商务平台，显著提升这些企业的竞争力，推动以其为核心的流程再造与企业重组，即核心企业层与第一次推动。

二、行业应用层和第二次推动

在核心企业层与第一次推动的基础上，提炼共性业务，进行技术与服务两种集成，建立信息可分享、业务可协同的行业电子商务联盟平台，结成电子商务的应用联盟，推动全行业意义的第二次流程再造与企业重造，即行业应用层与第二次推动。

三、“六个统一”策略

推动这种“三层构造，两次推动”流通业电子商务发展模式的主要策略是“六个统一”：

（1）使国家标准与需求拉动的 XML 等技术相统一。这种模式的核心目标是企业间的信息共享与业务协同。

（2）服务平台的开发与需求拉动的应用模式相统一。本模式的开发与基础信息平台的开发是建立在市场需求基础上的，平台应用的进一步也是建立在企业、市场的需求之上的。

（3）核心企业解决方案与提升企业竞争力的策略相统一。企业的电子商务解决方案的开发应用与企业的经营目标有效结合，使企业电子商务平台成为企业竞争力的重要组成部分。

（4）行业联盟平台的技术集成与服务集成相统一。行业联盟平台的建设不仅要在技术上实现异构平台有效集成，还能使企业、平台所提供的服务有机结合起来。

（5）技术工程与行业科技服务体系建设工程相统一。各种平台的建设与解决方案的应用是一项技术工程，是技术上的创新，它的广泛应用需要与制度创新结合起来，与行业科技服务体系的建设结合起来。

（6）技术成果的产品化与技术服务的产品化、网络化、产业化相统一。

第五节　未来商店——全新购物体验

受2008年金融危机的影响，欧洲许多商店经营十分萧条，但是在德国麦德龙的未来商店，却人来人往，十分热闹。麦德龙未来概念超市，隶属麦德龙旗下超市品牌“real”，位于德国Toenisvorst的Hoehenhoefe。这家超市总面积8500平方米，附近很多住宅区的人都来购物，包括很多老年顾客。其主要特色有以下九个方面：

一、手机购物

所有的购物流程都可以在手机上实现，这取代了原来大大的安装在购物车上的“个人购物助理”这样的电子设备。只要用手机的照相功能对准商品条码，就可以获知该商品的位置、价格等信息，而且还可以通过手机实现结账。

这样的速度的确很快，可以让消费者在很短的时间里完成购物过程。目前这个手机购物移动方案刚开始，由德意志电信提供运营支持，虽然用的是诺基亚手机，但是整个软件是麦德龙自己开发的。

2008年6月，麦德龙对100名购物者发放了这种手机以进行测试，结果只有3个人归还了手机。目前在麦德龙的这家店里，顾客在购物时，可以免费领到这种手机。

二、新的音乐体验

超市音像区里的试音设备比较常见，但麦德龙音像试音区的妙处在于上面的那块发音板，你不用戴耳机，只要站在发音板的下面，就能听到你选择播放的音乐，不在这个发音板下面的人，却听不到音乐的声音。

三、新的运动体验

同样还是声音控制技术，在麦德龙这家超市的体育器材的销售区域内，却有另外一种应用。在跑步机的上面有一块发音板，这样跑步机上的人就可以听到他自己选择的音乐，不会打扰别人。如果选择自行车等户外用品，在户外用品区内，消费者可以听到近似户外的声音，如鸟的鸣叫等，感觉是在大自然的怀抱中。如果消费者在运动场区看体育赛事的电视转播，声音可以控制到只有消费者一个人听到电视里网球比赛的声音。

这种音像控制系统，可以说给消费者创造了全新的体验环境。但是，在互联网时代，很多人习惯于在网上获得免费的音像资源。

四、电子导购机器人

麦德龙的这家超市有一个导购机器人，能够在超市里自由走动。如果需要它的帮助，可以在其背后的触摸屏上进行操作。这个机器人有个好听的名字“Ally”。

五、高科技卖鱼

在麦德龙的这家超市的鱼类柜台前，空中悬吊的投影仪在地面上投下了这样的一幅场景：鱼儿在热带海洋的珊瑚丛中游来游去。让人感到新鲜的是，如果消费者走到投影里面，走到鱼的身边，鱼儿会迅速地逃离消费者的“大脚”。

六、计算机推荐化妆品

在麦德龙超市的化妆品销售区，有一台计算机，可以根据顾客输入的各种相关数据来推荐合适的化妆品。

七、猪肉与 RFID

在麦德龙的这家超市里，每一个包装好的肉盒上都有一个 RFID 芯片，可以知道具体的日期，保证肉的新鲜程度。

八、可品尝葡萄酒

国内超市的葡萄酒货架前，最多的是各大酒厂的促销人员，最主要的促销方式是降价、买几送几、买酒送杯子等。在麦德龙这家超市里，消费者可以品尝葡萄酒，只要在机器上拿一个品酒卡，一次就可以品尝 6 种不同的葡萄酒。这既节省了人力，又方便了消费者。

九、自助结账

结账是商店一个重要的环节，国内超市里总是要排队。人多的时候，尽管所有的结账口都开，但是消费者仍然只得排队。但在麦德龙的这家超市里，消费者可以利用自助终端，自助结账。

综观麦德龙的这家超市，我们可以发现：①超市不仅是一个购买便宜商品的地方，还可以塑造各种不同的消费体验，这是吸引顾客来到商店的关键要素之一。②超市经营可以借助技术解决很多现实问题，从而让超市变得很有档次。未来商店、电子商务体验店现在已在我国上海、北京等一些大城市出现，引领新的时代潮流。

习题

1. 简述流通信息化产生的背景。
2. 简述流通信息化及其内容。
3. 简述流通信息化的技术内容。
4. 客户关系管理（CRM）包括哪些内容？
5. 供应链管理（SCM）及其类型、SCM 具有哪四大功能？
6. 传统零售企业上网能够实现哪些目的？
7. 简述零售业电子商务的商业价值。
8. 简述我国零售业网上商店现状。
9. 零售业如何发展电子商务？
10. 简述未来商店的九大特色。
11. 简述零售业电子商务的“三层构造，两次推动”战略。

第八章　电子商务的盈利模式

第一节　电子商务模式划分的依据

电子商务的模式可以按参与电子商务的交易对象、所涉及的商品内容和所使用的网络类型等五类来划分。

一、按参与交易的对象分类

按参与交易的对象，电子商务可以分为多种类型，如企业对企业的电子商务（B to B），企业对消费者的电子商务（B to C），企业对家庭的电子商务（B to F），消费者对企业的电子商务（C to B、C to T），在线购买、线下消费（O to O），消费者对消费者的网上“拍卖”（C to C），政府对企业的电子商务（G to B），政府对个人的电子商务（G to C），政府电子采购（B to G），以消费者为导向的四种不同的电子商务（B to B to C），企业内部的电子商务等14种。

二、按交易所涉及的商品内容分类

1. 间接电子商务

间接电子商务是有形电子商务，电子订货涉及的商品是有形货物，如鲜花、书籍、食品、汽车等，交易的商品需要通过传统的渠道，如邮政业的服务、商业快递服务等来完成送货，它需要依靠运输系统等外部因素。

2. 直接电子商务

直接电子商务涉及的商品是无形的货物和服务，如计算机软件、娱乐内容的联机订购、付款和交付，或者是全球规模的信息服务。直接电子商务能使双方越过地理限制直接进行交易。

三、按电子商务所使用的网络分类

1. 电子数据交换网络（Electronic Data Interchange，EDI）电子商务

EDI 是按照一个公认的标准和协议，将商务活动中涉及的文件标准化和格式化，通过计算机网络在贸易伙伴的计算机网络系统之间进行数据交换和自动处理。EDI 主要应用于企业与企业、企业与批发商、批发商与零售商之间的批发业务。EDI 在 20 世纪 90 年代得到较大发展，技术上也较为成熟，后来逐渐向 Internet 电子商务发展。

2. 互联网（Internet）电子商务

Internet 电子商务即指利用互联网开展的电子商务活动，在互联网上可以进行各种形式的电子商务业务，所涉及的范围广泛，企业和个人都可以参与，它是电子商务的主要形式。

3. 内部网（Intranet）电子商务

Intranet 电子商务是指在一个大型企业的内部或一个行业内开展的电子商务活动，形成电子商务活动链，可以大大提高工作效率和降低业务成本。Intranet 又叫企业内部网，它是利用防火墙软件将不希望接纳的访问者阻挡在系统之外的封闭式的网络系统。但企业内部的计算机用户则可以使用公共的 Internet，也可以使用 Intranet。Intranet 将 Internet 技术应用于某个组织内部，从而建立独立存在的单个或多个服务器地址。用户可以通过 www 的工具方便地享受企业内部 Intranet 和外部 Internet 上丰富的信息资源并接受所有的服务，如电子邮件、文件传输 FTP、信息发布 www、网络新闻服务等。

4. 外部网（Extranet）电子商务

Extranet 电子商务是企业内部网对企业外用户的安全延伸，它是利用互联网技术和公共通信系统，使指定并通过认证的用户（供应

商、销售商、合作者、顾客、在外地的公司）所使用的网关开放的专用网。Extranet 是由 Intranet 延伸而来，直译为“企业外部网”，该词由“Extra”+Network 复合而成，最早出现于 1996 年。Extranet 是一个使用 Internet/Intranet 技术使企业与客户和其他企业相连来完成共同目标的合作网络，它可以作为公用的 Internet 和专用的 Intranet 之间的桥梁，也可以看做是一个能被企业成员访问或与其他企业合作的企业 Intranet 的一部分。Extranet 也处于防火墙之后，但它不像 Intranet 那样只为企业内部服务，也不像 Internet 那样完全对公众开放，它只是有选择地对外开放或向公众提供有选择的服务。通常这种网络被应用于合作伙伴之间或客户之间的联结和信息沟通，被看做企业信息系统的一种新的应用形态。而且它把利用 www 技术构筑的信息系统的使用范围扩大到特定的外部企业，即将交易地点、合作地点及与本企业有关的公司、销售店以及固定客户等纳入到信息系统中来，它不像 Intranet 那样只限于一个企业内部或一个企业集团内部。

5. 无线网络电子商务

无线网络电子商务，如移动网上交易、手机银行等是利用无线网络进行的电子商务活动。

在网络应用的发展史上，互联网、企业内部网分别被喻为第一次、第二次冲击波，而企业外部网则被视为第三次冲击波，无线网被称为第四次冲击波。互联网是面向非特定用户的开放的服务或商业网络，企业内部网是利用互联网技术实现企业内部各职能机构的功能整合，是企业内部的互联网。而企业外部网的出现，是对企业内部网功能上的补充，它比互联网安全，也比企业内部网灵活。

四、按电子商务应用的层次分类

按电子商务应用的层次，电子商务可分为国际间的电子商务、国内企业间的电子商务、企业对消费者之间的电子商务、消费者对消费者之间的电子商务等。

五、按 B to B 电子商务市场主导力量分类

大部分的 B to B 交易服务平台为买方主导型电子商务、卖方主

导型电子商务以及电子交易市场三大类。

第二节 电子商务的基本模式

一、B to B 模式

B to B（Business to Business）模式，即通过互联网、局域网，在自动交易平台上完成的企业间电子商务活动。企业对企业的电子商务是当前电子商务的重点，现在已进入发展时期。如生产企业—生产企业、生产企业—商业企业、商业企业之间（如供货商—零售商）等可以形成产业链条，再如生产者—商业企业—消费者形成产业链可以大量地节约交易成本，提高经济效益，是我国电子商务的切入点。

在相当长的时期，B to B 模式是电子商务的主要模式，在经济全球化浪潮中，传统企业要想赢得竞争的主动权，就必须充分利用计算机和网络技术，特别是中小企业可以借此缩小与跨国大企业的差距，企业之间的网络交易是电子商务的主流和主要内容。目前有以下四种 B to B 的经营模式值得推介：

1. 参与企业商务活动网站

参与企业商务活动网站以拉手企业网和美商网为代表。在拉手网站里查询不到企业信息，只有商品分类。用户交易只能通过买卖双方提交到拉手平台上进行，经拉手网站确认后供需双方才可直接联络，交易只在注册用户之间进行，较为封闭。而美商网是一家英文网站，主要面向海外采购商，提供国内中小企业供货信息，并帮助国内中小企业进行国际域名注册等有偿服务。

2. 提供专门产品类的网站

提供专门产品类的网站以亚商网为代表。这类网站提供有选择的产品，而不是像百货商场提供的综合类产品。这类网站一般没有免费的信息发布，用户注册比较简便，也非常重要，不收费用，产品类别简洁清楚。例如，亚商网栏目中办公用品、办公耗材、办公家具等的设置，消费者群体的定位有针对性。

3. 超级市场类网站

超级市场类网站以阿里巴巴为代表。它开展电子商务的时间较长，有很多加盟会员，网页内容十分丰富，有从农业到信息业所有行业的产品信息。主要侧重信息发布，以注册用户主动提交的信息为基础，至于商品交易则基本在网下进行。

4. 从 ASP 发展起来的电子商务平台的网站

这类网站是技术色彩较浓的网站。例如，你好万维网，在短短的一个月内就有 2000 家企业注册，取得了较大的成功。它取得成功的关键是定位于占我国企业总数 70%的中小企业市场。中小企业是发展速度最快、经济行为最活跃、最具盈利潜力的企业，但是其中大多数信息化程度较低，不能满足企业对电子商务的需要。

二、B to C 模式

B to C（Business to Customers）模式，即指企业通过互联网为消费者提供完成订购商品或服务的活动。企业对消费者的电子商务，是电子商务的发展方向，也是电子商务发展的一个重点和难点，现在处于“市场的导入时期”，即大量消费者通过电子商务这一现代化手段向生产企业或者商家订货，当前制约其发展的主要问题是网上的电子结算和网下的物流配送滞后，网上交易和同步结算尚需一个发展的过程。

三、B to F 模式

B to F（Business To Family）模式，即指电子商务按交易对象分类中的一种，是结合网络现有的电子商务模式 B to B、B to C、C to C 的诸多优点，并根据地方特色，综合考虑的一种电子商务升级模式。B to F 是商务机构按交易对象分类，把消费者分类于家庭这个单位之中，并以 21 世纪最为便捷的购物方式来引导消费；一站式服务和高效免费的配送、安全可靠的现金交易来赢取市场位置。即表示商业机构对家庭消费的营销商务。这种形式的营销模式一般以目录+网络销售为主，主要借助于DM和Internet开展销售活动。

B to F模式是我国DM成长的一种必然产物。通过商业机构的DM和互联网为消费者提供一个新型的购物环境，这种商业模式在我国正在逐渐成长。国内现在做得比较好的有红孩子，专业做妇婴市场，是地区型发展的内口网络商城，靠着完善运用B to F模式，也逐渐壮大。另外还有零售连锁超市联合一百。

四、C to B模式

C to B（Consumer to Business）模式，或者叫C to T（Consumer to Team）模式，即消费者对企业的集合竞价模式，又叫团购模式，就是将零散的消费者及其购买需求聚合起来，形成较大批量的购买订单，从而可以得到厂商的批发价和较低的折扣价，商家也可以从大批量的订单中享受到“薄利多销”的优惠，因此对消费者与商家有“双赢”的好处。例如，美团网、中国网众等许多团购网站。

五、O to O模式

O to O，又叫O2O，即Online To Offline，线上购买，线下消费，也即将线下商务的机会与互联网结合在了一起，让互联网成为线下交易的前台。这样线下服务就可以利用线上来揽客，消费者可以在线上搜索商品，还有成交可以在线结算。该模式最重要的特点是：推广效果可查，每笔交易可跟踪。其代表网站是国内社区电子商务开创者九社区网。

O to O也可以简称为On 2 Off，这样就可同其他商务术语一致，如B2C、B2B和C2C。随着互联网上本地化电子商务的发展，信息和实物之间、线上和线下之间的联系变得愈加紧密。O2O让电子商务网站进入了一个新的阶段。

六、C to C模式

C to C（Consumer to Consumer ）模式，即消费者对消费者的网上交易模式，是将现实中的“跳蚤市场”移植到网上，建立了一个消费者之间交易的平台，让众多的消费者在完全自愿的基础上就转让商品进行“一对一”的交易，相互砍价，公开、公平、公正地进行竞价，众多的消费者都可以参与这一交易活动。这一形式使参与交易活动的消费者人数、空间范围扩大，带来了最实际的“一手钱，一手货”的交易。例如，淘宝网、雅宝、易趣、酷必得、网猎、万象、大中华等一些网站都采用了这一模式。

淘宝网 2010 年在线商品数达到 5 亿~8 亿件，单日最多有 6000 万人来访，平均每分钟售出 4.8 万件商品，其中包括 864 件衣服、36 部手机、880 件化妆品、85 本书等。淘宝网有近 100 个销售额上亿元的卖家，网民 4.57 亿人，网商达到 1.61 亿人，网上商品数十亿之多。目前仅淘宝，在线商品数量超过 5 亿件，每天新增 1000 万件商品。2010 年 8 月某天，淘宝网一分钟之内卖出 969 件衣服、203 双鞋、164 件饰品。凡客诚品平均每天订单 2 万件。

七、G to B 模式

G to B（Government to Business）模式，包括以下两种模式：

1. 政府对企业的税收电子商务模式

即将纳税企业编号，按编号在计算机开立户头，税务局除根据纳税人自己申报材料建立档案外，还要与有关机构的数据库联网，随时获得所需要的各种资料，由计算机监督纳税企业是否登记，并对纳税报单进行比较分析，防止偷税漏税，这是现在流行的电子税收，也就是 G to B 在现实中的具体运用，政府和企业通过这一平台，在网上完成税务的申报、支付、传输证明等功能。我国深圳、沈阳、厦门、济南、北京等城市率先进行了探索，一些地方也在积极准备推行电子税收。

2. 政府商品储备向市场的抛售、轮换

政府商品储备向市场的抛售、轮换过去主要采取行政手段层层下达计划，起不到向社会抛售的效果，也没有遵循市场经济规律，近两年我国在农产品方面进行了初步的探索。例如，农产品储备的政府抛售和轮换：

（1）国家粮食储备通过批发市场网站，采取网上竞拍的模式。

（2）国家棉花储备、国家食糖储备通过电子商务网站进行网上拍卖。一方面，通过网上竞争形成客观公正的市场价格；另一方面，通过网上竞拍确定购买对象，这样可以避免政府储备抛售中的腐败和寻租行为的滋生。

八、G to C 模式

G to C（Government to Customers）模式，即政府对消费者征收税费的电子商务，这与个人报税制度紧密地结合起来，如深圳市地税局于 1997 年在国内率先推出电子纳税系统，目前深圳市纳税人都是通过该系统实现了纳税“足不出户”的愿望，而且简便、快捷、易行。

九、B to G 模式

B to G（Business to Government）模式，即政府采购的电子化。美国 1993 年开始研究，1994 年立法规定美国政府必须启用电子商务以提高采购过程的效率。此后，应用电子商务从事采购的政府部门逐步增加，通过美国通用服务管理局提供的一揽子采购计划，联邦政府的各个部门无论其大小，均运用服务管理局提供的采购合同购买商品和服务。这种模式下，政府可以通过互联网发布采购清单，企业可以以电子化方式完成对政府采购的响应，政府和企业完全站在平等的立场上，利用互联网来完成双方的交易。这样有利于提高政府的采购效率，又便于建立监督机制，避免政府腐败行为的产生。

十、B to B to C 模式

B to B to C（Business to Business to Consumer）模式，包括以下四种形式：第一种形式是零售商、地产商（或住宅服务商）、消费者在居民小区建造一个零售商店，这需要投资，而且开始的一两年只能是亏本经营，而地产商（或住宅服务商）通过建造一个网上虚拟商店，将小区的需求形成订单，然后传导给零售商，以满足消费者的需求；第二种形式是生产厂商对商家、商家对消费者的交易链条，如出版商将图书出版后，直接将出版的图书交销售商，销售商在网上销售，消费者也可以在网上购买并同时下载图书这一商品；第三种形式是商家通过网络商把产品提供给消费者，从而使商家迅速介入电子商务，消费者能及早感受到电子商务的便捷和实惠，采用这种形式的有拉手网（www.lasho.com）；第四种形式是生产者或厂家对商家，商家对消费者的交易链条，如生产者将农产品生产出来后，在批发市场电子平台上将产品销售给加工商，加工商在网上销售给消费者，形成网上产业链条。这种模式将“需求组合”形成的“买单”信息迅速传导到商家或者生产者，形成“订单”生产或者供货，将“供给组合”形成的“卖单”迅速传导给众多的消费者，形成进货或消费“热点”；这一模式能充分利用电子商务来加速农业产业化的进程，提高产业化的效率，使相关企业通过网上交易找到更好的合作伙伴。

十一、“企业内部”的电子商务模式

企业内部电子商务，即企业内部之间，通过企业内部网的方式处理与交换商贸信息。企业内部网是一种有效的商务工具，通过防火墙，企业将自己的内部网与Internet隔离，它可以用来自动处理商务操作及工作流，增强对重要系统和关键数据的存取，共享经验，共同解决客户问题，并保持组织间的联系。通过企业内部的电子商务，可以增加商务活动处理的敏捷性，对市场状况能更快地作出反应，能更好地为客户提供服务。

“企业内部”的电子商务模式可谓多种多样，比较著名的有信息管理系统（Management Information System）、销售时点管理（Point of Soles）、电子订货系统（Electronic Ordering System）、防盗系统（Electronic Anted Servile）、供应链管理系统、电算系统，以及企业资源计划理论系统（Enterprise Resource Planning，ERP）等。

十二、企业电子商务租赁、托管、外包、战略性联合等模式

1. 网络租赁

网络租赁即企业作为网站的承租人，网络服务公司作为网站的出租方，由网络的服务商负责网络的维修、保养，由企业承租，并

进行企业业务的管理和经营。

2. 网络托管

网络托管是指将企业的网络委托给专门的网络公司管理。

3. 网络外包

网络外包即指中小企业若没有专门的部门和人员从事网络业务，且服务器托管也挺费事，那么就不如什么都不要了，采用网络外包形式，使企业以很少的费用就能开展全部的网上商务活动。

4. 战略性联合或者实行资产重组

所谓战略性联合，即指企业可与其他企业或者网络商组成战略性联盟，以网络公司为代表的新经济与传统企业的有机融合是中国企业的发展趋势。

随着电子商务的发展，各个产业部门都在与网络经济相融合，联系实际看，具体来说主要有以下几种不同的电子商务形式：农业电子商务、旅游电子商务、税收电子商务、保险电子商务、证券期货电子商务、网络会展及其展览电子商务、网络配载电子商务、其他产品或服务的电子商务。这类模式做得较好的有伟库电子商务公司。

第三节　电子交易市场（E-marketplace）

按市场主导力量来划分的 B to B 的电子商务模式存在三种新兴电子商务战略，即卖方主导型电子商务模式、买方主导型电子商务模式以及电子交易市场模式。

一、卖方主导型和买方主导型电子商务模式

1. 卖方主导型电子商务模式——分销型网站（E-Distribution）

卖方主导型电子商务模式，是指大型的产品供应商、企业在互联网上进行传统的分销业务，并为客户提供客户关系管理及服务等机制的在线服务，以降低销售成本。目前中国大部分的 B to B 交易

服务网站属于这种卖方主导型网站，且多数由大企业掌握，如海尔集团的网站，国际上的 Dell 网站也属于这种类型。

2. 买方主导型电子商务模式——采购型网站（E-Procurement）

买方主导型电子商务，是指搜集供应商的产品资料，提供企业自动化的采购流程，进而提高效率，降低采购成本，企业通过电子商务进行自己的采购业务。中国现有的采购型网站有医药行业的大型网上采购中心、电子零件业的电子商务公司、石油化工业的物资采购网站、钢铁业的电子商务公司、区域性的采购网站及政府采购网站等。

以上两种网站无论从买方或卖方来说，都是从企业的角度出发，是属于专用型（Private）B to B 型网站。以上两种类型电子商务在市场销售中能够发挥较大的功能，但也存在不足，特别是一些中小企业，其知名度较小，无法延续其电子商务的时间和空间市场优势，于是它就需要借助于电子交易市场来完成其功能，电子交易市场能够整合市场上买方或卖方的供求，于是近几年来，电子交易市场就应运而生。

二、电子交易市场（E-marketplace）

1. 电子交易市场的概念

电子交易市场是指在互联网上，为上、下游买卖双方提供一个进行产品或服务的中立平台。一般来说，电子交易市场是由中立的第三方或者是由买方、卖方共同出资建立的，并且必须有开放式的加入规则，从而使企业间的商务行为不再局限于以往的合作伙伴，各种类型的中小型企业也有机会在该平台进行公平交易，进而使企业的经营者能够迅速获得满意的产品和服务。

2. 电子交易市场的两种模式

（1）纯电子交易市场。它是指由纯网络公司作为第三方组建并运营的电子交易市场。

（2）传统交易市场建设的电子交易市场。传统商品交易市场可以充分利用计算机和网络技术建立电子交易市场，一方面传统的商品交易市场给电子交易市场带来人气；另一方面传统交易市场也可以充分利用电子交易市场组织商品的拍卖、商品采购、商品抛售等活动，从而发挥其市场功能，促使某些专业批发市场迅速成为全国乃至外向型的国际市场，如广西食糖批发市场、深圳布吉农副产品批发市场、浙江义乌小商品城、武汉汉正街商品批发市场等。

3. 电子交易市场的功能

电子交易市场是以中立的第三方的立场为买卖双方提供服务，所以，建立一个完善的电子交易市场必须要将提供大型采购商（买方采购系统）与供应商（卖方销售系统）的相应软件与企业内部系统（如 ERP）等进行全面整合。另外，电子交易市场入口（E-marketplace Portal）也应该包括其他的服务功能（见图 8-1）。

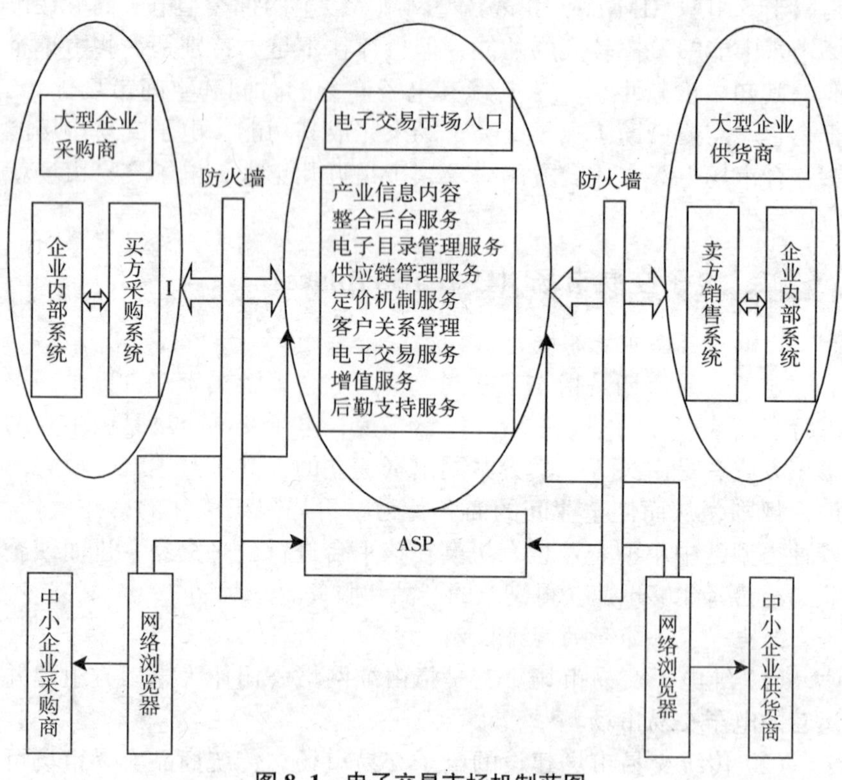

图 8-1　电子交易市场机制蓝图

注：⇨，⇔表示 XML。

（1）产业信息内容（Content）。一般来说，买卖双方来到产业电子交易市场，期待得到许多该产业的相关信息，因此电子交易市场也需要提供丰富的产业信息，如产业新闻、产业市场分析报告、电子论坛等。

（2）电子目录管理服务（Catalog）。提供产业所需要的不同的供应商产品目录管理系统，使得购买者方便取得相关的产品资料，以利于采购的进行。

（3）定价机制服务（Auction）。在交易市场平台上，主办者提供一些交易手段，如正向拍卖、逆向拍卖、协商议价、降价拍卖等多种交易，以满足消费者各方面的需求，在交易过程中形成市场价格。

（4）电子交易服务（Transaction Services）。一般在实体交易过程中存在的交易环节，如报价需求、购买需求、购买发票、开具订单、传送订单、跟踪订单等，都需要在此也能提供，这样才是完整的电子交易市场服务。

（5）物流配送（Logistics）和资金支持服务。物流和配送是两个不同的过程，也是商品在网上交易完成后必须有的支撑系统，通过电子交易的网上配载能使商品交易更为经济和节约。物流指商品从产地到销地的运输过程，配送则是整个商品运输过程中的终端输送。配送是指将从供应者手中接受的多品种、大批量的商品进行必要的储存保管，并按用户的订货要求进行分类、挑选、整理、加工、包装等配货活动后，将配好的商品在规定的时间内，安全、准确地送交用户的一系列活动。其资金结算功能有付款机制和安全机制等。

（6）整合后台服务（Back-office Integration）。提供整合后台的服务机制包括 XML 语言技术的传输标准，使与外界交换的信息可直接传送到后台进行整合。

（7）供应链管理服务（Supply Chain Management ）。供应链管理服务可分为两大部分：供应链规划与供应链执行，其所具有的功能包括以下两方面：

第一，供应链规划（Supply Chain Planning，SCP）。它包括供应链网络设计、需求规划与预测、供给规划、配销规划等。

第二，供应链执行（Supply Chain Execution，SCE）。它包括仓

储管理系统、运输管理系统、库存管理、订单管理等。

（8）增值服务（Value-added Services）。根据不同的产业特性而设有的增值服务，如产品规划设计，或是一般产业都需要的企业财务管理服务等，甚至包括多种语言版本，以服务全球各地的客户。

三、电子交易市场的盈利来源

1. 软件授权

一般情况下，企业与电子交易市场连接时，都需要一套相关的应用软件与企业内部进行整合，这时就需要向市场经营者购买软件，一些中小企业可以采取租赁的形式。

2. 专业服务

电子交易市场针对不同的产业提供相应的专业服务，也可以向客户收取费用，如产品规划设计费用、财务管理费用等。

3. 会员费用

许多电子交易市场采取会员制形式，帮助会员搜集完整的专业信息，电子交易市场以固定方式收取会员费。

4. 广告费用

市场经营者可以帮助供应商提供各种产品的广告信息给采购经营者，主要采用网络广告或广告信函的形式进行广告宣传，所以向供应商收取广告费。

5. 交易佣金

交易佣金是电子交易市场经营者最重要的收入来源，因为在市场平台进行交易的各类交易当事人，通过市场完成交易，可以根据其产业特点和提供服务的多少收取不同比例的佣金，目前大部分在0.35%~6%，交易佣金的对象大部分是供应商，但也有少数经营者同时向买卖双方收取佣金。

四、电子交易市场的发展趋势

电子交易市场早期是由利用产品目录汇集整合方式提供信息内容的服务开始发展起来的，这种服务的增值服务程度低、费用低，后来发展到以买方或卖方为核心的采购和销售机制，进而发展到提供增值服务程度较高、交易速度较快及费用较高且功能多元的电子交易市场。如何建立一个同时能满足买卖双方需求的电子交易市场将成为电子交易市场经营企业在承包时必须注意的问题。电子交易市场应整合不同的产业、物流、资金流、应用软件服务等资源，才能发挥电子交易市场的多种功能。目前，全球约有 1500 个 B to B 市场，但市场区分越来越细后，部分参加的企业抱怨手续费负担增加，因此无法节省成本。为解决这个问题，全球各大企业开始合作，建构商品和服务范围更广的联合电子市场。

电子交易市场应充分发掘和延伸现有传统交易市场的功能，现有的传统交易市场的功能较为单一，但现代化的商品交易市场的功能应是多元化的，如交易功能、聚散功能、价格功能、信息功能、物流配送功能、展销功能等，电子交易市场应借助于计算机和网络技术向生产者延伸，形成订单引导，向消费者末端延伸，从而使商品交易市场的商圈得以扩展，进而充分发掘传统交易市场的功能，并使其功能得到充分发挥。今后，传统交易市场将不再以交易场所空间作为交易市场规模的衡量标准。电子交易市场以传统交易市场为基础，电子交易市场又促进传统交易市场的发展，同时，电子交易市场在发展中不断整合整个社会的市场资源。

20 世纪 90 年代是企业间电子商务发展初级阶段，21 世纪将有更多的企业用户采用企业间电子商务，这将使电子交易市场得到迅速发展，许多企业间商务行为转移到互联网上完成，而且不论是采购商，还是供应商都应积极进入电子交易市场。与之相适应，市场整体基础结构将更趋完善，使得由中立的第三方或买卖双方出资成立的电子交易市场的经营模式在企业间电子商务的发展中占有更重要的地位。

第四节　电子商务盈利模式及其分析

一、电子商务模式的概念

1. 商务模式的概念

商务模式是一种包含一系列要素及其关系的概念性工具，用以阐述某个特定实体的商务逻辑。它描述了公司所能为客户提供的价值以及公司的内部结构、合作伙伴网络和关系资本等，用以实现这一价值并产生可持续盈利收入的要素。

商务模式主要包含以下九个要素。

（1）价值主张。价值主张即公司通过其产品和服务所能向消费者提供的价值。价值主张确认了公司对消费者的实用意义。

（2）消费者目标群体。它指公司所瞄准的消费者群体。这些群体具有某些共性，从而使公司能够针对这些共性创造价值。定义消费者群体的过程也被称为市场划分。

（3）分销渠道。它指公司用来接触消费者的各种途径。这里阐述了公司如何开拓市场。它涉及公司的市场和分销渠道。

（4）客户关系。它指公司同其消费者群体之间所建立的联系。我们所说的客户关系管理即与此相关。

（5）价值配置。它指资源和活动的配置。

（6）核心能力。它指公司执行其商业模式所需的能力和资格。

（7）合作伙伴网络。它指公司同其他公司之间的为有效地提供价值并实现其商业化而形成的合作关系网络。

（8）成本结构。它指所使用的工具和方法的货币描述。

（9）收入模型。它指公司通过各种收入流来创造财富的途径。

2. 电子商务模式概念

影响一个电子商务项目绩效的首要因素是其商业模式。电子商务的商业模式是电子商务项目运行的秩序，是指电子商务项目所提供的产品、服务、信息流、收入来源以及各利益主体在电子商务项目运作过程中的关系和作用的组织方式与体系结构。它具体体现了电子商务项目现在如何获利以及在未来长时间内的计划。电子商务的商业模式主要包括以下内涵：

（1）战略目标。企业的这种战略目标本质上表现为企业的客户价值，即企业必须不断向客户提供对他们有价值的、竞争者又不能提供的产品或服务，才能保持竞争优势。

（2）目标客户。公司的目标客户是指在市场的某一领域或地理区域内，公司决定向哪一范围提供产品或服务，以及提供多少这种产品或服务。

（3）收入和利润来源。在电子商务市场中，因为互联网的一些特性，使公司利用互联网从事电子商务的收入和利润的来源变得更加复杂。从向客户提供的产品或服务中获取利润非常重要的一个环节是对所提供的产品或服务正确地定价。

（4）价值链。为了向客户提供产品和服务的价值，公司必须进行一些能够提供支持这些价值的活动，这些活动往往具有一定的关联性，一般称做价值链。在电子商务的环境下，公司活动的价值链结构发生了革命性的变化。

（5）核心能力。核心能力是相对稀缺的资源和有特色的服务能力，它能够创造长期的竞争优势。电子商务具有快速的实现周期，对信息和联盟也具有很强的依赖性，而且要坚持不懈地改革商务活动的方式，因此，它需要有一种能综合考虑以上所有因素的分析工具，将公司的技术平台和业务能力进行集成。

二、电子商务盈利模式（“1＋5”模式）

1. 电子商务盈利模式的一个核心体系

电子商务盈利模式的一个核心体质是指需求价值创造电子商务结构框架体系，以市场需求为导向是电子商务结构体系的导向，并以需求为导向确定整个体系构架。

2. 电子商务盈利模式的五个基本点

五个基本点指的是五个基本构成要素，它们是：利润对象、利润点、利润源、利润杠杆、利润屏障。

利润对象——是指经济组织提供的产品或服务的购买者和使用者群体，他们是电子商务网站利润的唯一源泉，它解决的是向哪些用户提供价值。

利润点——是指经济组织可以获取利润的产品和服务。好的利润点：一是要针对目标客户的清晰的需求偏好；二是要为构成利润源的客户创造价值；三是为企业创造价值。它解决的是向用户提供什么样的价值。

利润源——是指经济组织的收入来源，即从哪些渠道获取利润，解决的是收入来源有哪些。

利润杠杆——是指经济组织生产产品和服务以及吸引客户购买和使用企业产品或服务的一系列活动，必须与企业的价值结构相关，它回答了企业能够提供的关键性活动有哪些。

利润屏障——是指经济组织为防止竞争对手掠夺本企业的利润而采取的防范措施，它与利润杠杆同样表现为企业投入，但利润杠杆是撬动“奶酪”为我所有，利润屏障是保护“奶酪”不为他人所动。它解决了如何保持持久盈利的方法。

“1+5”模式是我们分析电子商务盈利模式的基本范式与规范，按照这个范式我们可以对不同的电子商务盈利模式进行分析，同时探讨其存在问题及解决途径。

三、中粮“我买网”“1+5”模式分析

1.“我买网”核心框架体系

中粮“我买网”是以客户（包括顾客与供应商）价值为核心，由网上交易、网上网下结算与物流配送共同组成的 B2C 电子商务盈利模式。

2.“我买网”的“五个基本点分析”

（1）利润对象。中粮“我买网”的主要利润对象分为两大部分：顾客与供应商。中粮“我买网”除了向一般消费者提供零售商品之外，也向企业开放自己的网络平台，利用网站良好的信誉为其他企业提供销售铺位。中粮“我买网”的核心框架体系见图 8-2。

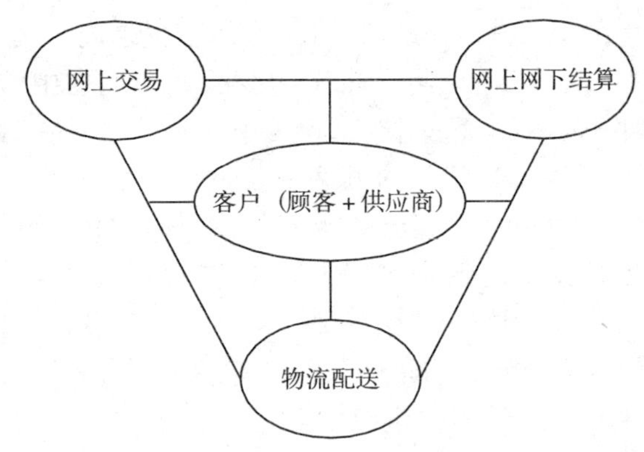

图 8-2 “我买网”的核心框架体系

(2) 利润点。利润点是指中粮“我买网”可以获取利润的实物产品和服务。其提供的商品包括休闲食品、粮油、冲调品、饼干蛋糕、婴幼食品、果汁饮料、酒类、茶叶、调味品、方便食品和早餐食品等百种品类。

中粮“我买网”最初的定位只是一个以销售和推广中粮新产品的平台，但是通过内测发现，过少的食品品类根本不足以吸引用户，于是中粮“我买网”把中粮家族的所有产品都加入到网站的商品类别之中，利润点的体现效果便有了提升。中粮“我买网”的产品线扩张也体现出了经济学中的“长尾理论”。

中粮“我买网”向客户提供的商品可以按照品牌分为两大类：“中粮制造”和“中粮优选”。“中粮制造”的商品全部来自中粮集团旗下各个公司，此类所有商品都可实现食品追溯；“中粮优选”商品则是其所在品类中排名前三的品牌产品。随着更多“中粮优选”新增品牌的上架，“中粮制造”在中粮“我买网”上所占的份额正在逐步下降。

事实上，中粮“我买网”向客户提供的不只是实物商品，同时还有无偿服务。例如，在中粮“我买网”开放了自己的平台之后，“中粮制造”仅占总量的 1/3，剩下 2/3 的部分被称作“中粮优选”。“中粮优选”要通过中粮的多重把关，只有满足中粮“我买网”的两大原则的商品才能成为“中粮优选”被上架，这两大原则如下：一是在传统超市的品类里销售最好的品牌，至少是前三名，以确保食品的安全和口味；二是在网上热卖的商品，比如在中粮“我买网”上热销的“和田玉枣”，就是中粮“我买网”筛选出的最正宗的品牌。

此外，中粮“我买网”向顾客提供的无偿服务还有邮件订阅。每一位在中粮“我买网”注册的顾客，在中粮“我买网”有新的产品优惠、服务相关的资讯时，都会收到一封由中粮“我买网”发送到注册邮箱的通知。这一服务不仅能帮顾客节省花销，同时也保持了中粮“我买网”与顾客的密切联系，有助于更有效地留住顾客。

这些在网上交易的后台进行的服务是中粮“我买网”对利润对象的无偿服务，是为了有偿服务更好地满足客户需求而存在的。

（3）利润源。利润源是指中粮“我买网”的收入来源，即从哪些渠道获取利润，解决的是收入来源有哪些的问题。中粮“我买网”的收入来源有两方面：一方面是食品的供销差价。据调研，中粮“我买网”现有25000多种商品，其中一共有16大类、152小类商品。其中，休闲食品、粮油和果汁饮料三大类商品为中粮“我买网”的主流产品，占据月销售总额的75.9%；另外，还有饼干蛋糕、冲调品、奶制品等13大类产品为“长尾”产品，占月销售总额的24.1%；另一方面是佣金，以向其他食品企业提供良好的B2C电子商务平台赚取经营费用。传统企业在大型综合性的知名B2C电子商务平台上开店，利用其技术、人才、运营、营销推广等优势“借船出海”，已逐渐成为未来传统企业开展电子商务的捷径。特别是传统行业的大型企业集团还可以走“独立总店+网络分店”的网络化连锁模式，这更是未来的发展方向。中粮“我买网”部分合作商家见表8-1。

表8-1　中粮“我买网”部分合作商家

迎乐	西本	格莱雪	龙王	德国普希金	德国百人城
盾顶	德国好维乐	德国果健康	德国 VIVIL	德国 Fresh	青花郎
御青	御红	艳阳红	龙须	祥聚斋	八荒
泰勒兄弟	沙乐	绿A	康大	一好食惠	凤球唛
御香斋	鱼家	伊真	一鸣	铜钱桥	天力

续表

上海梅林	莲悦	莲花	好食惠	恩济堂	春丝江
力加	凯旋 1664	中粮	手延	天乡	麹醇堂
加拿大银枫	深蓝牌	名仕	麦邦	马天尼	马利宝
咖啡蜜力	君度力	绝对	金巴利力	加拿大俱乐部	混血姑娘
必富达	白金武士	奥斯叶副	百加得	Finlandia 芬兰	茹梦
森永	冰岛	凯泰伟	首都企业家俱乐部	中粮专供	古来乐
新疆阿克苏	陕西洛川	祖名	和善堂	东鹏	唐人
忘不了	三奇堂	女人缘	金壮	黄金搭档	更娇丽
彩蝶	新疆昆仑山	助学慧源	仁和	静心	金蓝鲨鲨

资料来源："我买网"网站。

品牌食品厂商利用中粮"我买网"积累的优质用户优势和技术优势，与中粮"我买网"合作经营，由中粮"我买网"统一收银、统一页面管理、统一负责商品的配送和售后服务。不同的厂商视其性质和要求，可以开设直营旗舰店（品牌生产厂商）；品类专营店（专业连锁经营厂商）；品牌专卖店（单一品牌代理厂商）。经营方式灵活多样。商家的商品全部整合到中粮"我买网"现有购物环境中，与中粮"我买网"采用统一的购物流程和售后服务，共享中粮"我买网"高质量的庞大用户带来的无限商机。

入驻中粮"我买网"的品牌厂商，需要支付技术服务费、信息发布和个性化的后台操作平台等技术服务费用、固定租金或抽成租金费用、顾客交易手续费及统一促销费，还有一些其他费用。

（4）利润杠杆。利润杠杆是指中粮"我买网"吸引供应商、采购商、顾客所采取的一系列相关活动，与企业的价值结构相关。中粮"我买网"利润杠杆见图 8-3。分析中粮"我买网"的利润杠杆可以从已有利润对象和潜在利润对象入手。首先，对于已有利润对象，"我买网"的利润杠杆主要有以下两方面：

第一，传统零售中的促销思维。中粮"我买网"借鉴供货商给沃尔玛、家乐福的定价规则，其商品定价比超市略低但绝不破价。尽管在价格上没有绝对的优势，但是传统零售中的促销思维依然给中粮"我买网"带来了不错的竞争力——买赠活动。即以所有中粮

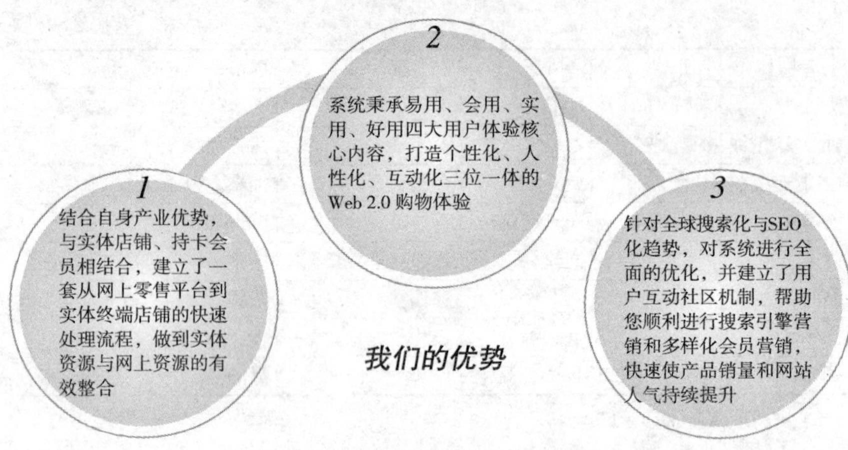

图 8-3 中粮“我买网”的利润杠杆

新出品的果汁、麦片等产品作为赠品，买任何产品均会赠送。一方面利用内部赠品支持力度大的优势开拓市场，另一方面又能将新品迅速推向消费者终端。

第二，SNS 应用。互联网 SNS（Social Networking Services）应用在 2010 年得到了网络用户的广泛认可，国内的微博、国外的Facebook，已迅速成为网民新的集散地。现在，这种互动功能的应用，成为 BIC 网站除网站流量、注册用户数量及网页浏览深度之外的另一项重要参考指标。

中粮“我买网”在其平台正式上线了食品评测专题。互动性正成为中粮“我买网”改革的重要诉求，而中粮“我买网”也是B2C食品领域首家推出评测功能的网站。

在中粮“我买网”官网上，在新疆和田玉枣的评测专区，已经划分出几个清晰的小板块，包括和田玉枣图解评测、商品信息、健康常识、等级评测及用户评测，围绕着一款产品，力图从全方位、多角度对网购消费者进行告知、互动与引导。

中粮“我买网”SNS 的推出，如同产品包装说明的一个延伸，在网络平台将更多详尽的信息、用户评价与消费者进行进一步的互动，解决了商家与消费者信息不对称的问题。

对于潜在利润对象，“我买网”主要采取推广运营的手段吸引客户。从搜索引擎营销、邮件营销与病毒式营销三方面并进向潜在利润对象进行推广。SEO友好设计从美观、创意和易用的角度考虑，可以帮助一个商业网站获得较高的搜索引擎排名，有助于将潜在利润对象转变为已有利润对象。邮件营销可以帮助"我买网"在保持已有客户的基础上，与其建立紧密频繁的联系。病毒式营销可以最全面、最广泛地扩张"我买网"利润对象范围，从而最大限度地为"我买网"吸引顾客。图8-4为中粮"我买网"吸引潜在利润对象运营手段。

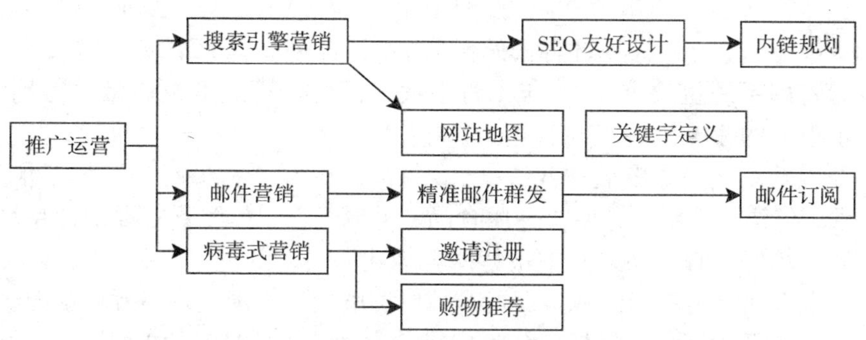

图8-4　中粮"我买网"吸引潜在利润对象运营手段

（5）利润屏障。中粮"我买网"的利润屏障是指为防止竞争者掠夺本企业利润而采取的防范措施，主要包括以下四个方面：

第一，品质保证。中粮"我买网"之所以能够建立，在于其企业声誉、产品品质、产品储存、专业物流和售后保障体系等方面有着绝对优势，让消费者购买食品时更安心。食品作为入口的特殊商品，食品质量就尤为重要。只有从源头开始控制食品质量，通过专家对供货厂家提供的产品进行严格优选，才能够对销售产品的质量有所保障。而中粮"我买网"针对消费者最为关注的食品保质期问题做出了明确的规定：保质期超过1/3的不进库，保质期超过2/3的不出库，保证了送到消费者手中的都是合格、新鲜的食品。

第二，双品牌运营。中粮旗下的无数资源，为中粮"我买网"的发展提供了诸多帮助。和其他电子商务公司不同的是，中粮"我买网"是在中粮集团经过近60年的发展，成为中国最大的粮油食品进出口公司和实力雄厚的食品生产商之后投资创办的，中粮集团多元化的业务优势，显然给中粮“我买网”带来了很多与生俱来的机会。

中粮“我买网”短时间内能够取得令人瞩目的成绩，中粮集团的支持是不可或缺的一个因素。在中粮集团多方面的支持下，中粮“我买网”在技术、设备及人才储备等方面均有了进一步的提升。2010 年 8 月，中粮“我买网”采购部经过扩充后实力增强，经营产品线直接扩充至全部常温食品领域，使商品规模在短短不到 4 个月的时间里由 2000 个 SKU 扩充至 5000 个以上，而且品类经细化管理后，日均销售额翻了两番。此外，运输管理系统及仓库管理系统也均在 2011 年 1 月上线，因此配送速度及质量也得到了很大的改善。

第三，大力发展“我买卡”。目前，中粮“我买网”汇集了粮油、红酒、饮料、茶叶、休闲食品、冲调品、饼干蛋糕、婴幼食品、调味品等日常食品以及中粮集团全球化采购来的进口食品，在食品安全方面有足够的保障。据调查，中国电信、中国人寿、万科集团、雪莲集团等大型企业已经将“我买卡”作为发放给员工的福利。

第四，推出“我买团”。2011 年，中粮“我买网”开设团购频道“我买团”，用户可以在“我买团”与中粮“我买网”上共享一个账号。“我买团”支持“我买网”现有的网络支付平台，比如支付宝和银联在线等支付方式，不支持货到付款。

“我买团”的推出，借鉴了当下受消费者欢迎程度极高的团购模式，扩展了中粮“我买网”的业务范围。区别于其他团购网站的是，“我买团”提供的团购商品均出自中粮集团或中粮“我买网”，这不仅为中粮“我买网”吸引了更多的消费者，更为在“我买团”上消费的客户提供了放心消费的保障。这是继中粮“我买网”在 SNS 应用之后的又一项创新。

“我买团”的客户在团购之后，可以回到中粮“我买网”继续购物，且购物金额允许叠加，叠加之后的总额超过免费配送金额时，可以为客户省去物流配送费用。如此，“我买团”与中粮“我买网”强强联合，互相拓展，为彼此都提供了更多、更广泛的利润对象、利润点与利润源。

采用“1 + 5”模式分析范式也可以研究“我买网”的不足，以及如何完善其电子商务盈利模式，避免主观臆断。

习题

1. 电子商务模式的划分依据是什么？
2. 按交易对象来分，电子商务分为哪些类型？
3. 按交易所涉及的商品客体来分，电子商务分为哪些类型？
4. 按电子商务所使用的网络来分，电子商务分为哪些类型？
5. 简述电子交易市场（E-marketplace）。
6. 简述电子商务盈利模式“1+5”模式内涵并举例分析。

第九章　电子税收、网上保险、网上证券、网上期货

第一节　电子税收

电子税收是指企业和纳税人通过电子商务平台及时获得有关税务的政策、法规、办事机构等信息资料，进行办税程序查询，通过电话或上网申报纳税，税务机关网上确认，银行网上划拨税款，最终完成税收活动。电子商务税收分为国内电子商务税收和国际电子商务税收，而电子税收分为网上交易税收和对非网上交易采取电子征税。在电子商务的引入期，大多数国家采取了免税的政策，对促进初期电子商务发展具有重要的意义。当电子商务进入成长期后，许多国家和地区已开始探索电子税收，并产生了节约税收成本、提高税收效益的作用。

一、传统税收面临电子商务的挑战

电子商务促进了全球化贸易的发展，产生了新的税源，但是同时也给传统税收体制及税收管理模式带来了巨大的挑战。电子商务的开放性、全球性、流动性、无中介性、隐匿性等影响着传统的税收制度，在以下五个方面形成挑战：

1. 税务登记的挑战

传统的税制规定，无论是从事生产、销售，还是提供劳务、服务的单位和个人，都必须办理税务登记。税务登记是税务机关对纳

税人实施管理、掌握税源情况的基本手段，它对于税务机关和纳税人双方来说，既是征纳关系产生的基础，又是法律关系成立的依据和证明。电子商务自产生以来，就不太重视这个问题。任何区域性计算机网络只要在技术上执行互联网协议，就可以联入互联网；任何企业缴纳一定的注册费，就可获得自己的专用的域名，在网上自主从事商贸活动和信息交流；任何一个人只要拥有一台计算机、一只"猫"（Modem）和一根电话线，通过互联网入口提供的服务就可以参与网上交易。

2. 企业常设机构所在地的挑战

电子商务是建立在一个完全虚拟的市场上，企业的贸易行为不再需要原有的固定营业场所、代理商等有形机构来完成，大多数产品和服务的提供不需要企业实际出现，而仅需要一个网站和能够从事相关交易的软件，而且互联网的网址、E-mail 地址、身份证（ID）与产品和服务的提供者没有必然的联系，正因为这种"非实名制"形式的存在，仅从这些信息上是无法判断其机构所在地的。

3. 许多产品和服务数字化的形式的挑战

电子商务使传统的计税依据失去了基础，如网上书店销售书籍，对有实物载体的书籍来说，可以将其视为有形商品销售征收增值税，如果通过上网下载（Download），应将其视为无形的商品销售征收所得税，但一个月书店销了多少本书，其中多少字节（Byte）信息，很难确定。

4. 电子商务的无形化带来的挑战

传统的税收征管模式是建立在各种票证和账簿的基础上的，而电子商务实行的是无纸化操作，各种销售依据都是以电子形式存在的，税收征管失去了最直接的实物对象。同时，电子商务的快捷性、直接性、隐匿性、保密性等，不仅使得税收的税源控制手段失灵，而且客观上导致纳税人不遵守税法的随意性。

5. 在避税港建立虚拟公司的挑战

因为各国都有权对发生在其境内的运输或支付行为征税，所以纳税人大多选择在避税港建立虚拟公司，并通过其进行贸易，或将其作为交货地点，利用避税港的优惠政策避税，许多公司在经营地微利或亏损，而在避税港的利润却居高不下。目前，一些国际避税港，如安提瓜，甚至在网上推出了“避税服务”。这为跨国公司利用网上贸易操作获取利润、规避税收创造了条件。

二、电子商务税收面临的问题

1. 电子商务的法律依据不足

(1) 交易对象（纳税主体）、纳税人等税制要素确认困难，企业无须办理税务登记，可以在网站上进行交易，而现行的税收法律、法规未对网上交易的相关纳税事项做出明确的规定，网站作为经营地是否作为纳税主体不明确。

(2) 以属地或属人管理原则为基础建立的税收征管已经力不从心，税款征收困难。

(3) 税率确立不合理。如网络公司的业务是租用电信部门的设备，代理电信业务，进行数据传输，由于税法中没有明确此项业务的适用项目，税务部门比照代理业按5%的税率征收营业税，但一些网络公司认为它们经营的互联网业务取得了邮电管理局核发的经营许可证，根据国务院1997年5月25日发布的《计算机信息网络管理暂行规定》，属于向社会放开、公开经营的电信业务，理应按邮电通信业3%的税率征收营业税。

2. 电子商务给税源监控造成困难

电子商务只要有一个网址、一台服务器就构成了全部经营活动，交易方式采取无纸化，所有买卖的合同和作为销售凭证的票据都以电子信息的形式存在，这些无纸化操作导致传统的凭证追踪检查失去基础，如何确保税款及时足额入库是税务机关面临的一个重要问题。

3. 电子商务对税收稽查造成困难

(1) 在电子商务的经营方式中，有时一些交易双方没有固定的场所和仓库，使得税务稽查无从下手。

(2) 稽查方法困难，电子商务全程无纸化，稽查操作困难。

(3) 稽查时间的局限。目前税务稽查速度很慢，每个企业一年才轮上一两次，而电子商务一个重要特点就是快捷、高效，往往

《稽查通知书》下达前，稽查对象就很快删改了交易内容，稽查线索可瞬间消失。

4. 电子商务税收违法行为的处罚的定性难

电子商务采取高科技的交易手段，结果比较隐蔽，在互联网上交易实体是无形的，"电子货币"交易与匿名支付系统联结，对税务部门而言，确定纳税人身份和交易的细节极为困难。

三、电子商务税收的原则、标准、环节、对策

1. 电子税收模式应遵循的原则

（1）以现行税制为基础的原则。以现行税制为基础，结合考虑电子商务的特点，对现行税收制度作必要的修改、补充和完善。

（2）不开征新税的原则。现行课税原则应继续适用于电子商务，不必对电子商务采取新的课税形式，不加重纳税人负担，避免双重征税或重复征税。

（3）保持税收中性的原则。税收政策不能对不同商务形式的选择造成歧视，不能由于征税阻碍新技术的发展，网上交易征税不高于网下交易征税，不应区分所得是通过网络交易还是通过一般交易来分别征税。

（4）税收政策与征管相结合的原则。以可能的税收征收管理水平为前提来制定税收政策，保证税收政策能够被严格执行。

（5）保证各国之间的税收公平分配。应当在互惠互利的基础上，谋求全球一致的电子商务税收准则，保护各国应有的税收利益。

（6）前瞻性原则。保证税收成本低廉，税收征管方便，方便纳税人纳税，具有良好的防逃税、防避税功能。

2. 电子税收模式应遵循的标准

（1）系统应是公平的；

（2）系统应是简化的；

（3）税收规则应给税收的缴付者以信心；

（4）任何被采用的系统都应该是有效的，以便最低限度地减少避税和逃税；

（5）经济发展的变形应是可以避免的；

（6）互联网上的税收收益应在国家间公平地分配；

（7）将当前的税收体系调整到互联网上而不是要引进新的税收模式。

3. 电子税收的两个环节

电子征税包括电子申报和电子结算两个环节。

电子申报指纳税人利用自己的计算机或电话，通过电话网、分机交换网、Internet 等通信网络系统，直接将申报资料发送给税务局，从而实现不必亲自到税务机关即可完成纳税申报的一种方式。

电子结算是国库根据纳税人的税票信息直接从其开户银行划拨税款的过程。

第一个环节解决了纳税人与税务部门间的电子信息交换，实现了申报无纸化；第二个环节解决了纳税人、税务、银行及国库间电子信息及资金的交换，实现了税款收付的无纸化。近年来，我国在电子税收方面的实践远大于电子商务税收。在一些城市已经采用电子税收的形式并取得了很好的效果。

4. 实施电子商务税收的对策

（1）加快电子商务税收法制建设。改革和完善现行税收政策和法规，对现有的增值税、营业税、消费税、所得税、关税等税种补充有关电子商务所适应的条款；对电子商务的纳税义务人、课税对象、纳税环节、纳税地点、纳税期限等税制的各要素给予明确界定，以使电子商务有法可依；可以通过修改《中华人民共和国税收征收管理法》（以下简称《税收征管法》），明确网站作为“经营地”、“代表机构”是纳税人，必须依法办理税务登记；开征电子商务交易税，对于以电子媒体作为交易手段的传统商务活动，完全可以按照传统的征税方式进行征税；一些从事网络服务的企业，其商务活动不进行任何有形物的交换，但随着信息产品流转的同时，也有一个现金的流转，可以按照现金流通量的大小，确定一个标准为依据计算应纳税额。

（2）加快税务系统的税收电子化进程。顺应电子商务发展需要，逐步实现税收电子化，如网上申报、网上征管、网上稽查、网上服务、网上专用发票认证。网上申报是指纳税户统一编号，纳税户直接上网将申报资料送达税务机关；网上征管指税务机关根据纳税人的申报资料信息直接从开户银行或专门的税务账号划拨税款。网上稽查指税务机关除根据纳税人自己申报的资料立档外，还与有关机构，如银行、工商等部门的数据库联网，随时获取所需要的各种资料等。

(3) 加强对网络服务商的管理。目前上网主要有三种形式，第一种是拨号上网；第二种是虚拟主机形式上网：企业根据占有磁盘空间大小，每年向网络服务商缴纳一定的费用；第三种形式是专线上网，企业每年分别向网络服务商和电信管理部门缴纳信息流动费和租线费。无论采取什么方法，加强对网络服务商的管理应有利于税务机关监控电子商务的全过程。

(4) 充分行使法律赋予税务机关的征收管理权。核定征收是税务机关对电子商务涉税案例执行查处过程中的一项重要措施。依据《税收征管法》的规定，对不能提供或不能如实提供企业纳税资料的，税务机关在加强调查取证的同时，根据有关资料，按照一定的程序核定其应纳税额，税务机关要充分利用核定征收权，对那些不能如实申报电子商务相关资料的企业，依法核定其应纳税额。对采取电子记账的电子商贸企业要求按照规定实行财务软件及使用方法报税务机关备案制度，并要求上网企业通过网络提供的劳务、服务及产品销售业务单独建账核算，以便税务机关审核其申报收入是否属实，增强税务稽查的可操作性和针对性，有效地查处电子商务企业涉税案件。

(5) 明确网上交易的税种，探索开征新的税种。网上交易的税种是由交易的内容（即课税对象）来决定的，而不是由电子商务的形式来决定的，但是电子商务的形式又对传统的纳税形式有重要的影响，网上交易的税种取决于交易的商品，凡是有形货物（按目前国家税务局的通知含软件）均纳增值税，其余则纳营业税，税收的标准是按交易的实际金额。当然，对电子商务以字节数量（Byte）来计算应纳税额还需要一个过程，但为了鼓励电子商务的发展，可以设置一档优惠税率或给予其优惠政策，如果不对电子商务征税，无异于是对税收主权的放弃，税收的中性原则、公平原则也不能够得到体现。

（6）加强国际间的税收协调。电子商务的全球化引发了许多国际税收问题，我国应积极参与国际电子商务税收研究和信息交流，防范偷税与避税行为，妥善解决税收政策的管辖权问题。

（7）加快培养一些既懂税收业务，又精通计算机技术的复合型人才。电子商务过程实际就是计算机技术的应用，利用网络逃税、偷税，以及反逃税、偷税，就是通过计算机技术进行的较量；税务机关只有从技术上、能力上超越被管理对象的水平，才能有效地控制电子商务中的纳税行为，打击偷税行为，而目前税务系统既懂税收业务又精通计算机网络技术的复合型人才为数甚少。培养一批高级计算机管理人才，提高整个税务系统计算机应用水平，使税收政策监控走在电子商务前列，这些是今后税务机关必须完成的一项艰巨任务。

四、美国电子商务税收及其影响

早在 1992 年，美国最高法院在 Quill 集团与北达科他州的案件中裁定，只有当企业在某个州拥有实体店或者连锁店时，该州才能向这家企业征税。如果网络零售商和邮购公司不设立实体连锁店，那么他们出售商品时无须纳税，州政府也不能强征交易税。

1. 美国电子商务税收政策

（1）美国财政部于 1996 年下半年颁布了有关的《全球电子商务选择税收政策》白皮书，支持电子商务或非电子商务“税收中性”目标，美国财政部认为没有必要对国际税收原则做根本性的修改，但应形成国际共识，以确保建立对电子商务发展至关重要的统一性非歧视税收政策；明确对电子商务征税的管辖权，以避免双重征税。

（2）1997 年 7 月 1 日美国发布了《全球电子商务纲要》号召各国政府尽可能地鼓励和帮助企业发展 Internet 商业应用，建议将 Internet 宣布为免税区，凡无形商品（如电子出版物、软件、网上服务等）经由网络进行交易的，无论是跨国交易或在美国内部的跨州交易，均应一律免税，对有形商品的网上交易其赋税应按现行的规定办理。

（3）1998年5月20日，美国又促使132个世界贸易组织成员国的部长达成一致，通过了Internet零关税状态至少一年的协议，使通过Internet进行国际交易的企业能够顺利地越过本国国界，在其他国家抢占市场。但并未包括购买“耐用消费品”，也就是不包括那些通过网站订购，但仍用一般方式通过国境线才能交付的产品。

2. 美国电子商务税收政策影响

免除电子商务国际贸易关税，最直接的受益者当然是软件出口大国，首先受益的是美国，1996年美国软件销售额高达1000亿美元，其中47%销往海外，与此同时，软件产业创造了多达60万人的就业机会，软件产业正成为美国的经济支柱产业。那么“零关税”对发展中国家而言，免除网络贸易关税会导致计算机相关产品，特别是软件产品进口价格一定程度的下降，而且有些发展中国家的软件产业呈上升之势，出口不断增加，从这个意义来说，对发展中国家也是有利的。从长期来说，如果“零关税”长期持续下去，对发展中国家而言，则意味着保护工业最有效的手段之一——关税保护屏障将完全失效，不利于发展中国家。

中国税制在设计上应考虑到电子商务在全球的发展，特别是电子商务零关税如果持续发展下去，必然会对发展中国家的经济有重大的影响，所谓的“关税保护”屏障将不存在；同时，又要促进我国电子商务的发展，在税收政策上体现出倾斜政策，因此，在电子商务税收问题上应采取慎重态度。

3. 美国2009年开始征收电子商务交易税

2009年开始，纽约州成为首个通过“亚马逊缴税法案”的州政府。从那以后，北卡罗来纳、罗德岛、伊利诺伊和阿肯色等州相继批准了类似的征税法案。除了纽约州以外，亚马逊已经中断了在包括上述各州在内的附属机构的运营业务。该公司正在纽约州就征税法案进行上诉。

而加利福尼亚州和亚马逊的争端远没这么简单。2011年3月，加利福尼亚州就提议征收网络销售税，遭到亚马逊的强硬反对。2011年6月，美国加州通过了一项法案，要求在州内有分支机构或下属机构的互联网零售商缴纳销售税，然而亚马逊推动公民对此法案投票。因为，如果亚马逊2011年按此法征税，它将支付高达8300万美元的销售税，占全加州网商缴税2亿美元的近一半。

在美国，其实就是否应该对网购进行征税的背后反映的是各方利益的博弈。在这场博弈中，政府、网络零售商、传统零售商和消费者的立场不一。这场博弈在金融危机后出现升级，主要是因为经济上的困境使得美国不少州政府承担着数十亿美元的财政亏空，他们正在想办法寻找资金来弥补这些亏空。而销售额快速增长的网络零售业成为各州竞相征税的对象。美国电子商务顾问委员会向政府提议："电子商务不能永远免税。对于电子商务的征税不能多于，也不能少于其他商务活动。"

五、电子商务交易印花税及其征收

1. 印花税及其征收

印花税是对经济交往中书立、领受应税凭证征收的一种税，其课税对象是应税凭证。应税凭证是指以书面形式订立的合同或者具有合同性质的凭证、产权转移书据、营业账簿、权利、许可证照等。在电子商务中，由于信息是以电子形式产生与传递的，传统的应税凭证由纸介质变成了以电子化、无形化的磁介质形式存在。

（1）电子合同。电子商务中由于交易方式的变化，为提高业务洽谈的效率，在经济活动中改变了传统做法，以互联网为平台，通过数据电文来订立合同。电子合同因其载体和操作过程与传统书面合同不同，具有以下特点：

第一，书立合同的双方或多方在网络上运作，可以互不见面。合同内容等信息记录在计算机或磁盘中介载体中，其修改、流转、储存等过程均在计算机内进行。

第二，表示合同生效的传统签字盖章方式被数字签名（及电子签名）所代替。

第三，电子合同的生效地点为收件人的主营业地；没有营业地的，其经常居住地为合同成立的地点。

第四，电子合同所依靠的电子数据具有易消失性和易改动性。电子数据以磁性介质保存，是无形物，改动、伪造不易留痕迹。

电子合同虽然形式上具有不同于传统纸质书面合同的特点，但其性质和意义并没有发生改变，仍然是为了规范交易，确定交易方各自的权利和义务，以保证经济交往迅捷正常地进行，功能仍等同于书面凭证。

（2）电子营业账簿。随着企业中 ERP 的不断推进和会计电算化的日益成熟，财务网上处理已经成为必然趋势。在电子商务中主要采取的是会计软件记账、核算收入，产生的账簿和凭证是以网络数字信息的形式存在，没有传统的纸质账本。

（3）网络营业执照、许可证。随着电子商务的不断发展，网上开店已经成为商家首选。为了保证交易的真实性与合法性，网上经营者必须取得由工商部门颁发的营业执照或经营特许权证照。电子执照是指各类经济组织的营业执照副本（网络版），是根据《中华人民共和国公司法》、《中华人民共和国企业登记管理条例》、《中华人民共和国公司登记管理条例》等有关登记注册法律、法规，由依法成立的具有认证资格的认证机构认证，以数字证书为基础，由工商行政管理部门制作、核发载有企业注册登记信息的电子信息证书。

总之，电子商务将传统交易方式下的合同、凭证数字化、无纸化，印花税原有的课税对象合同、账簿、产权转移书据、结算凭证等不复存在。电子商务的出现使印花税的征收由于法律的缺失，造成税款的大量流失。

2. 电子商务对印花税的影响

电子商务对印花税的影响主要表现在传统的应税凭证由纸质变成了电子化形式。印花税原有的课税对象书面合同、账簿、产权转移书据、结算凭证等的存在形式发生了重大变化。具体表现为以下方面：

（1）造成印花税课税对象的不确定。按照《中华人民共和国合同法》规定，合同的书面形式是指合同书、信件和数据电文（包括电报、电传、传真、电子数据交换和电子邮件）等可以有形地表现所载内容的形式。《中华人民共和国电子签名法》进一步确认了电子合同的法律效力：民事活动中的合同或者其他文件、单证等文书，当事人可以约定使用或者不使用电子签名、数据电文。当事人约定使用电子签名、数据电文的文书，不得仅因为其采用电子签名、数据电文的形式而否定其法律效力。电子商务交易双方签订电子合同均以数据电文和电子签名方式完成。而印花税的征收对象为经济交往中书立、领受应税凭证，而电子合同、电子营业账簿和网络营业执照、许可证的出现导致完税凭证的无纸化和隐匿性，使完税凭证失去书面意义，导致传统的贴花完税的纳税方式无法进行。

（2）对印花税申报征收和税务稽查有冲击。

第一，电子商务中印花税申报征收面临的问题。印花税要求应纳税凭证应当于书立或者领受时贴花。书立或者领受时贴花，是指在合同签订时、书据立据时、账簿启用时和证照领受时贴花。《税收征管法》中规定，纳税人必须依照法律、行政法规规定或者税务机关依法确定的申报期限、申报内容如实办理纳税申报，这里所强调的是，申报要合法、及时、真实。在电子商务环境下，纳税人和扣缴义务人的准确确认变得困难，从而导致纳税申报受到影响。而且，电子商务的发展对传统的上门手工申报方式也提出了新的挑战。新的《中华人民共和国税收征收管理法实施细则》规定“数据电文申报方式是指税务机关确定的电话语音、电子数据交换和网络传输等电子申报方式”、“纳税人采用电子方式办理纳税申报的，应当按照税务机关规定的期限和要求保存有关资料，并定期报送主管税务机关”。可以说，新的《税收征管法》对电子化的申报方式虽然做出相应规定，但仍不能彻底放弃纸质文件，对电子信息的法律效力并没有给出明确定位。

第二，电子商务中印花税税务稽查面临的问题。在电子商务模式下，税务稽查面临严峻的挑战。在电子商务交易的条件下，所有交易与支付过程均在网上完成，流动性与隐蔽性造成税务稽查的难度加大。尽管财政部和国家税务总局在2006年《关于印花税若干政策的通知》中明确了“对纳税人以电子形式签订的各类应税凭证按规定征收印花税”，并要求“纳税人应自行编制明细汇总表，明细汇总表的内容应包括：合同编号、合同名称、签订日期、适用税目、合同所载计税金额、应纳税额等。纳税人依据汇总明细表的汇总应纳税额，按月以税收缴款书的方式缴纳印花税，不再贴花完税。缴纳期限为次月的10日内，税收缴款书的复印件应与明细汇总表一同保存，以备税务机关检查”。该通知虽然要求以电子形式签订的各类应税凭证按规定征收印花税，但在征收技术手段过于落后的情况下，只是要求纳税人应自行编制明细汇总表完税，比原有的传统书面完税凭证自行贴花还要烦琐，无法体现电子商务带给税收征收的方便快捷性，更无法实现在电子商务模式下纳税人自行完税的目标。

3. 电子商务印花税征收对策

（1）构建电子商务印花税征管的诚信基础和技术基础。电子商务以其虚拟化、无形化、无纸化的特点对以实务交易为基础的现行税收法律制度和原则造成了冲击，暴露出了许多法律的空白和漏洞，传统的税法体系对其无所适从。而良好的诚信基础、技术基础则是构建完善的电子商务印花税征收管理法律体系的基本前提。

第一，诚信基础。诚信是市场经济发展的基石。我国电子商务诚信体系已初具规模，但仍存在诸多问题，如信用评价和监管机制不健全，全社会的诚信意识还没有建立等。由于失信成本较小，所以给商业交易带来了很高的交易成本，也制约了传统商业迈向电子商务的步伐。为此，完善的电子商务税收法律体系应建立完善的电子商务诚信体系。

构建电子商务诚信体系是实现电子商务印花税有效征管的重要前提之一，其内容具体包括：构建电子商务诚信评估机制、中介机制，培养电子商务企业诚信经营与纳税意识，建立完善的电子商务税收信用评价体系，建立完善的电子商务税收信用监督体系。

第二，技术基础。在技术上，应改进税收征收模式，设计“电子印花税”系统。“电子印花税”系统主要集数据库、销售、备份、证明于一体，由交易双方登录指定系统，选择相应的凭证类型，可利用指定模板制定电子合同，并由签订各方进行电子签名，也可将双方已签订好的合同以数据电文形式发到指定系统。系统根据合同类型和合同金额计算出应纳金额，由纳税人进行网上支付后，系统自动在合同指定位置生成电子印花，印花是由合同编号、合同名称、签订日期、图案、序号和密码组成的数据电文组成。或在现行税制中补充有关电子记录保存和加密的条款，要求纳税人必须保证以可阅读方式保存记录一段时间，并将加密密码报送税务机关的密码库备案，使税务机关可追踪、验证纳税人的交易性质、金额，确定计税依据。尤其应重点解决以下技术问题：纳税人报送电子数据的规范格式；电子签名法生效后，如何确认纳税人的电子身份；纳税人报送电子报表，税务机关如何给予电子回执等。

（2）修订和完善有关电子商务印花税的法律法规。

第一，强化印花税电子完税凭证的法律效力。修订《中华人民共和国印花税暂行条例》及相关法律，强调印花税电子完税凭证与传统的书面完税凭证“功能等同”。凡符合书面形式要求的数据电文及电子签名，如果能够可靠地保证所载信息自首次以最终形式生成时起，始终保持了完整、未作改变，该数据电文与电子签名即具有法律规定的原件效力。同时，借鉴国外成功经验，修改印花税条例和合同法，强调规定未完税的电子凭证不具有法律效力，不能在法庭、公证等政府部门、社团、企业的有关环节使用。这样可以提高纳税人的遵从度，降低征收成本。

第二，扩大印花税完税凭证的范围。在《中华人民共和国印花税暂行条例》原有十类经济合同、产权转移书据、营业账簿和权利许可证照列举征税基础上，加入近年来不断涌现的新形式完税凭证范围，同时承认。例如，代理合同、网上交易合同、土地使用权、国有资产经营转让合同，有线、无线线路租赁合同、公路经营权使用合同、机场跑道租赁合同，以及《中华人民共和国合同法》增补的供水、供气、供热合同，行纪合同，居间合同均应列入其中。

六、我国税收现代化实践

我国在征税成本和征管效率上与发达国家有很大的差距。美国联邦税务系统有雇员 12 万人，每年完成 1 万多亿美元的收入，人均征税额约 1000 万美元，每 100 美元税款的征收成本仅 0.58 美元。我国有百万税务干部，2000 年征税 1.2 万亿元人民币，人均征税仅 120 万元人民币，每 100 元税款的征收成本也比美国高出几倍。美国国内收入只需要几个数据处理中心，通过遍布全国的计算机网络，就可以处理全美国上亿份纳税申报。而我国目前国、地税系统加起来共有 2 万多个使用征管软件的征收单位。这就是基于传统的征收方式与依托于计算机网络的现代化税收征管体系的差距。

我国于 1994 年 2 月启动“金税工程”，根据国家税务总局税务信息化建设的方案，我国税务管理信息系统建设的总体目标是用 10 年时间建立一个基于统一规范的应用系统平台，依托税务系统计算机广域网，以总局为主、省局为辅高度集中处理信息，功能覆盖各级税务机关的行政管理、税收业务、决策支持、外部信息应用等所有职能的税务管理信息系统。信息化建设的主要任务是建设一个网络、一个平台和四个系统。“一个网络”是税务总局、省、地、县税务局四级主干网。“一个平台”即统一规范的应用系统平台。“四个系统”即税收业务管理系统、税务行政管理系统、外部信息交换和为纳税人服务系统、税收决策支持系统。

自 1994 年以来，我国金税工程经历了四个阶段：1994~2001 年，金税工程第一期、第二期建设阶段；2005~2010 年，金税工程第三期阶段；2011 年至今，金税工程进入第四期建设阶段。至今金税工程初步完成了电子纳税系统，使电子纳税成为普遍的经济现象。进入 2011 年后，美国、中国先后出现电子商务税收征收热点话题。

我国武汉市国税局对淘宝网上名叫“我的百分之一”的女装网店征收其 2010 年的增值税、企业所得税、滞纳金，共计430.79 万元，首开国内对网店征税的先例。

对此执法行为，笔者认为，依法纳税是企业和个人的法定义务，在中国境内从事任何营业性活动都应当缴纳相关税收。然而，淘宝网店分三种：一是没有进行工商登记的个人卖家，二是已注册公司的个人网店，三是实体店的网上商铺。后两者与线下的实体公司毫无二致，均应依法纳税。但对于第一种即“纯个人网店”，目前我国尚未出台征税的具体办法。在对个人网店征税具体办法尚未出台的情况下，对其征税略显操之过急。

国家工商总局 2010 年 7 月 1 日起实施的《网络商品交易及有关服务行为管理暂行办法》中明确指出，积极促进网络商品交易及有关服务行为的健康发展等指导思想和原则。因此，对第一种网店征税应认真研究，审慎处之。

第二节 网上保险

一、网上保险的两个内涵

1. 电子商务保险

电子商务是一个成长性的产业，由于其技术创新和运营的法律规范在发展过程中尚不成熟，黑客袭击网站的现象屡禁不止，于是一些电子商务公司和网上商店求助于保险公司，以回避市场上难以预测的风险。我国许多企业尚未采用这一形式，但有趋向和紧迫性。

2. 保险公司电子商务

许多保险业与电子商务联姻，中国平安保险公司、新华人寿、泰康人寿、中国太平洋保险公司等都积极开发电子商务技术。例如，中国太平洋保险公司的天天有网站，用户点击它的保险超市，就可以完全个性化地根据自己的保险需求选择险种投保；公司在得到确认用户的保险需求后，会以最快的速度将保单送到用户指定的地点，并支持用户通过网上银行付款。

二、网上保险的优势

1. 经营成本低

保险公司通过网络销售保单，可以省却目前花费在分支机构代理网点及营销员上的费用。保险险种、公司评介等方面信息电子化后可以节省印刷费、保管费。通过降低保险总成本从而降低保险费率，更好地吸引客户。

2. 信息量大和互动性

网络就如同一位保险专家，不仅随时可以为客户提供所需的资料，而且简洁、迅速、准确，大大克服了传统营销方式的缺陷。客户有什么要求和问题，可以在网上直接与保险公司联系。借助互联网，顾客足不出户就可以方便、快捷地访问保险公司的客户服务系统，获得诸如公司背景、保险产品及费率的详细情况，顾客可以随意访问多家保险公司的系统，比较其产品的价格。从中选择最合适的险种。联机通信固有的互动功能，极大地方便了保险双方的沟通。

3. 有利于促进保险宣传和市场调研的电子化，加快新产品的推出

在网络环境下，保险人可以用公告牌、电子邮件等方式向全球发布电子广告，向顾客发送有关保险动态、防灾防损咨询等信息，既能扩大保险宣传，又能提高服务水平，还能克服传统营销中借助报纸、印刷宣传小册子所固有的信息量小或成本高、时效差的不足。

4. 节省营销时间，加速新产品的推出和销售

新产品设计出来后，几乎无须其他环节就可以立即进网，供顾客选择。由于网络的存在，投保人也用不着等待销售代表回复电话，可以自行查询信息，了解保险产品的情况。而且保险网络营销还具有 24 小时随时调用的优势，减少了市场壁垒，为保险公司提供了平等的竞争机会。

三、网上保险的可能性

1. 网络环境初步具备

从 Internet 在国内的发展来看，目前我国已初步建成了面向公众服务的网络体系，这些网络均面向公众提供 Internet 商业服务。随着我国加大信息产业投入政策的逐渐落实，Internet 在我国的发展速度将是惊人的。

2. 有广阔而优良的潜在市场

据中国互联网信息中心统计，1997 年我国上网用户达 62 万户，1998 年底为 210 万户，1999 年底为 890 万户，到 2000 年底达到 2250 万户，到 2010 年底达到 4.57 亿户。数量众多的网民且每年成倍数增长的互联网访问者是保险网络营销的潜在目标市场。这一目标市场的特点如下：首先，上网用户中大专以上学历占 90%，由于文化素质相对较高，他们对在互联网上所提供的保险商品及公司信息理解相对容易。其次，上网用户这一群体平均收入较高，为他们购买保险商品提供了经济基础。据调查，个人上网用户平均月收入

1000~2000 元者占 32.4%；2000~5000 元者占 14.4%。最后，从这一群体年龄结构来看，21~35 岁之间的青年人占 79.2%左右，他们的观念新，乐意选择优秀的保险产品。

3. 我国保险界已认识到网络对保险营销的重要性，并积极尝试

1997 年 11 月，中国保险信息网面向公众开通运行，这是我国在国际互联网上开办的第一个保险行业的专业网，也是继英国出现“直播”保险公司、法国 A&A.AON 等发起组织全球保险网等一系列现象出现后，我国保险业在网络化方向的一项重大举措。

我国的网络保险始于 1997 年，至今已经 14 年。1997 年中国保险学会与北京维信投资顾问有限公司共同发起成立了我国第一家保险网站——中国保险信息网，该网站于同年 11 月 28 日为新华人寿促成了国内第一份网上保单，实现了我国网络保险零的突破。

2000 年之后，我国的网络保险实现了从无到有并不断壮大的跨越式发展。2000 年 3 月 9 日，太平洋保险北京分公司开通首家保险营销网站“网险”，推出了包括个人网络保险和企业网络保险在内的 30 余种网上投保险种，实现首月保费收入 99 万元，展现了网络保险市场的巨大潜力。2000 年 6 月，平安保险的 PA18 网上交易平台 (www.PA18.com) 建成，并于 8 月正式开通；太保和泰康人寿也几乎同时开通了自己的全国性网站，打响了我国网络保险市场的争夺战。2007 年 9 月，第三方在线保险平台优保网 (www.ubao.com) 投入运营，客户通过该网站不仅可以购买意外险、车险、家财险，还可以享受网上支付、保险卡注册、保单验真、咨询报案等服务。截至 2005 年底，31 家中资保险公司有 26 家开通网站，41 家外资保险公司中（包括分公司、代表处）开通中文网站的有 28 家，总共 54 家公司开通网站，比例占全部保险公司的 75%。

尽管各保险网站纷纷成立，来自网络的保费收入也不断增长，但是从销售流程上来看，投保者大多仅通过网络递交材料和传递投保意向，事后由保险公司派人上门完成保单签字收取保费等工作。直到中国人保财险于 2005 年 4 月 1 日推出国内第一张全流程电子保单，客户才最终实现了足不出户在线购买保险产品和支付保费，同时获得具有法律效力的电子保险单，网络保险才得到真正意义上的

实现。同年，我国网络保险的保费收入达到 57 亿元，占全年保费的 1.13%。目前，平安、泰康、国寿等都可以提供电子保单，人保财险全流程电子保单的适用险种也由最初的 2 种逐步发展到 30 余种。

此外，不附属于任何保险公司的第三方保险营销网站也发展迅速，它们主要以保险超市的形式销售车险以及意外险等，目前比较有影响的第三方保险营销网有：优保网、中国保险网、保网等，其中又以优保网最为专业。

四、网上保险对传统保险的影响

1. 对保险中介人的影响

保险网络营销方式的出现，会减少市场上对传统保险代理人和经纪人的中介需求。然而，由于受现有技术和互联网普及程度的约束，短期内保险中介人的地位不会受到冲击。这就要求保险中介人早日调整自己的经营方向和经营理念。

2. 对保险公司的影响

自我国恢复国内保险业务以来，保险公司发展业务的一般思路是以扩大机构的设置来增大市场占有率。网络作为一种全新的经营管理工具应用于保险业，保险公司完全可以在网上作核保、核赔和远程保险服务，这无疑对传统的保险经营模式提出了严峻的挑战。另外，利用网络进行保险营销还存在一个网络安全的问题。网络安全包括安全管理机制和安全保密技术，而安全保密技术又包括网络静态节点的安全和信息流的安全。网络静态节点的安全防护主要通过“防火墙”来解决，信息流的安全则是通过对信息网的加密来解决。

3. 对保险监管部门的影响

我国保险监管历时不长，其监管手段如立法监管、技术上通过稽核举报、财务监管等方式基本上是以传统保险营销为目标，在保险市场上网络营销与日俱增的情况下，原有监管手段的有效性面临挑战，为了适应保险业的发展，维护保险市场的良性发展和正常的经营秩序，保险监管部门要及时推出适应未来保险市场发展的监管制度和手段。

五、如何发展网上保险

随着网络技术的发展及世界金融业向无现金、无支票的电子化迈进，网络保险发展是必然的。我国保险业应抓住时机，吸收国外的研究成果，尽早开展保险网络营销规划和研究开发，可以从以下方面着手研究，以适应我国保险业的开放和发展。

1. 着眼未来，制定保险网络营销管理规划

在计算机网络的保险营销应用上，我国与国外差距相对较小，各大保险机构可根据我国网络发展状况，结合本公司的中长期发展战略和经营计划，组织人员，拿出资金有针对性地研究在互联网带来的机遇和挑战面前，保险公司能做些什么，应做些什么以及如何去做。以现代电子信息技术为依据的先进的保险网络营销 技术，必将成为保险公司在激烈的市场竞争中取胜的重要营销技术和重要法宝。

2. 促进保险公司上网和发展第三方保险网站相结合，为消费者提供一个无压迫的轻松的购买保险的环境

目前我国保险业主要针对企业和机关，面向个人的零售保险服务还相对滞后，相当多的保险业务员主要靠街头宣传、上门推销等原始方式盲目寻找客户，售后服务也是通过熟人关系来维系。随着经济的发展，传统保险营销大大滞后，为此，保险公司上网和第三方保险网站应得到迅速发展，我国“易保网”（www.eBao.com）的建立就是对第三方保险网站的有益探索。

3. 加强调研，完善保险监管

随着我国加入世界贸易组织，保险市场正在逐步开放，保险市场细分越来越强，由于互联网络必将给保险市场的细分提供更有利的技术环境，各保险公司为了争取市场，必将利用互联网推出层出不穷的保险品种以满足不同个性的保险客户的需求，因此，对于保险公司的网上经营活动，作为保险监管部门应是“宜导不宜堵”。而且也只有科学的监管才能使这一新的营销模式得以良性循环。

4. 实现由网上保险宣传向网上保险销售跨越

1997 年起，国内首家保险企业开始在互联网领域进行商务尝试，

但由于受技术、资金、人才、信息等因素影响，一直停留在网上企业形象宣传上，而保险产品和服务的销售还很遥远，比国际保险业的电子商务发展滞后了至少5年。美国网上保险交易的比例最高，已经达到10%~20%，欧洲和澳大利亚的比例也基本相当。

5. 开发保险电子商务软件

2001年3月，我国电子商务公司美商网发起的保网（深圳）信息技术有限公司（24ins.com.inc）推出国内第一套保险代理公司业务处理系统，该系统集投保（续保）、批改、理赔、财务对称结算、单证打印、单证、客户关系、销售、业务员佣金、报表与查询、保险公司信息管理、系统设置等十余种功能于一体，能够最大限度地满足保险中介企业对计算机业务处理系统的需要。

第三节 网上证券

一、证券电子商务体系的三个层次

完整的证券电子商务体系包括以下三个层次：

1. 财经证券类网站

如我国100多家财经网站，提供股市信息、财经新闻等丰富的网上信息服务，并通过与证券公司、银行合作进行网上证券交易，这一类网站至今尚未开放。

2. 证券公司自身的信息化，证券业务向网络延伸而建立的网站

如长城、华夏、武汉、西南等证券公司纷纷进行信息化的基本建设，先行实现了自动化处理业务，在此基础上建立自己的网站，开展网上交易，至2005年，国家批准的这一类网站已达到89家，而且还将进一步扩大。

3. 网络公司建立的纯交易证券网站

它与国家商业银行和证券公司合作，完全抛开了地理意义上的证券营业部，实现了股民在银行注册开户，通过网络、报纸、电视

等媒体获得证券资讯，而在网上直接交易的“虚拟营业部”，至今国家尚未开放这一类网上证券交易。

网上证券是我国推行最早、盈利最早的电子商务模式。从 1996 年开始，一些网站先后推出网上证券交易平台。2000 年 4 月 13 日，中国证监会颁布《网上证券委托暂行管理办法》，财经网站“和迅” 2000 年 7 月 10 日正式推出“和迅”网上交易综合服务平台 TOP 系统。2001 年 2 月中国证监会公布了第一批 22 家证券公司，2005 年 12 月，我国网上证券委托资格的券商达到 89 家，截至 2005 年 12 月 30 日，网络炒股用户规模为 5678 万人，占 14.8%，年增幅 67%。

二、网上证券的交易程序

网上证券交易与传统证券交易在程序方面基本上一样，又有某些特点，见图 9–1。

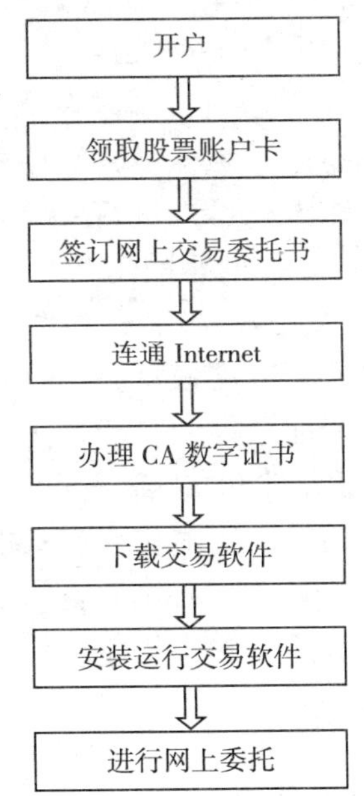

图 9–1 网上证券交易业务操作流程

1. 开户

网上证券交易也和一般证券交易一样需要开设证券账户和资金账户。

（1）办理证券账户。投资者需要携带本人有效身份证原件和复印件到所在地证券公司营业部开户柜填写上海或深圳证券账户开户申请表（代理开户者需要携带委托开户人身份证原件和复印件），之后，缴纳一定费用即可办理沪市或深市股东账户卡。目前，A 股和B 股账户是分别开户，A 股用人民币开户并交易，B 股用外币开户（在沪市或深市分别以美元或港元开户）和结算。

（2）办理资金账户。资金账户又称保证金账户，申请开办证券账户的次日，申请人可以凭本人身份证和开户收据去领取证券账户卡。领到证券账户卡后，工作人员会为投资者建立资金账号，同时，投资者应存入交易保证金，有的证券营业部还专门制作了资金账户卡（俗称磁卡、交易卡）。投资者在领取磁卡之后，就可以直接通过磁卡到资金柜填写存款单、刷卡存入现金了。当然，如果投资者觉得直接到证券营业部存款不方便，可以在证券营业部直接申请开通银行转账功能，这样就能通过磁卡将银行中的存款划转到证券公司的资金账户上，当然，磁卡也可以进行股票的委托买卖、撤单、股票查询、资金查询以及成交查询等操作。

取款时，需携带本人有效身份证原件、证券账户卡、资金卡（俗称“三证”）填写取款单来支取现金。代理取款时，代理人要携带委托取款人的有效身份证原件及复印件一份、证券账户卡、资金卡和代理人的有效身份证原件和复印件一份，填写取款单取款。

如果是法人投资者开户，应由法人授权的合法交易人员及资金调拨人员，持相关证件，包括法人执照复印件、交易及资金调拨人员证明、被授权人的身份证原件及复印件等以及证券账户卡，到证券营业部办理开户手续。

投资者在办理完开户手续后，在交易前，还应持本人身份证、证券账户卡、资金卡到所在证券公司营业部委托柜认真阅读协议书，了解自己的权利和义务之后，填写“上海股票指定交易协议书”（深市交易不需要填写），其中包括如姓名、股东卡号、身份证号、联系地址、电话等相关内容，签名后交与工作人员，工作人员认真核对无误后加盖公章，一式两份，投资者与营业部各留一份，这样就可以进行委托买卖证券。

2. 签订交易合同

对于进行网上交易的投资者来说，还要持本人有效身份证、证券账户卡、资金卡到所在的证券公司办理网上交易委托事项，客户在仔细阅读《网上证券委托风险协议书》后，再签订一份《网上证券委托协议书》（一式两份）即可。

3. 办理 CA 数字证书

为了保障网上交易的安全性，很多证券公司开发的交易软件都采用 CA（Certificate Authority）数字证书，以确保交易双方身份的合法性和不可抵赖性。CA 数字证书的办理方法如下：可以到证券公司的受理点去申请CA 证书（有的券商在网上也提供 CA 证书的下载），但要保证在开户时所提供的身份证及各种信息的真实性、准确性，缴纳一定费用后即可获得一个包括个人数字证书、用户密钥和证书中心的根证书文件的软盘。在计算机上把得到的 CA 证书安装完成后，就可以安全地使用网上委托系统进行证券交易了。CA 数字证书在投资者申请 T+1 后方可正式使用，且此 CA 数字证书一般有效期为一年，超过一年之后，需要重新申请办理 CA 数字证书，也可以到网上指定的地址自行免费更新证书，因在各证券公司获取 CA 数字证书的方法不同，投资者最好去当地证券公司咨询。

4. 办理上网手续

在完成以上手续后，投资者可以去电信局等 ISP 服务商那里办理上网手续，选择多种方式接入上网，目前大多数个人都选择拨号上网的方式——通过 Modem 拨号上网，投资者也可以选择 ISDN 或其他方式上网，有条件的可以选择专线上网等。

5. 网上交易及开户费用

网上交易的费用包括以下两个方面：

（1）上网费用。上网费用又包括电话费用和网络使用费两部分，电话通信费是指在拨号上网时占用电话线路的费用，如今计费标准较市话费用低。网络使用费即使用互联网的费用，计费标准因使用的 ISP 服务商不同而有所不同。

如果投资者上网时间较多，可以到电信局办理包月方式上网，这样可以节约费用。

（2）网上委托交易费。目前网上证券交易的收费标准与在营业部柜台委托的收费标准相同，并不增收任何额外的费用，只是投资者要自行负担上述互联网的网络费和电话通信费。

（3）开户费用。投资者或机构到证券公司开设证券股东账户应缴纳费用，二者是不相同的（见表 9–1）。

表 9–1　开户费用

<table>
<tr><td rowspan="2">股票种类</td><td rowspan="2">A 股</td><td colspan="2">B 股</td></tr>
<tr><td>上海</td><td>深圳</td></tr>
<tr><td rowspan="2">开户费</td><td>个人：62.00 元（人民币）/户</td><td rowspan="2">19.00 美元/户</td><td rowspan="2">19.00 美元/户</td></tr>
<tr><td>机构：300.00 元（人民币）/户</td></tr>
<tr><td rowspan="3">佣金</td><td>A 股：成交金额的 0.35%</td><td rowspan="3">成交金额的 0.43%</td><td rowspan="3">成交金额的 0.43%</td></tr>
<tr><td>债券：成交金额的 0.2%</td></tr>
<tr><td>证券投资基金：成交金额的 0.25%（最低标准 10.00 元）</td></tr>
<tr><td>印花税</td><td>成交金额的 0.40%</td><td>成交金额的 0.30%</td><td>成交金额的 0.30%</td></tr>
<tr><td>过户费</td><td>1.00 元</td><td></td><td></td></tr>
<tr><td>其他费用</td><td>5.00 元</td><td></td><td></td></tr>
<tr><td>结算费</td><td></td><td>成交金额的 0.05%</td><td>成交金额的 0.05%，上限 500.00 港元</td></tr>
<tr><td>经手费</td><td></td><td>成交金额的 0.0255%</td><td>成交金额的 0.03%</td></tr>
<tr><td>证管费</td><td></td><td>成交金额的 0.0045%</td><td>成交金额的 0.0046%</td></tr>
</table>

开通转托管业务的每户收取人民币 30 元，深圳证券交易所结算公司按 50 港币/笔收取 B 股托管费。投资者在证券市场上可以采取多种委托形式。例如，网上交易或者其他形式，如柜台委托、电话委托、磁卡（自助）委托等形式。

6. 网上证券软件及其使用

一些券商纷纷开展网上交易的宣传，在一些券商网站上提供免费的行情分析软件和交易软件供股民下载，如证券之星、

STOCK2000、投资家、赢时通、钱龙等，还有一些网络公司也提供这些软件，如杭州恒生信息技术有限公司推出的“大福星”、“行情分析系统”和“证券新干线”。作为股民如何使用这些软件呢？

（1）下载与安装软件。当你登录相关网站后，双击下载安装文件，就可以很容易地进行安装，第一次使用时，需要你链接到 Internet 登录行情服务器，下载最新数据进行系统初始操作。使用默认的站点、用户名和密码就可以登录服务器，下载数据。

（2）界面简介。主界面共有 11 个选项：大盘分析、报价分析、个股即时分析、技术分析、多股同列、特别报道、公告信息、系统工具、网上交易、系统帮助、退出系统等。此外在主界面标题栏的右侧还有画线、交易、主项、连接四个功能按钮。除此之外，还有系统设置、行情分析等。

三、网上证券交易的八大趋势

第一，随着网络技术的进步，制约网上证券交易的技术“瓶颈”因素将逐步消除，随着网民的增加，上网成本将会逐步降低，上网速度会逐步加快，证券交易的安全性会有较大提高，这会对网上证券交易的发展创造十分有利的条件。

第二，网上证券交易的政策和法律环境会进一步改善，这将为我国证券交易的规范发展提供良好的政策和法律支撑。

第三，传统券商和网络证券商相互融合，并对发展网上证券交易的认识趋于统一，将引起券商内部管理体系的调整和组织结构的变化。社会对综合型的网络券商的要求会更高。

第四，券商在网上证券的资本投入会迅速增加，券商会进一步加强网上证券业务的技术支持和信息支持，相关的技术创新和业务创新将更趋活跃。

第五，网上证券交易的规模将进一步扩大，网上证券交易的作用将进一步发挥，网上证券交易在日趋激烈的竞争中得到不断发展和完善，网站在功能设置、个性化服务、客户服务体系等方面的发展和创新，使网站更好地适应市场需要，证券网站对网上证券业务的重要作用将日益显示出来。

第六，由于券商开展网上证券交易的成本降低，佣金改革率先在网上证券交易领域取得突破，因此，网上证券交易佣金的下调是一个必然的趋势，这将会使更多的投资者认同网上证券交易方式。

第七，网上证券业务将更趋于多样化。今后券商网上证券业务将由目前的网上证券交易品种向网上投资银行、网上客户委托资产管理、网上国际证券业务等其他新领域延伸和发展。

第八，网上证券交易所占的比例会迅速上升，从全国范围来看，2009 年底，我国网络股民已达 5678 万人，占 14.8%，网上证券交易两三年以后将超过 20%。

第四节　网上期货

期货交易的发展经历了四个阶段，但期货交易的网上交易创新相对基础证券网上交易显得较为滞后，为此需要借鉴国外经验和国内基础证券网上交易的经验，特别是“券商+期货”的模式，从而实现期货交易的网上直接交易。在计算机和网络技术的支撑下，传统的证券、期货交易方式和体系可以创新发展。

一、现代期货交易制度将取缔传统期货交易制度和形式

1. 期货交易的产生和发展可分为四个阶段

第一个阶段。早期传统的期货交易方式是有纸化交易、公开叫价制度。这种方式现场的“市场人气”较旺，很容易表现出市场真实状况，有些交易所至今仍然采用这一形式。

第二个阶段。随着计算机和网络技术的发展，无纸化证券和期货等代替了有纸化运作，计算机和网络技术的“价格优先、时间优先”的撮合交易制度代替了公开叫价制度。特别是一些新兴的交易所发挥后发效应，一开始就采取了“价格优先、时间优先”网上交易和撮合成交的形式，无纸运作代替有纸运作成为主要形式。

第三个阶段。网上交易服务、网上在线交易和其他交易方式并

存。网上交易仅限于经纪公司与交易所之间的交易，散户与交易所之间的交易主要通过经纪公司的网络“间接”完成。当前以网上交易服务为主，如提供交易行情、交易咨询、交易结算与过户等。与传统交易方式同时并存的有电话、电报乃至书信等委托申报交易形式，但主要是电话或刷卡委托形式。

第四个阶段。网上交易服务、网上在线交易为主要形式。随着计算机和网络技术的高度发展，投资者不仅需要接受网上提供的增值交易服务，而且需要直接在网上与交易所联机下单，进行实时网上交易。

2. 传统期货交易与现代期货交易的区别

（1）我国传统期货交易方式至少有四大要素：经纪人、交易厅（池）、公开叫价、有纸交易。即通过经纪人传递买卖信息，进行有纸化交易。“红、黄马甲”在交易厅（池）活动，用叫喊与手势公开叫价。

（2）现代期货交易方式有五个要素：有纸交易被无纸交易所替代——虚拟交易对象出现；交易厅（池）被无交易厅（池）所替代——虚拟的交易厅（池）空间的出现；电子计算机和网络系统成为主要硬件设施，固定网络与无线移动网络相结合形成虚拟空间；虚拟经纪人从事交易、结算、过户等，形成逐日结算制度（Marked to Market）；按“价格优先、时间优先”的约定原则进行计算机撮合交易等。

3. 网络期货交易方式具有六个方面的特点

（1）提高了交易速度。

（2）突破了时空界限，可以 24 小时交易，并且可以跨交易所进行套利活动。

（3）减少了市场交易者的交易成本，如降低佣金费用，网上佣金一般在 2‰左右。

（4）提供了一种更公平的交易系统，无论市场参与者是否聚居在同一城市，只要获得许可就可以参与同一市场的交易。

（5）具有更高的市场透明度和较低的差错率。

（6）电子交易逐渐取代交易厅并减少了经纪公司和经纪人数量。

全球电子交易所联盟的成员使用巴黎交易所开发的NSC交易平台，联盟的每一个交易所都通过一个公用的应用程序界面（API）——HubAPI链接到中央交易系统。根据全球电子交易所联盟的条款，联盟的所有成员都可以通过单一的链接技术进行这一市场上所有的特别交易待遇——允许使用交叉保证金，同时，联盟成员也建立了一套完整的协调机制以确保电子交易的规则和秩序。

二、网上期货交易的两种形式

网上期货交易指投资者利用互联网资源，获取商品的即时报价，分析市场行情，并通过互联网委托下单，实现实时期货交易。从理论上说，所有的基础证券与衍生品都能进行网上交易，但由于多种原因，网上交易的品种仍然较少，网上交易的期货等衍生品更少。

1. 网上交易主要有两种形式

（1）信息增值服务为主要形式。投资者经由交易所交易厅执行委托的网上交易，网站提供信息服务，经纪公司提供许多增值服务，如经纪公司的系统可以在一台计算机屏幕显示全国最佳的买价、卖价，使委托能在相关的交易所电子自动交易系统上实时执行。

（2）网上“直接”交易形式。它是不需经由交易媒介执行委托的网上交易。例如，由芝加哥期货某交易商（KottkeAssociatesLLC）推出的第一个网上交易系统Chicago Future.com，它致力于以电子方式执行交易及清算期货契约，即不必经由其他交易媒介执行委托。经由此种方式，无论在何时何地，交易商均可于数秒之内获取其账户信息，执行并清算期货契约，执行委托并查看其仓位。但是其速度较慢，不能够满足需要。

2. 网上期货经纪公司的电子商务

（1）期货经纪公司向网上交易客户提供交易服务。它包括向客户提供实时行情和网上自助下单的交易方式，客户从网上可以使用期货经纪公司提供的实时行情接收和分析系统；同时，期货经纪公司提供的交易软件可供投资者自助下单。

（2）期货经纪公司向网上交易客户提供各种在线和线下服务。期货经纪公司通过各自的网站向网上交易客户提供信息咨询和开户预约服务，有的公司还向网上交易客户提供个性化的投资咨询服务。为了提高网上交易的方便性，期货经纪公司向网上交易客户提供上门开户和银期转账等线下服务。

(3) 期货经纪公司采用各种手段保护网上交易客户的利益。为了保护网上交易客户的利益，期货经纪公司应通过安全管理系统、备份系统和应急计划等一系列措施来确保网上交易系统的安全可靠；有的公司要求网上交易客户签署《网上期货交易风险揭示书》和《网上期货交易协议书》以明确网上期货交易可能存在的风险，保护网上交易客户的合法权益。中国证券监督管理委员会也正在考虑出台《期货电子化交易技术规范》、《期货电子化交易业务规范》、《电子化交易合同指引》以及《电子化交易风险揭示书指引》等相关文件，对网上期货交易行为进行规范。

三、用网络技术促进期货市场创新

在计算机与网络技术的基础上，交易所之间、经纪公司与交易所之间的联网经营成为可能，网络技术促进了期货市场创新，其主要有以下两种模式：

1. 合并与联盟

把单个交易所相似的功能如管理和清算等整合在一起以获得规模效率，能够提供更多的交易品种，建立比以前单个交易所更大的客户群体。例如。

(1) 美国的联盟。2003 年 5 月纽约商业交易所和纽约商品交易所决定采用美国科技公司 OnExchange 的结算软件，这一计划使得两家交易所同时拥有一种结算系统。

(2) 欧洲的合并。1998 年德国期货交易所和瑞士期权和金融期货交易所合并，创建了欧洲期货交易所。

(3) 国际间的合并。1984 年芝加哥商业交易所与新加坡国际金融交易所建立了交易所间的交易联网，通过建立联网相互对冲双方交易所的持仓，包括货币、利率、股票指数期货等。

2. 改制与创新

期货交易所一般采取会员制、公司制两种形式。传统的会员制存在着许多弊端，如交易所的所有者、决策者、利用者均为交易所的会员，会员在一人一票的基础上对交易所的事务进行表决。每个会员具有同样的权利和义务，但不同会员在交易所内利益是不均衡的。为此，许多交易所选择了股份制模式，1993 年斯德哥尔摩交易所实行股份制；1998 年 11 月 14 日，澳大利亚交易所的股票在自己的市场上市交易，成为世界上第一家上市交易所；2001 年德国法兰克福证券交易所也成功上市；等等。交易所和经纪公司治理结构的改善，又为网上交易和服务奠定了制度保证。

四、国内外网上期货证券交易

1. 国外的网上交易是从网上证券开始的

国外网上证券的发展为网上期货交易的发展积累了经验。1995 年，以 Discover Brokerage Direc 公司为首的几家经纪商率先引进网上交易系统，允许客户通过互联网发出交易指令，开辟了网上证券交易的先河。

2. 我国网上证券的探索是从 1996 年开始的

我国网上证券的探索是从 1996 年开始的，一些网站先后推出网上期货证券交易平台。2000 年 4 月 13 日，中国证监会颁布《网上证券委托暂行管理办法》，并于 2001 年 2 月首次公布了第一批具有开展网上证券委托业务资格的 22 家证券公司，截至 2005 年 12 月，我国网上证券委托资格的券商达到 89 家。

3. 我国网上期货交易方兴未艾

与发达市场经济国家相同，我国对于衍生品网上交易都采取了谨慎的政策。由于期货交易风险较大，当前我国网站主要是信息增值服务，而较少有客户提供“直接”进行期货证券交易的网站。我国郑州、大连、上海（商品期货交易所、金融期货交易所）、香港、台湾等期货交易所均采用了“价格优先、时间优先”的电子交易、电子结算和过户的方式，期货交易所、期货经纪公司均提供了一些网上信息增值服务，经纪公司与交易所之间采取网上交易形式，而客户均通过经纪公司进行委托代理交易。2003 年“非典”（SARS）以来郑州商品交易所、大连商品交易所、上海期货交易所先后推广资金管理电子化、开通交易所与会员单位的远程交易，推进了网上期货交易。到2002年，深圳11家期货公司共有6家开通了网上交易，部分期货公司的网上交易量高达30%。

4. 1998年以来已有100多家机构开展网上期货交易

与证券市场相比，国内期货公司网上交易主要是期货经纪业务委托，这意味着期货公司不能直接利用互联网开展期货撮合或交易业务。网上委托同电话委托或其他形式的委托一样，基本的功能是将投资者的指令传达到经纪公司，经纪公司再将指令传送到交易所进行集中交易，实质上是交易场地的延伸。1998年以来，国内已有100多家期货经营机构开展了网上委托业务，其中，推广规模较大的有北京中期、深圳中期、三隆期货、永安期货、黑龙江北亚等34家期货公司。

五、我国网上期货交易模式及其规制和管理

1. “券商+期货”——可借鉴的网上期货交易模式之一

在网上期货交易没有国家政策可依据的情况下，许多证券公司采取了“券商+期货”的网上交易模式。这种证期紧密合作的模式也是一些新型期货经纪公司区别于传统期货经纪公司的独特之处。投资者在这种模式下享受到真正的“一站式服务”，通过DDN专线，投资者可以在证券营业部任意一台计算机的股票自助系统随时切换到期货界面，进行期货行情接收和交易。

泰阳期货是湖南省首家实现银期转账，正式与省工行、建行签订全面合作协议的期货公司，投资者可以非常方便地将自己银行账户上的资金在期市与股市中自由划转。首创期货是北京第一家推出方便期货投资者的“银证实时转账”服务的期货公司，在首创期货开户的期货投资者，只需要拥有工行北京分行的活期储蓄存折，再到首创期货签署相应的协议并办理银期转账开通业务，就可以通过首创期货提供的网上、电话、现场自助三种方式使用该种业务。

（1）IT公司主导模式。即期货经纪公司委托IT公司开设网站，为客户提供行情接收系统和建立交易通道，而期货公司以营业部的身份在后台为客户提供网上期货交易的通道。初期开展网上期货交

易的期货公司基本采用了此种模式，应该说这是一种初级形态的模式。

（2）期货公司主导模式。目前我国一些大期货公司纷纷设立自己的网站，并开通了本公司的网上交易系统。客户委托可直接通过这个网络进入期货公司的交易系统，而不再经过 IT 公司。这种模式比较科学，也便于期货公司自主地在网站上开发各种服务，利用品牌进行市场竞争，这是期货公司开展网上期货交易的方向。

2. 网上期货交易存在的问题

近几年来，网上期货交易已经在一些交易所和经纪公司试点并取得显著的成效，中期协于 2002 年 12 月 30 日公布了《期货经纪公司电子化交易指引》，但与期货网上交易迅速发展相比，网上期货交易的规范性文件和司法解释还存在欠缺。中国证监会颁布的《网上证券委托暂行管理办法》并没有将网上期货交易作为规制和管理对象，虽说我国获准网上证券委托资格的券商达到 89 家，但至今没有网上期货交易的规范性文件和司法解释，许多网上期货交易探索具有某些试点性质。网上期货交易是期货交易的发展方向，将逐渐取代许多传统期货交易，这是一种不以个人意志为转移的发展趋势。但这需要一个长期过程，不可能一蹴而就，政府及监管部门应积极引导，规范试点。

六、迎接期货市场革命的到来

计算机和网络技术为交易所通过兼并资源重组奠定了基础，可以充分利用信息科技整合我国期货证券资源，促进我国期货证券业升级和发展。

第一，香港交易所率先垂范，将香港期货交易所、香港联交所与中央结算公司合并组成统一联网运作的香港交易所，而且 2000 年 6 月 27 日香港交易所股票上市成功。2003 年 4 月 29 日，香港交易所推出网上订购和发送数据服务：网上订购数据产品；灵活有效的送货渠道，如网址下载、电邮、邮寄光盘；信用卡网上付款、支票付款；产品资料和样品；提供“我的户口”显示订户资料和过去订阅产品的详情。

第二，应尽快出台有关“网上期货委托管理办法”，它应包含如下几个方面的内容：

（1）业务规范。规范整个网上期货交易业务流程，特别是网上交易客户开户、风险揭示、结算通知、保证金存取等。

（2）技术规范。规范网上期货交易系统的技术系统，包括网上期货行情系统、交易系统、行情和交易的备份系统、应急措施、灾难恢复、安全系统等。

（3）信息披露。规范期货信息网站的信息披露行为。

（4）资格申请。对开展网上期货交易的期货经纪公司进行资格认定，并对协助期货经纪公司开展网上交易的合作单位进行资格审查。

第三，加快期货交易所计算机和网络技术建设，尽快实现发达国家通行的“期货转现货”（Exchange of Futures for Physicals，EFP）交易创新，以帮助生产和经营企业通过期货市场实现套期保值。

第四，进一步加快“异地同步”电子计算机交易步伐，鼓励和支持生产企业、经营企业积极参与套期保值，也可与各地现货商品交易市场实行异地、同步、远距离联动交易，做到期货与现货的联动发展。

习题

1. 何谓电子税收？
2. 传统税收面临电子商务的哪些挑战？
3. 电子税收面临着哪些问题？
4. 对电子商务实施税收的对策有哪些？
5. 电子税收有哪两个业务环节？
6. 简述国际电子商务税收的现状和问题。
7. 我国电子税收与美国税收差距在哪里？
8. 我国 10 年实现税收现代化的主要内容是什么？
9. 简述网上保险的两个内涵。
10. 网上保险具有哪些优势？
11. 简述我国网上保险的可能性。

12. 如何发展网上保险?

13. 简述证券电子商务体系的三个层次。

14. 简述网上证券的交易程序及其特点。

15. 目前，我国有哪些证券公司能够进行证券委托业务?

16. 中国证券监督管理委员会关于网上证券的文件是___年___月___日颁布的，文件的名称是______。

第十章　电子商务企业

电子商务的主体包括生产厂商、传统的中间商、现代意义的网络经营商，概括起来主要有传统企业和网络企业。自 1997 年以来，我国电子商务企业迅速发展，现已形成了众多不同的电子商务企业，经过近 14 年的发展，一个拥有 100 多万人的电子商务产业呼之欲出。现有以下三类电子商务企业：

第一，电子商务的核心企业。它包括网上商店、网上交易市场、电子商务的门户网站、电子商务平台（提供网站门面、提供应用软件、提供网上交易和支付服务等），以及 ASP 和 IDC 等。

第二，以电子商务应用为目标市场的企业。它包括硬件设备供应商、软件服务商、网络空间服务商、电子商务咨询机构等。

第三，为电子商务运行服务的企业。它包括网上银行、物流配送机构等。

以上各个部分加起来构成电子商务产业，这是一个庞大的电子商务生态系统，由于其相互之间的依赖关系，形成了电子商务的产业链，只有在电子商务生态系统和产业链上的各个部分、各个环节都得到充分培育和发展时，电子商务才能进入一个良性的生存和发展状态。

第一节　以传统企业为主体的电子商务企业

21 世纪初，我国传统企业信息化水平较低，截至 2010 年 12 月，我国实有法人资格的中小企业（不含个体工商户）有 748 万家，其中拥有独立网站或网店比例的仅为 43%，有独立企业网站的仅为 27.8%，仅有 300 多万个企业建有网站或上网，据原国家经济贸易委员会对 300 家国家重点企业的调查，这些企业用于信息技术和设备的投资累计仅占总资产的 0.3%，与发达国家 8%~10%的水平相距甚远。以国有大型重点企业为例，在企业内部信息系统的建设中，部分实现计算机辅助设计（CAD）、办公自动化（OA）、信息系统（MIS）的企业占 70%~80%，全部实现的企业不足 10%，在 ERP 方面，基本实现的企业更是不到 2.9%。由此可见，我国电子商务的信息化基础较低。

据《第 27 次全国互联网发展状况调查》，近几年来，传统企业电子商务得到迅速发展。截至 2010 年 12 月，有 94.8%的中小企业配备了计算机，无计算机的中小企业仅占 5.2%。92.7%的中国中小企业接入互联网。曾建立过网站（含网上商铺和独立网站）的中小企业的比例达到了 43%。然而，中小企业网站的运营水平偏低，58.8%的中小企业网站更新频率超过一个月；有分工明确的专职团队负责运营的中小企业网站仅占 22.5%。42.1%的中小企业曾经利用互联网进行过营销和推广工作；中小企业利用电子邮件进行营销的比例达到了 21.3%，利用电子商务平台推广的比例达到了 19.3%，利用搜索关键字广告进行营销的比例达到了 15.4%。互联网已经成为了中小企业与客户沟通和为客户服务的主要渠道之一，57.2%的中小企业正在利用互联网与客户沟通及为客户提供咨询服务。

一、企业上网的重要性

1. 发展对外贸易的需要

随着国民经济和现代化建设的发展，我国将进一步扩大进出口贸易，而我国贸易伙伴将更多地采用电子商务的方式进行贸易活动，我国企业要想参与国际市场竞争就必须开展电子商务。

2. 有助于企业扩展销售渠道

借助于电子商务工具，可以使企业与市场之间建立一座沟通多边贸易的桥梁，增强企业对市场信息的了解，加强企业的销售能力。

3. 有助于企业降低交易成本

交易方式由传统的分级销售转向厂商与经销商甚至与消费者直接联系，供货方直接把货发给求购方，减少或省略了中间商的介入，避免了商品在流通中的层层加价，销售渠道的简化不但降低了企业的经营成本，还提高了企业的经营效率，增强了市场竞争力。

4. 有利于企业进行产品推广

通过宣传企业产品，提高企业形象和知名度；对企业来说，网络广告是一种既经济又实惠的传播媒介。

5. 电子商务发展趋势的要求

21 世纪是电子商务的世纪，“要么电子商务，要么无商可务”（E-business，or out of Business），企业不上网将必然被市场所淘汰。

二、企业开展电子商务的三个基本要素

第一，企业自身内部管理的现代化和计算机化，以及业务操作的电子化。

第二，企业的计算机网络基础设施和开展电子商务活动所依赖的连接网络。

第三，企业要建立开展电子商务业务的应用系统。

一般而言，企业应在建立内部网的基础上，开展企业外部互联网电子商务，这是企业电子商务的一般规律；在我国许多企业内部电子商务基础较薄弱的情况下，可以通过开展互联网电子商务为切入点，促进内部电子商务的发展。

三、企业上网的形式

企业利用电子商务的方式主要有两种：一是自己建立网站；二是利用社会公共的网站。

1. 企业自建网站

有条件的企业应自建网站，可采取以下四个步骤：

（1）购买建网所需要的设备，主要是指微机、服务器、网络连接设备，如调制解调器等。

（2）要有专业人才，如网络维护人员、网络管理人员以及其他

人员等。

（3）登记企业网站的域名。域名是互联网上企业的唯一标识，每一个企业要想开展网上活动都必须先建立自己的域名。

（4）网站建成后，推广是必不可少的一项工作，其目的是让更多的目标群体了解本企业网站。企业可利用网络服务商将企业的站点登记到全球知名的搜索引擎或目录服务站，这样用户就可以查到你的网站，进而访问你的网站。通过 BBS（电子公告板）吸引客户也是一种比较好的方法。在企业商务 Web Site 中开设 BBS 的主要目的是吸引客户了解市场动向和引导客户消费。企业的网站具备一定的基础后，就可以通过网站与全球进行产品网上交易了。

2. 借助现有的商务平台

专业性网络公司、政府机构、行业协会、企业、个人建立的商务平台，如中国商品交易市场网站（www.Chinamarket.com.cn）、淘宝网、淘宝商城及一淘网，许多 ISP、ICP 也提供这样的服务。

对企业来讲，利用现有的平台有很多好处，它既可以节约企业的投资成本，又可以通过平台本身的宣传扩大企业的知名度。但选择这种方式时应选择那些信誉好、服务有保障、管理规范的商业平台。同时，还要认真了解该平台的服务对象和内容，这样才能做到有的放矢。这类网站最大的缺点是针对性不强，无法针对企业自身的特点，因此有经济实力、业务频繁的企业自建网站。

四、企业电子商务租赁、托管、外包、战略性联合等

我国有上千万个中小企业，一方面，如果每个企业都建立自己的网站可能导致电子商务人财物资源的不足，或者是网站趋同建设、重复投资，导致资源的浪费；另一方面，许多中小企业也没有必要建网站，可采取电子商务租赁、托管、外包、战略性联合的模式。网络租赁是企业作为网站的承租方，网络服务公司作为网站的出租方，由网络的服务商负责网络的维修、保养，由企业承租，并进行企业业务的管理和经营。网络托管是指将企业的网络委托给专门的网络公司管理。网络外包即指中小企业采用网络外包形式，使企业花很少的钱就能开展全部的网上商务活动。战略性联合，或者实行

资产重组。所谓战略性联合，即指企业可与其他企业或者网络商组成战略性联盟，以网络公司为代表的新经济与传统企业有机地融合是中国企业的发展趋势。所谓电子商务资产重组，是指企业和网络公司之间也可以采取资产重组的形式形成紧密型的联合，如 2001 年 5 月，肯德基与搜狐网站联合在北京开办中国肯德基网站（http://www.chinakfc.com/），率先开拓网络市场，这就是一种战略性联合的特例。

伟库电子商务公司是 2010 年成立的一家定位于为 4200 多家中小企业提供各种电子商务服务的企业，它推出了全程电子商务应用云、基于产业集群的行业云。图 10-1、图 10-2 是其服务框架、模式及其产业链。

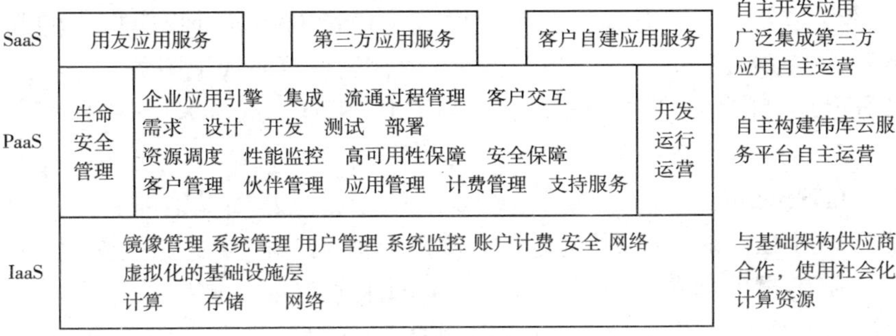

图 10-1　用友云服务框架

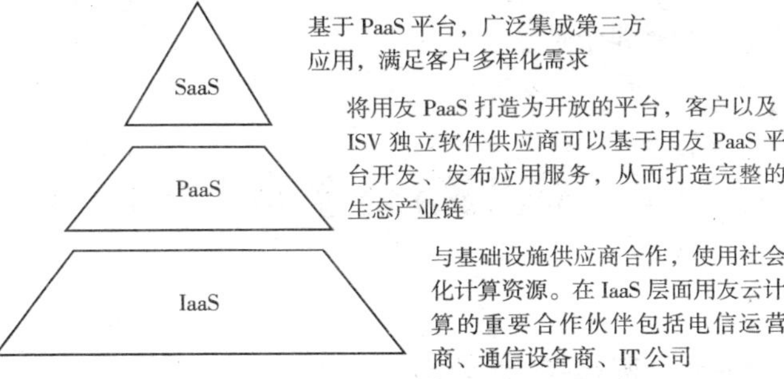

图 10-2　用友云服务业务模式及产业链

1. SaaS 的概念

SaaS（Software-as-a-Service）的意思是软件即服务，SaaS 的中文名称为软营或软件运营。SaaS 是基于互联网提供软件服务的软件应用模式。作为一种在 21 世纪开始兴起的创新的软件应用模式，SaaS 是软件科技发展的最新趋势。

SaaS 提供商为企业搭建信息化所需要的所有网络基础设施及软件、硬件运作平台，并负责所有前期的实施、后期的维护等一系列服务，企业无须购买软硬件、建设机房、招聘 IT 人员，即可通过互联网使用信息系统。就像打开自来水龙头就能用水一样，企业根据实际需要，从 SaaS 提供商租赁软件服务。

2. PaaS 的概念

PaaS（Platform as a Service）的意思是平台即服务。是指把服务器平台作为一种服务提供的商业模式。通过网络进行程序提供的服务称为 SaaS（Software as a Service），而在云计算时代把服务器平台或者开发环境作为服务进行提供就成为了 PaaS（Platform as a Service）。

3. IaaS 的概念

IaaS（Infrastructure as a Service）的意思是基础设施即服务。消费者通过 Internet 可以从完善的计算机基础设施获得服务。这类服务称为基础设施即服务。基于 Internet 的服务（如存储和数据库）是 IaaS 的一部分。Internet 上其他类型的服务包括平台即服务 PaaS 和软件即服务 SaaS。PaaS 提供了用户可以访问的完整或部分的应用程序开发，SaaS 则提供了完整的可直接使用的应用程序，如通过 Internet 管理企业资源。

第二节　以网络企业为主体的电子商务企业

一、网络企业内涵

网络企业是指以信息技术为载体，以提供信息产品服务和产品交易为内容，按商业原则规范运作的一种企业模式。按建立的目的来分，网络企业可分为风险投资型网络企业和战略投资型网络企业。风险投资型网络企业是指由风险投资者与专业技术人员共同设立的，目的在于当网络企业具有一定知名度或具有一定业绩后，通过上市或把企业卖掉来获取风险利润的网络企业。战略投资型网络企业是指由一些资本实力雄厚的企业投资设立的，目的在于把网络企业作为一个新的具有发展前景的业务切入点，或把网络企业作为企业开拓市场的手段的网络企业。

二、网络企业性质和实质

网络企业的实质是对传统市场进行替代的一种市场模式，目的是为了节约交易费用。

1. 网络企业是一种市场，体现着一种契约的交易关系

网络企业提供了虚拟的交易场所，网络企业的交易是通过互联网在网上实现的，互联网既成为交易各方完成交易的手段，又成为交易各方进行交易的虚拟场所。在网络企业中形成的交易关系，不仅包括劳资双方间的契约关系，而且更主要的是形成了企业与消费者、企业与企业间买卖各方的契约交易。

2. 网络企业是对传统市场的一种替代

第一，过去在传统市场中进行的生产要素采购交易和最终产品购买交易，现在已经部分地被网络企业所取代，也就是说，传统市场中的生产要素市场的功能和产品市场的功能已经部分地被网络企业所替代。

第二，传统市场中所需要的一些交易程序和过程，如企业产品或服务信息的发布、达成交易意向、交易谈判、签约、下单等，已经部分地被网络企业通过互联网所取代。

3. 节约交易费用是网络企业生存的唯一原因

网络企业替代传统市场最直接的结果是节约交易成本，如节约广告费用、节约搜集产品和发现相对价格的信息费用、节约谈判费用、节约签约费用等，也正是因为节约了交易费用，才使得网络企业能够生存下来。

三、网络企业经营成败的因素

网络企业的利润来源于企业运作过程中收入的不断增长和成本的控制与节约。网络企业能否盈利以及盈利多少直接取决于企业收入和企业成本两个因素，如果企业收入大于企业成本，则企业是盈利的，如果企业收入小于企业成本，则企业就是亏损的。从静态的角度看，在一定的时期内，网络企业的成本是一定的，决定其能否盈利及盈利多少的关键是企业收入流的大小；从动态的角度看，网络企业的利润不仅取决于企业收入流的大小，而且还取决于网络企业的成本控制和节约，在收入流不断增加的同时，如果企业能够控制和节约成本，也同样会增加企业的盈利机会或增加企业的盈利额。

四、网络企业面临的竞争和挑战

2000 年，美国网络公司亏损倒闭达 210 家，涉及金额达 15 亿美元，在倒闭的网络公司中，大多数是电子商务公司，它们共有 109 家，网上内容网站倒闭 30 家，其余是基础设施和其他服务公司。[①] 2001 年 1~7 月，“互联网飓风”共卷走了 367 家网络公司，大大超过了 2000 年头 7 个月的 56 家，专门对网络公司的并购与倒闭情况进行统计的 Webmergers 公司发布 2001 年 7 月网站倒闭及并购统计报告，报告指出，全球共有 32 家互联网企业于 7 月倒闭，远低于 6 月的 58 家，创下自 2000 年 9 月以来的最低纪录。[②] 2000 年，我国国内网络企业亏损倒闭的网络公司也较多。上述网络企业倒闭的原因可以归纳为以下六个方面：

（1）过度扩张，入不敷出。一些网络企业把所融资本过度地用于市场扩张，从而造成企业严重入不敷出，并最终导致企业倒闭。

（2）市场竞争激烈。一些网络企业竞争过于激烈，使一些竞争力差的网络企业不堪重负，被迫关门。

（3）电子商务模式不适应市场，经营形式单一。一些从事电子

---

① 张小军. 去年 200 家互联网公司倒闭［N］. 网络报，2001-1-15.

② 7 月份美国网站大幅缩减［N］. 电脑报，2001-9-3.

商务的网络企业，由于产品门类不丰富，缺少特色，没有长期的经营战略，缺乏清晰的商业计划和商业模式，目标顾客不明确，最终在激烈的市场竞争中失去机会而倒闭。

（4）投机炒作，没有把资本用于网络经营的发展。一些依靠风险资本建立起来的网络公司，为了达到最终上市的目的，把融到的资本不是用于做强业务，而是用于吸引公众注意力的广告炒作，搞所谓的“烧钱”，当网络公司融到的资本耗尽而又不能获取新的风险资本时，网络公司就面临倒闭。

（5）企业在经营计划、财务方针、组织结构等方面管理不善和失误以及信用较差、服务较差导致一些网络公司倒闭。

（6）后续资本无保障。一些依靠风险资本建立起来的网络企业，因经营管理不善，进入的互联网线上行业竞争激烈，没有清晰的收入流或盈利点，当首轮融资耗尽后，由于风险投资家拒绝追加投资而使企业陷入困境。

五、网络企业发展前景分析

1. 网络行业专业化的发展方向

从网络公司类型先后产生的顺序来看，网络公司经历了 ISP、SCP、ASP、IDC 四个阶段，网络公司逐步细化，功能也更加多样，从网络企业的经营内容来看，先后经历了三个发展阶段：第一阶段是以单向的内容为主的阶段；第二阶段为双向的综合电子商务阶段，主要是提供网上销售；第三阶段将会朝着行业专业化的、各方互动的电子商务方向发展。网络行业专业化是指网络企业将会专注于某一个电子商务活动，把企业做强、做大。各方互动是指网络企业将会运用互联网的最新服务手段来加强与包括顾客和合作伙伴在内的各个方面的关系，在企业内部和整个商业运作过程中实现完美的互动。

2. B to B 型网络企业成为电子商务的主流

随着网络经济的进一步发展，企业的供应链环节将进一步信息化，这必然推动 B to B 型网络企业的发展。据有关人士估计，美国的 B to B 贸易额已达到 1.52 万亿美元；目前许多 B to C 企业倒闭，必然带动投资资本转向 B to B 型网络企业，并推动 B to B 型网络企业的进一步发展。

3. 网络企业将朝着以消费者为中心的方向发展

在网络企业发展的初期，从提供的产品和服务的内容而言，网络企业都是以企业为中心运作的，而不是以消费者为中心运作的。结果使得消费者接收了大量没有经过过滤的信息，甚至信息垃圾。这种情况要求企业必须树立以消费者为中心的观点，向消费者提供专业性的有用信息，同时，以消费者为中心也要求网络企业能够随时随地以顾客所要求的方式为其提供个性化的产品和服务。

4. 网络企业间的购并、重组与战略性联合将进一步发展

在网络企业迅速发展的时候，由于受资本和市场竞争等因素的制约，一些网络企业将会陷入经营困境，其可供选择的出路如下：要么兼并和重组，要么倒闭，同时，一些网络公司将采取战略性联合的形式。

5. 网络企业将会朝着寡头垄断的方向发展

目前，网络企业基本上处于完全竞争状态，随着网络经济的发展，在优胜劣汰的市场机制作用下，一些规模小、资金和技术薄弱的网络企业将会被逐步淘汰，一些规模较大、资金和技术实力强的网络企业将采用购并、重组、战略性联合的形式，并成为市场的主导力量。

6. 网络企业将会取代传统企业成为资源配置的主要组织者

在市场经济条件下，虽然市场在资源配置中起基础性作用，但在经济运作过程中资源却是由作为市场经济微观主体的企业组织配置的。在目前，组织配置资源的重任是由传统企业承担的。当市场经济发展过渡到网络市场经济时，网络企业将会成为资源配置的主要组织者，传统企业将会按照网络企业的“指令”完成任务。

7. 许多网络企业将会和传统企业在资本运营中融为一体

这将使传统企业迅速升级为现代企业，网络将成为企业融入新经济的一个重要内容和表现形式，这也是人们经常说的，“要么电子商务，要么无商可务”，专业化的网络企业将会越来越少，规模将相对集中。

8. 网络企业的类型

从网络企业的分工来说，网络服务企业包括 ISP、ICP、ASP、IDC 等网上中介组织；从网上虚拟业态类型来说，主要有电子商场、电子商城、网上商店、网上超市、网上专卖店、网上折扣店以及网上市场等。

第三节　传统企业与网络企业的融合

传统企业与网络经济相结合，具体来说即传统企业与网络企业相结合，许多企业在这方面进行了一些探索，如戴尔（Dell）[①] 公司网上销售电脑，2000 年销售额已达 300 亿美元，迅速成长为全美第一、全球第二的计算机跨国集团，1999 年财政年度以 283 亿美元的营业收入位居《财富》杂志美国 500 强企业第 56 位，在《财富》杂志全球 500 强企业中位居第 154 位，[②] 成为世界 500 强企业。还有著名跨国零售企业沃尔玛通过上网，将其商圈空间进一步扩大，并充分利用其连锁网络实现其物流配送，成为世界 500 强之首。近年来，中国也出现了传统企业与网络企业相互融合的案例。

一、网店下网开店

网店下网开店是指一些网络公司在网上开店的基础上，下网开实体店或者体验店。具体来说有以下模式：①网店成功开店后下网开店，做到网上与网下相结合；②O2O 模式，即网上购买、网下消费；③网上“拉帮结派”，然后到实体店团购；④成功的网络公司与网下公司形成战略性合作关系等。通过多种模式形成网店与网下交易相结合，将网店优势与网下优势紧密结合起来，形成立体型商圈。

---

① www.dell.com，戴尔公司网站是全球交易量最高的网站之一.

② 陈宏，糜祖慧. 戴尔公司的直销模式分析[J]. 市场营销导刊，2001（4）.

1. 网店成功开店后下网开店

许多网络公司或者自然人在成功开店后，下网开实体店，如 e 国公司和淘宝网上的许多 C2C、B2C 网站等。

主营电子商务的 e 国公司于 1999 年 10 月成立，建成 e 国百姓生活网（www.eguo.com），开始网上零售业务，2000 年 4 月 15 日，e 国网上商城正式推出“e 国一小时”限时服务，并最终以其独树一帜的经营方式确立起自己的品牌，其后又推出了自己的实物商店——“门户店”。

北京京东商城 1998 年进入电子商务领域，2004 年以来网络零售额连续 7 年超过 200%，2010 年超过 102 亿元，预计 2011 年将达到 350 亿元。随着网上业务的开展，物流配送跟不上，在没有相应的物流配送公司时，2009 年以来，公司在得到风险投资基金的支持下，在全国 30 多个城市建起了 30 多个物流配送中心，最终配送中心将覆盖全国 200 多个城市，由自建快递公司提供物流配送、货到付款、移动 POS 刷卡、上门取件等服务，京、沪、粤三地仓储中心扩容至 9 万平方米，仓储吞吐量全面提升。

2. O2O 网上购买、网下享受消费模式

随着互联网上本地化电子商务的发展，信息和实物之间、线上和线下之间的联系变得更加紧密，O2O 让电子商务网站进入一个新的阶段。

O2O 是指在网上寻找消费品，然后到现实的商店中体验和消费的一种商业模式。它是支付模式和为店主创造客流量的一种结合，实现了线下的购买。

（1）珂兰钻石网上销售与网下体验店。[①] 珂兰钻石网销售的商品包括女戒、对戒、时尚钻饰、珍珠等种类，该网站“实时搜索有 9885 颗裸钻”。在钻石女戒展示频道，为了满足消费者的需求，珂兰钻石在北京开辟了体验中心。该体验店经营面积约有 200 平方米，五名销售顾问可以一对一为顾客服务。但起初展示的品种较少，目前仅有 30 款。实体店只是网络商城的一个补充，商品展示还是以网

① 郑梦超. 线下体验店 谁家欢乐谁家愁［N］. 中国消费者报 2011-7-26.

络为主。因为钻石饰品属于贵重商品，如果全部摆放出来对安保要求较高。顾客来店体验前应提前和实体店沟通。据调研，该体验店的经营面积将扩大到1000平方米，会在一定程度上解决体验商品少这一问题。目前，该公司已有20家体验店，体验店对其网络销售起到了明显推动作用。

（2）钻石小鸟网上销售与网下体验店。钻石行业中最早采用“电子商务+写字楼体验店”营销模式的商家是“钻石小鸟”。2004年，“钻石小鸟”开始采用上述营销模式，体验店开张当月商品销量翻了5倍。体验店的开辟有利于提供一对一的会所式服务，顾客可以根据自己的喜好自由选择钻石类型与商品组合，并获得商品保养、钻石升级、款式升级等多种增值服务。“钻石小鸟”2009年的销售数据显示，其20%来自网络销售，70%来自体验店，另外10%来自于展会等其他途径。

（3）手机网上销售与网下体验店。有许多手机体验店摆放着手机模型，无法提供真机，导致消费者光顾较少，效果下降，手机作为多数消费者的必需品，其更新率较高。手机等数码商品网购业务在国内已出现数年，受到不少消费者的欢迎。目前，手机行业内仅少数网络商家选择开辟体验店的营销模式，而多数手机实体销售商家纷纷开辟网络商城以扩大销售渠道，如中复电讯、迪信通手机连锁等。

（4）家居体验店。消费者在B2C网站上购买家具，然后到网下的家居体验店去看家具。电子商务线下体验店存在的意义就是满足消费者眼见为实的购物心理需要，但如果一些消费者想看的东西看不到，这样的体验店就没有存在的价值。如果展示商品数量少、服务人员不热情，这样的体验店肯定不会受到消费者欢迎。例如，某家居网上商城线下体验店，该店面积约为500平方米，店内陈列着六套沙发、三张床、三个衣柜及一些办公椅等家具，店内只有销售人员，没有消费者。有些商品是网上有而体验店没有，有些商品则可能体验店里有而网上没有。

从以上4种商业模式来看，网上销售、网下体验应注意以下问题：

第一，体验店商品选择。选择开辟线下体验店的多为开展钻石、家居、数码产品、服装销售等业务的电子商务商家。对于一些贵重商品或不通过观看实物难以了解实际使用效果的商品，不少消费者希望电子商务商家推出线下体验服务。

第二，网店与体验店功能错位。线下体验店的作用应是将线上解决不了的问题在线下解决，如让消费者看到实际商品的各方面属性，否则就失去了存在的意义。线下体验店是对网店的一种补充，如果商家在衔接环节上做不好，便是资源浪费。如果消费者到体验店享受不到网络购物所没有的服务，那么体验店服务与网络购物服务便是重叠的，消费者便不会选择去体验店。这也是目前部分 B2C 商家体验店人气不高的原因。B2C 商家应将体验店具备的优点进行推广，如产品介绍、试用、实际讲解等，以弥补电子商务“看得见却摸不着”的短板。

3.“中国网众”网上团购与网下团购相结合

近几年来，我国团购网站发展迅速，到 2010 年底，国内团购网站数量达到 1880 家，截至 2011 年 6 月底，国内初具规模的网络团购企业数量超过 5000 家。

在中国网众团购网站上，许多消费者在其网上“拉帮结派”形成团伙，然后到实体店现场进行团购，网站还派出工作人员协助消费者与商家现场讨价还价。网众商城的运营模式如图 10–3 所示。

（1）经过网站各项严格审核的商家自主管理发布网上店铺的商品介绍、促销、签单地点等商务信息；

（2）网站会员在商城平台上筛选有兴趣的产品的价格、签单地点、联系方式等信息；

（3）网站会员直接到实体店面现场选择产品，并根据网站公布的价格折扣签单购买。

4. 成功的网络公司与网下公司形成战略性合作关系

eBay 网络公司于 1995 年成立，在全球有 40 个网站，覆盖 160 个国家和地区的购买群体，有 3.38 亿注册用户，是 C2C 模式的开创者，2002 年入股易趣网站进入中国市场。后来，随着淘宝网 2005 年出现，采取免费策略拉走了许多 eBay 客户，到 2006 年淘宝网市

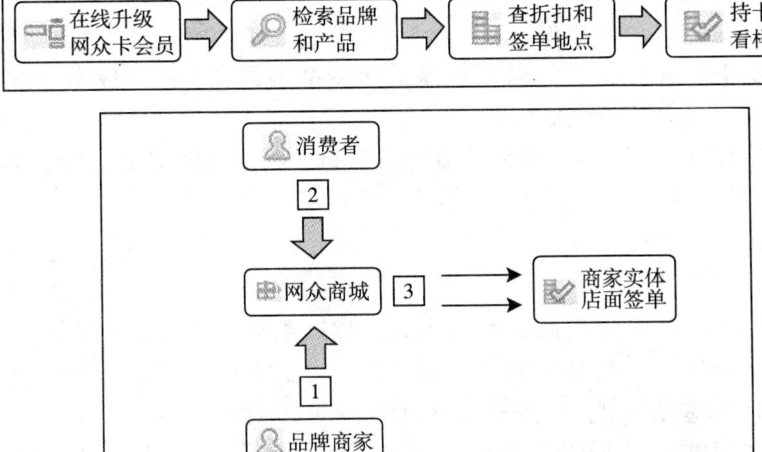

图 10–3 中国网众的运营模式

场占有率达到 80%，而 eBay 网络公司被迫出售易趣 51%的股权。2006 年后 eBay 网络公司退出 C2C 市场转向电子外贸，大量线下卖家和商家被引入 eBay，再次成为全球排名前 10 的市场。目前，eBay 自己的第三方网上支付平台 PayPal 支付业务推动 eBay 稳定发展。2010 年 8 月，eBay 网络公司与李宁服装公司、美特斯邦威休闲服装公司达成战略性合作关系，通过 eBay 网络公司将产品销往国外。

二、实体店上网开网店

随着我国电子商务发育条件成熟，许多实体店纷纷上网开店，利用实体店的品牌效应在网上开店或者进行网上交易。上海农工商超市集团斥资亿元打造的便利通网上商城正式开业，便利通网上商城 2010 年销售额争取达到 30 亿元，两三年后，网上商城将超过目前实体门店年销售 260 亿~270 亿元的规模。苏宁、国美等家电连锁巨头也开始“加码”网上商城。“苏宁易购”计划 2010 年销售额 15 亿~20 亿元。

网上零售已成为大势所趋。重百、新世纪百货等零售企业也都在谋划开设网店。不过值得注意的是，尽管试水者不少，生意也算红火，但效益却难以与投入相匹配。即便是交易额超过 40 亿元的京东商城，到现在还是亏损的。

差异化商品的选择、价格体系的重造都很重要，但高成本的物流配送一直都是零售企业面临的难题。

成立于 2000 年、被称为“中国超市第一网”的联华 OK 网，经过 11 年发展成长为一个架构完善的专业电子商务公司，拥有各类生活用品 1.5 万多种，发展会员将近千万，目前网店已成为其重要的盈利增长点。

相比之下，家乐福网上商城则有点形同虚设，商品远不如实体店丰富，还要求购物金额必须达到 500 元才能下单。现在许多超市名义上有了网上超市，但多数是赶时髦、面子工程，收益不佳。

河北国大 36524 的网上商城于 2000 年开始运行，在行业中首创电话网、互联网、物流网、店铺网“四网并行”的新商业模式。目前效益虽然也不乐观，但仍是一个颇具有成长性的新模式。

网络销售作为一个新兴的商业模式，据统计，2008~2010 年网上交易占社会消费品零售总额的比例分别为 1%、2%、3%，预计 2015 年将超过 8%，到 2020 年可能超过 10%。

第四节 企业网上营销

一、企业网上营销已经成为 21 世纪发展的趋势

企业网上营销（On-line Market 或者 Cyber Market），全称是网络直复式营销，是企业整个营销体系的一部分，是企业营销实践与现代信息通信技术、计算机网络技术相结合的产物。随着经济全球化、一体化、市场化、网络化和信息化趋势，企业将面临“要么电子商务，要么无商可务”，上网的企业数和网民的人数将大大增加，个性化消费将成为时尚。在这种条件下，企业上网的目标主要是市场营销、技术支持、产品销售。

二、网上做生意应办理营业登记或缴税

网络公司从事经营性活动也要办理营业登记和营业执照。这是因为在网络上做生意也是一种营业行为，这与一般营业行为并没有本质上的差异，因此也要依法办理公司或商业登记和营业登记，并依法申报缴纳营业所得税。法律上的营业行为必须具备两个条件：一是以营利为目的；二是所从事的营利行为具有经常性，不是偶尔的交易行为，偶尔的交易行为不算营业，如一般人在网上C to C的跳蚤市场出售二手计算机设备或其他二手物品的行为。但是如果是经常性的买入、卖出二手计算机设备，就构成营业行为，必须依法办理公司或商业登记和营利事业登记。例如，专门收购二手计算机在网络跳蚤市场出售获利。或者设立BBS站点或www网站，而对上载二手物件的使用者收取手续费或佣金等，都属于营业行为。

如果经营跳蚤市场的网站，虽然不直接对上载物件的使用者收取手续费或佣金，但是如果利用网页刊登广告并收取广告费，还是属于营业行为，必须依照法律规定办理公司或商业登记和营利事业登记，并申报缴纳营业所得税。电子商务网上交易可参考《中华人民共和国公司法》第8条和第27条第3、第4款，《中华人民共和国公司登记管理条例》第3条，《中华人民共和国税收征收管理法》第9条，《企业所得税暂行条例》第1条，《中国计算机信息网络国际联网管理暂行规定实施办法》第11条。

同时，网上交易还得合法经营，遵循《中华人民共和国反不正当竞争法》的规定，企业不得在商品服务或广告上，对于商品的价格、数量、品质、内容等，做虚假不实广告，消费者如果因为不实广告受到损害，除了可以直接向不实广告的发布企业要求损害赔偿外，也可以向工商管理部门和消费者权益保护协会举报，如果调查核实有不实广告，工商管理部门可以限期命令停止或改正不实广告，经过命令而不停止或改正，可以处以1万元以上或20万元以下罚款。传播和刊登广告的媒体和广告主负有连带责任。这些可参考《中华人民共和国反不正当竞争法》第9条、第24条，《广告法》第37条、第

38 条，《消费者权益保护法》第 29 条、第 22 条、第 39 条。[①]

三、如何构建企业网站和开展网上营销活动

1. 需求分析

构建企业网站与建一个实体商店一样，都需要进行市场需求分析，如网民消费者行为和消费者心理分析，吸引客户上网交易。具体因素包括：目标市场、市场环境、产品、服务、品牌、其他促销因素、价格、送货渠道等。

2. 构建不同网站的成本及设计、营销等

（1）固定成本。企业软件，安装 Web 服务器，以及整合前两者所需要的开发成本，如果涉及信用卡交易结算的商业银行，还需要一笔开户费用和例行费用（服务交易费）。

（2）动态成本。动态成本包括：①硬件费；②软件费；③企业软件费；④开发费；⑤连接费；⑥营销费；⑦人力资本费。

（3）网站的设计。网站建设前要对整个网站系统进行逻辑设计和物理设计。逻辑设计主要包括输入输出、处理功能、业务流程等；物理设计主要包括所需要的软、硬件，用户界面和物理数据模型等。

网站结构优化常用以下四种方法：

第一，顺序结构。在进行直线形式的表达或陈述时，组织信息最简单的方法就是顺序法。信息呈现如果是叙述性的、时间性的或具有逻辑性的，就适合顺序式的处理。顺序排列可按年代（如在索引、百科全书和词汇表中）。但是简单顺序组织只是适合小的站点（如索引中的结构化列表），至于较长叙述性的排列通常会更加复杂，所以需要更多的结构来使之更易于理解。

第二，表格结构。许多程序性的信息，如大学课程的列表、医院病症说明的列表等最好用表格来组织。表格是组织相关变量的一种很好的方法，如时间相对于一系列历史信息（事件、技术、文化等），用表格形式来组织可以一目了然，便于理解。成功运用表格还必须使表格中的独立元素共用一种高度统一的主题结构和副主题结

---

① 钟明通，孙鹏. 网络法律案例解读［M］. 九州出版社，2002.

构，这些主题通常没有重要性层次之分。

第三，层次结构。信息层次是组织复杂信息的最好办法。层次组织非常适合 Web 站点，因为 Web 站点由一个个独立的 Web 网页链接而成，大多数用户都熟悉层次化的图表，而且可以利用导航帮助，很容易理解一些暗示。当用户在分析信息内容的时候，层次组织会无形中使用户套用一些有用的规则或定律，因为只有当你全面地组织了自己的资料后，层次才能够很好地体现出来。对于层次图表，人们容易接受，所以也就容易建立一个 Web 站点的层次模块。

第四，状况结构。网络状况组织结构对信息利用的类型没有什么限制，网状结构的目标就是模仿人的思维联想性和自由性的特点。用户可以根据个人的兴趣启发式地、自定类型地去访问站点。这种结构类型使站点内部或与其他站点在信息之间有非常紧密的链接，这一点充分利用了 Web 页面之间超级链接的功能。网状组织结构的缺点就是可能使用户对众多信息之间的关联迷惑不解，网状结构实际上是站点结构中最不实用的，因为它很难使用户去理解和预测。网状结构最适合用于超级链接支配的小站点，目标是针对那些教育良好、经验丰富的用户获取更进一步的教育、娱乐等，而不能用作对某一主题最基础部分的了解。

可以利用 Microsoft Frontpage 等页面设计开发工具，可选择一个 ISP 管理网站或服务器；选择一个 ICP 或一个 ASP 或 ITP 为网站提供内容、设备、技术等方面的服务。

（4）网上营销。要实施网上营销，要具备以下方面的基础：①商业户头——与银行建立一种关系，以允许企业接受信用卡付款；②安全服务器——接受在线信用卡等付款，需要有一个安全服务器；③确定订单格式——如产品名称、价格、产品、各种说明书，可委托某位服务商去做；④在线结算；⑤必要的技术工具：HTML 页面基本设计、CGI 脚本程序、ODBC 对外数据；⑥代理服务。可利用第三方（服务公司）完成技术功能复杂的任务。

（5）不同类型的网上商店。

按经营的类型，可分为生产资料网上商店、农产品网上商店、日用工业品网上商店。

按网上业务，可分为网上商城、网上百货商场、网上专卖店、网上超市、网上折扣店、网上拍卖店（C to C）等。

第一，电子商城，即电子商城有现成的工具，用来发布网上信息和网页，处理结算，出示报告，采用这种方式可立即开展自己的业务，像在一个真实商场里租用柜台一样。

第二，ISP 的数据出口，在 ISP 上做生意的好处是可以有一个自己的域名和专有的网络符标识，不需要自己维护 Internet 上的物理连线和服务器来管理商店，不足之处是只能把自己的财务和库存管理系统捆绑在 ISP 的系统上。

第三，自建网上商店，通过购买一套网上商务软件，或者由各种零散软件组建起自己的网上商店，需要数据服务器、网络服务器、付款结算系统，需要建立一个产品目录（Web Catalog）的软件。

（6）从内部网（Intranet）到互联网（Internet），或者从互联网（Internet）到内部网（Intranet），有两种企业上网策略：一是从内部网（Intranet）到互联网（Internet），即先建立好内部网系统，再与互联网连接；二是从互联网（Internet）到内部网（Intranet），即先上互联网，将企业的产品和服务推向市场，然后通过互联网促进企业内部网的连接，加强企业内部电子商务的发展。一般规律是采取第一种途径，从内部电子商务开始，但这是一个逐步完善的过程，特别是企业内部基础工作，如企业供应链管理（SCM）、企业资源规划（ERP）、客户关系管理（CRM）、信息系统（MIS）、销售时点系统（POS）等方面。但是根据我国的企业现状，许多企业内部电子商务尚是空白，可以采取第二种策略，先通过外部条件，将企业及产品和服务推向网上交易平台，也是可行的，反过来会促进内部电子商务的发展。不管怎样，内部网和外部网之间应有一道防火墙，并通过网关路由器来连接。即：

内部网——防火墙——网关路由器——互联网

（7）虚拟企业。

第一，虚拟企业是指在运作上同普通企业一样，只是临时将各方面联合在一起，形成一个“形式”上的企业，在共同信任的基础上建立一个企业关系联盟。

第二，虚拟企业的特征如下：

企业功能上的虚拟性。在分布式网络化的虚拟制造组织形态下，一个企业虽具有制造、装配、营销、财务等功能，但在企业内部却没有执行这些功能的机构，企业仅具有实现其市场目标的核心功能。

企业组织上的虚拟化。虚拟企业是市场多变的产物，为了适应市场环境的变化，企业的组织结构也要及时反映市场动态，虚拟企业结构不再固定不变，而是逐步趋向分布化、自主管理、富于弹性、呈扁平化的网络结构。

企业地域上的虚拟化。功能和组织的虚拟化加上通信和网络技术的发展，使地理上的距离不再是一种障碍。在此情况下，每个中心可以是相对独立的分布式网络化的虚拟企业。在综合性工业数据库与提供服务结合起来后，即可排除传统的多企业合作和建立企业集团或者供应链在地理上的障碍。

电子商务是虚拟企业运作的最好形式，这是因为网络技术是虚拟企业的现代化工具。

（8）企业网上营销。

第一，企业网上营销策略。企业网上营销包括提供产品和服务策略、价格策略、分销策略、广告策略、促销策略等，其中实施广告策略是最具媒体竞争力的形式。

企业广告营销策略，是指企业利用网站发布各种信息，其目的：一是要树立企业或品牌形象，提高客户的忠诚度；二是为了在网上销售产品和服务。电子商务广告具有以下特点：准确、快速、可靠、安全性。网络是报纸、刊物、电视、广播等媒体之后产生的又一种新的传播媒体，它采用多媒体技术，提供文字、声音、图像等综合性的信息服务，发布与接收同步进行，它能准确、快速、高速地把信息传达给每一个潜在客户。

开放式。开放式网络结构，使不同的软硬件环境、不同的网络协议的网络可以互联，真正达到资源共享、数据通信和分布处理的目标。

自主性。受众由传统的被动接收信息变为主动地、自由地、有选择地接收信息。

交互性。网络广告不仅能做到图文并茂，而且可以进行人机对话，受众在访问广告发布站点时，能够在线提交商品和服务目录或发送电子邮件，广告商能够在极短的时间内收到信息，并根据客户的要求和建议做出及时反馈。

易统计性。利用服务器端的访问软件可以追踪访问者在网站的行踪，记录其曾经点击浏览过哪些广告，或是曾经深入了解过哪一类信息。广告商可以随时获得访问者的详细访问记录，并根据被储存的这些信息来研究访问者的特点，为其提供广告，还可以随时监测广告投放的有效程度并及时进行调整市场策略。

实时性。网络广告可以随时更新，随时更改价格，调整商品供求变化信息，受众可以即时收到最新的广告信息。

广泛性。网络广告的信息十分丰富，远优于传统媒体广告，一个站点的信息承载量可以大大超过公司印刷品，而且传播的范围极其广泛，不受时间和空间的限制。

成本低。网络广告投入低廉，广告信息的边际成本较低，在广告业具有较强的竞争力，且网络广告具有较强的目标性，这是其他广告难以与之匹敌的。

持久性。与传统媒体相比，网络对于人文的表达更直接，网民对于网络有惯性，一旦认定了某一网站，网民就会长期黏在网上，形成忠实的顾客群体和长期合作客户，这对于网上的广告同样产生一定的黏度。

企业网络广告的类型如下：

主页型（Web Page）。这种形式主要用于网上企业形象识别策略，在此基础上进一步发展企业的电子商务系统，它由网络广告商直接为企业提供域名，并制作主页，企业可以在这个主页上自由发布与自己产品有关的信息。

频道型（Channel）。微软的 IE4.0 能够提供频道功能，但是这种服务方式仅有少数有实力的软件公司或经营搜索引擎公司可以提供。这种形式更适合于 IT 界企业使用，效果较为持久，也比较理想。

企业黄页式（Yellow Pages）。这种方法相当于传统的电话号码簿内的企业黄页，由广告商将广告企业加以分类，将名称放置于特定的位置，供用户检索。这种方式适用于小规模的、专业性较强的生产性、经营性企业。

网页嵌入式（Page Banner）。这种形式是在广告商的网页上嵌插广告条，大体相当于报栏广告或电视插播广告。

标语广告。这是登有广告或链接到其他网站或网页的宣传信息的长方图形，因为它近似于路边的公告牌，只能传送有限的信息，包括简单标语广告和按钮广告、定向标语广告、动画及交互式标语广告（动画、下拉、游戏、纸条、视听）、直接回应标语广告。

新型的网络广告。即指采取多种形式吸引用户注意力，鼓励其点击，并寻求用户回应。其类型有跳出窗口、广告评论及信息广告、浮标式广告等。

在线巨型广告。这种广告源自美国 CNET 网站，CNET 网站是继雅虎之后又一家通过广告盈利的网络公司，在经过了六个月的策划和试验才正式推出。这种广告的表现形式是，当人们上网打开一条新闻，新闻内容旁边会赫然显示出一个极具视觉冲击力的广告，它占据了整个电脑屏幕近 14%的面积，而且还有动画效果。

全屏广告。全屏广告指当用户打开浏览页面时，广告以全屏方式出现 3~5 秒，然后全屏广告逐渐缩成横幅尺寸，进入正常阅读页面。

除此之外，还有旗帜广告、通栏广告、画中画广告、声音广告、全流程广告等，在技术上还可以用动画、用 Flash、用游戏方式，在形式上可以是在线收听、收看、试玩、调查等，可以集各种传统媒体的精华。网络广告的宗旨是亲人性、重市场、走互动，其发展的趋势是整合营销传播，核心是使消费者对品牌萌生信任，并且维系这种信任，与消费者建立和谐、共鸣对话和沟通的关系，才能使自己的产品脱颖而出。

据美国 Forrester 调查公司预测，2003 年全球网上广告收入可达 150 亿~200 亿美元，美国网络广告所占比例较大，1999 年、2000 年分别达到 36 亿美元、71 亿美元，2004 年达到 180 亿美元，平均年复合增长率（Compound Average Growth Rate ，CAGR）为 36%。2005 年，网络广告在全球广告市场中占 6%的份额，2008 年，全球企业网络营销的支出占总营销支出的比例将达到 15%，据统计，

2013 年全球网络广告将达到 870 亿美元。2008~2014 年美国网络广告支出如图 10–4 所示。

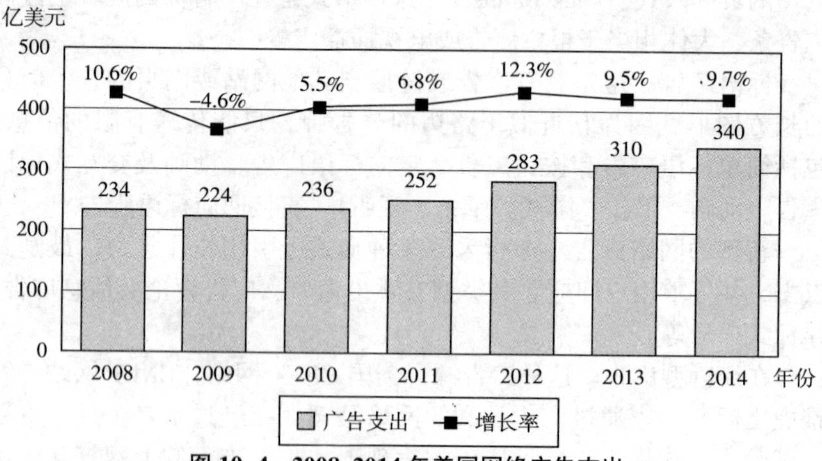

图 10–4　2008~2014 年美国网络广告支出

资料来源：emarketer.com.2009（12）.

目前中国网络广告的吸引力程度如下，动画式 66.5%、横幅式 11.5%、跳出窗口式 10.1%、文字式 5.5%、邮件式 4.5%、插播式 1.9%。预计 2001 年我国企业投入网络营销的费用约 7.5 亿元人民币，[①] 与 2000 年的近 4 亿元相比成倍增长，2008~2010 年，我国网络广告分别达到 170 亿元、207.4 亿元、321.2 亿元，2011~2014 年乐观预计我国网络广告将由 482 亿元上升为 1564.5 亿元，如图 10–5 所示。

第二，企业网上营销成功的要素：一是购物方便；二是充分地选择；三是价廉时省。当前许多网上营销达不到此目的，因此，网上营销难以成功。

第三，企业网上市场调研。

市场分析：一是产品和服务研究；二是市场营销策略研究。

两种方法：一是借助于 ISP 或专业性网络市场研究公司的网站进行调研；二是企业在自己的网站上进行市场调研。

① 杨懿. 中国网络广告没落还是繁荣（下）[N]. 电脑报，2001–6–18.

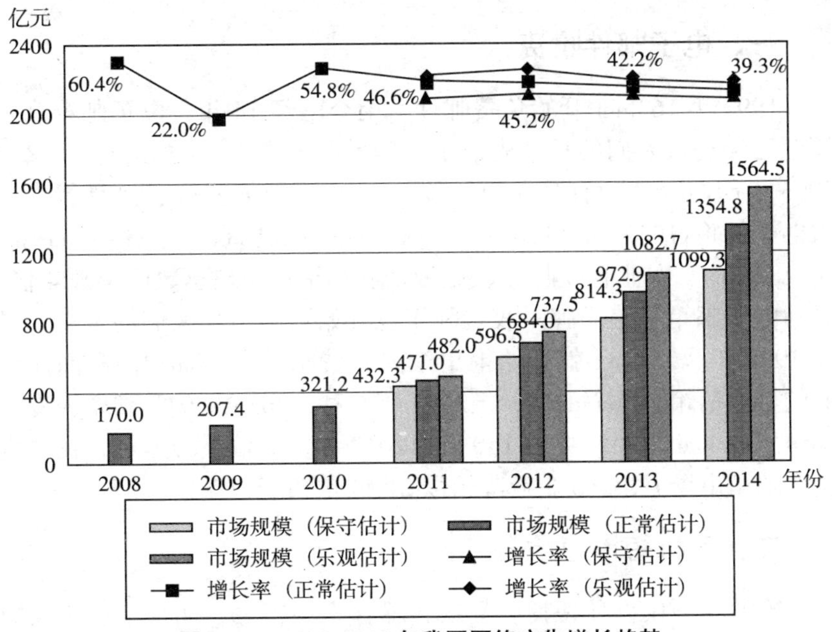

图 10-5 2008~2014 年我国网络广告增长趋势

资料来源：综合市场公开信息、企业财报，以及对相关企业及专家的访谈，根据艾瑞咨询统计模型核算与预估得到。

(9) 企业网站发展的三个阶段如下：①利用 Web 扩张市场阶段；②事务性处理 Web 阶段；③全面运作 Web 阶段。

第五节 门户网站的盈利渠道

门户网站作为一种面向社会公众的综合性网站，满足大众的公共消费需求，在市场经济条件下也具有商业性质，一方面表现为具有不同的盈利渠道，另一方面也向电子商务方面延伸。

但是在电子商务的发展初期，门户网站表现出亏损也是十分正常的现象，目前门户网站盈利的途径主要有以下九种：

一、电子邮件收费

1997 年 163.net 开始免费邮件，至今已经 14 年，电子邮箱这一概念已经进入人们的日常生活中，网易邮箱在中国的市场占有率自 2003 年起至今，一直高居第一位。至 2011 年 6 月底，网易旗下八大电子邮箱（163.com、126.com、yeah.net、vip.163.com、vip.126.com、vip.188.com、专业企业邮箱、免费企业邮箱）用户总数已突破 4 亿，成为电子邮箱第一品牌。收费邮箱也开始逐渐引起人们的重视，早在 1998 年，263.net 就开始推出个人收费邮箱（Promail）和面向企业的企业信箱（Commail），至2003 年 6 月，263.net 的收费个人专递邮箱（Promail）用户突破 150 万。2010 年，艾瑞报告显示，在国内企业邮箱市场上，263 企业邮箱以 21.4%的市场份额排在第一位。

二、手机短消息收费

短消息不仅方便快捷，无线传输保密性很好，而且发送一条短消息比较便宜——发送方付 0.1 元，接收方免费，适合中国的国情。据中国移动预计，2001 年将有 100 亿条中文短消息通过手机传送，若以每条 0.1 元计算，这将孕育出一个营业额近 10 亿元的巨大市场，自然吸引了网站的注意。近年来，一些网站先后推出了多种短消息品种，如焦点新闻、体育新闻、国际新闻、社会新闻、娱乐新闻、财经新闻、科技新闻等，均采取每条 0.1 元，很受社会欢迎！

三、网上路演收费

“路演”（Road Show）是指投融资双方充分交流以促进股票成功发行的重要推介手段，网上路演主要借助于强大的网络功能优势，打破时空局限，以低廉的成本为证券发行人及投资者建立便捷、双向的信息交流平台，通过实时、开放、交互、快速的网上交流，使各类投资者认知企业的卖点和定位，了解企业管理人员的素质，准确反映公司内在的投资价值。1999 年 8 月 24 日，中国网上路演翻开第一页，这天全景网络的前身《证券时报》网络版策划推出了为时两个小时的“清华紫光新股发行网上路演”。2000 年 12 月，三大门户中唯一开通网上路演的网站搜狐率先为准上市公司澳柯玛进行了一次网上路演，按当时的收费标准，搜狐一次进账约 50 万元。2001 年，中国证券监督管理委员会发出《关于新股发行公司通过互联网进行公司推介的通知》，更为网上路演推波助澜。该通知明确指出，从 2001 年 3 月 1 日起，新股发行公司在新股发行前，将必须通过互联网采用网上路演方式向投资者进行推介。目前网上路演已成为新股发行的一种重要推介方式，已有 60 多家上市公司券商在全景网络上进行网上路演。网上路演也由最初的新股推介演绎为业绩推介、产品推介、上市仪式直播、重大事件报道等。对于网上路演网站，证券监督管理委员会规定，必须保证投资者访问时网络的通畅。

四、网络广告收费

网站运行的原则是尽可能地对消费者提供免费的服务，而将对消费者提供服务的费用，通过对企业收取广告服务费用来转移，即从消费者那里搜集大量的有用信息，提供给商家进行生产和运营，同时，根据网站的高度辐射力的大小收取广告费用。近年来，网络广告费用是其收费的主要来源之一。2001 年，我国企业投入网络营销的广告费用达到 7.5 亿元，到 2003 年，我国网络营销广告额占企业营销总支出的比例达到 5%，2002 年和 2003 年达到 18 亿元和 45 亿元。2009 年达到 207.4 亿元，预计 2014 年达到 1564.5 亿元。

五、网络物品拍卖收费

网络物品拍卖收费是 C to C 模式收取佣金的形式。这类网站最基本的收费是在用户登录物品时缴纳物品登录费（Listing Fee）；如果用户要享用网站提供的送货、网上付款等增值服务，另外缴纳费用。国外这方面的网站，如 eBay，已经建立起了一个健康的循环机制——大多数卖家集中在网站是因为网站上有大多数买家，大多数买家来到在 eBay 是因为网站上有大多数卖家。这样就为后来的竞争者建筑了很高的进入门槛。e-Bay 的平均毛利率在 80%左右。

六、软件和服务收费

对企业来说，网站对为企业提供的软件服务收费，为企业建立网站、网站推广、企业上网、网上营销、网上客户关系管理、供应链管理等应用服务进行收费；对消费者来说，网站对消费者提供个人理财服务、交易佣金等。我们经常所说的主机托管、网站建设维护等就属于这一类，随着传统企业上网步伐的加快，其发展前景看好。

七、赞助商的收入

网站的发展必然会引起社会的关注，赞助商的收入也是一种收入来源，还有大额商品采购的折扣收入。

八、网上购物收入

现在大多数门户网站都建立有网上商城等网上购物业务，由单一的综合门户网站向电子商务的某些业务延伸。

九、向商业网站收费

“出门靠地图，上网找搜狐”，这是我国国内搜索引擎网站搜狐的广告词，2001 年 9 月 24 日，搜狐推出向商业网站的收费服务，商业网站登录每年 1500 元。搜狐的搜索引擎目前收录了 150 万个网站，这是网民上网查找网站的首选。现在，网站登录分为普通网站和商业网站两种方式，前者仍然不用支付费用。当然支付费用的网站会被排到搜索网站的前面，从而让使用者一眼就看到，等于在网上做了个路牌广告。①

当电子商务由其“引入期”进入其发展时期后，以免费竞争为主要手段的竞争将转入以优质的服务赢得经济效益和社会效益。

习题

1. 简述电子商务的主体及电子商务企业类型。

---

① 今天开始，搜狐向商业网站收费［N］. 北京晚报，2001-9-24.

2. 企业上网具有哪些重要性?

3. 简述企业上网的三要素。

4. 企业上网的形式有哪些?

5. 以伟库电子商务公司为例分析 SaaS、PaaS、IaaS 的概念及其内涵。

6. 简述网络企业的性质及其实质。

7. 在 2000 年“中断期”，一些网络企业亏损、倒闭、破产的原因有哪些?

8. 简述网络企业的发展趋势。

9. 为什么说传统企业和网络企业相互融合?

10. 为什么说网上做生意与一般营业行为在营业登记和缴纳税款方面没有本质区别?

11. 如何构建网站和开展网上营销活动?

12. 简述企业网络广告的类型。

13. 网络门户网站的盈利渠道有哪些?

14. 何谓“网上路演”?

第十一章　电子商务理论创新

第一节　电子商务对传统经济学的十大冲击

一、电子商务对传统商学基本概念的冲击

20世纪下半叶以来，计算机和网络技术出现，引致一场新的技术革命的到来，带来了经济、政治、社会等各方面的深刻变革。1993年，电子商务概念引入中国，18年来我国网民（Netter）已经接近5亿人，而1996年仅有10万人，随着网络经济到来，也促使我国一些商学概念发生了一些变化，这些变化丰富了流通经济活动的主体、客体、空间、运营方式、竞争规则等内容，并使之发生一系列的变化。例如，网络经济条件下，网民成为网上购物主体，相应的各类“粉丝”（Fans）出现，形成了多层次的消费群体，成千上万新的商品和服务在网上出现，网上交易使购物时间延长、购物空间范围扩大、商品搜寻成本下降，经济活动主体的经营观念，客户消费行为和观念发生了一系列的变化等，这使商学理论也在发生变化。

二、电子商务对边际成本和收益理论的冲击

计算机和网络技术的飞速发展及其创新，虽然没有影响传统经济学“相对稀缺”和“机会成本”的基本命题，但是，现代经济学所指的范围发生了变化，“相对稀缺”和“机会成本”等概念局限

性，以及边际成本曲线、收益递减规律也发生了一些变化，全球化在很大程度上削弱了这一规律的适用性和局限性，收益递增成为新经济和全球化经济中的普遍现象。

1. 传统经济条件下边际成本下降

边际成本在传统经济中，在技术不变等情况下，在生产发展的初期，每增加一个单位产量，边际成本随产量增加而下降，这一现象被称为边际成本递减法则，当下降到一定的时候，边际成本随着产量增加而上升，这一现象被称为边际成本递增法则。在曲线上表现为，一条随着产量的增加先下降后上升的U形曲线。

2. 网络经济条件下，边际成本曲线下降

网络经济条件下独特的成本结构导致边际成本下降，形成一条由上至下的曲线。这条向下滑行的曲线是由于网络效应所决定的。

所谓网络效应，是指商品价值取决于这种商品被其他人使用的情况，一个当事人的经济行为的净价值会受到采取同一经济行为的当事人人数的影响的现象。网络经济中，知识成为创造价值的主体。土地、劳动、原料，甚至资本都可以看做有限的资源，但知识是取之不尽、用之不竭的。知识是最富有活力的生产要素，知识不仅可以节约物质生产过程中的人力、原料、金钱、时间等，而且可以用知识生产更多的财富。用知识创造财富，只有知识开发费，知识应用范围越大，共享程度越高，创造的财富越多，"物以多为贵"，知识复制和分发的边际成本不是递增，而是递减，趋向于零。在曲线上表现为：一条随着产量增加而下降，等于零甚至为负数的下降曲线。网络效应表现为以下两个方面：

（1）"物以多为贵"。"物以多为贵"，而不是"物以稀为贵"。所谓"物以多为贵"又叫"拥有者获得"理论，是指当某一种产品、某一种设计系统、某一种电子商务模式已经占领了市场时，另一种同样的产品、系统、模式，即使具有更加先进的设计、更加低廉的成本等诸多优越条件，但在短期内也很难与既有的产品、设计系统、模式相互竞争并获得优势。

如 Windows、Linux、 Unix 三种不同的操作系统，当前占据主导地位的是 Windows 系统，占据全球 95%的市场份额，后来者 Linux、

Unix 两种操作系统虽然也有优势，但难以使消费者改变原有的习惯，而去接受新的操作系统。别人都用 Windows 操作系统，这也会影响用户对操作系统的选择，即使 Linux 价格相同或者较低，用户也可能不会选择 Linux，因为，选择 Windows 操作系统有利于节约使用成本，有助于以后升级和与他人交流。再如，现有的键盘排列是 1873 年克里斯多夫·斯格勒设计的，至今有 138 年的历史，按"QWERTY……"等排列，由于当时的打字是靠机构装置运作的，如果打字速度太快了，打字机可能会卡壳。这种设计的打字机畅销于世，其他公司为了适应这种情况不断地强化，10 多亿的人使用这种设计的键盘。目前虽然有比这种设计布局更为合理的键盘，但是传统的设计基本上已经永久地占领了市场，对大多数人来说，谁也不愿意为了使用一种更为合理的键盘而去学习全新的打字方式。

由此可见，在网络经济时代，一种产品的价值同它的市场份额成正比，有的公司采取首先向消费者提供免费产品抢占市场，之后再向用户销售相关服务的策略。

目前，在微机中央处理器（CPU）方面，基本是美国英特尔公司的天下，在数据库方面则是美国甲骨文公司的天下，在中文搜索引擎方面基本上是中国百度公司（baidu.com）的天下。[①]

（2）协同成本下降。计算机和网络技术能够降低分工及专业化带来的协同成本。随着社会的进步和发展，分工是越来越细，相互联系更紧密，分工和专业化促进生产率的提高，继而扩大市场广度，市场广度扩大会引致对进一步分工的要求，市场需求就会深化，经济就是在这个"循环积累"中增长的。但分工及专业化发展又会导致协调分工成本的增加，因此，存在一个有限的均衡的分工与专业化程度。在网络经济条件下，只要有合适的制度，计算机和网络技术的使用，可以大大降低分工的协调成本。

3. 网络经济下收益递增

网络经济条件下收益递增，而不是递减。在传统经济条件下，与成本逐渐递增规律相适应，表现出边际效益递减规律。

① 辛时. 互联网：我们有多少技术创新［N］. 经济日报，2001-6-14.

（1）降低分工和专业化成本促进收益递增。计算机和网络正的外部性再加上计算机和网络产地的低成本和互联网特性本身，使得网络能通过降低分工和专业化成本来促进分工和专业化，也间接导致收益递增。

（2）分工和专业化会促进劳动生产率的提高。分工和专业化的深度和广度增加时，劳动生产率随之增加，分工和专业化的发展带来创新机会的增加，后者促使新工具的设计和推广，使供给方面创新，这促使进一步的分工和专业化，需求也进一步发掘出来。市场就如此循环扩大，收益递增既是创新的成果，也是创新的原因。

W. 布赖恩·阿瑟提出收益递增理论，他认为：

第一，收益递增实际上是一种从优势到优势的趋势，报酬递增是网络效应的产物，正是网络扩大了产品本身的适用范围和影响力，再加上产品再生产的低成本，从而保证利润递增。

第二，在报酬递增的时代，完全竞争所导致的稳定市场是不可能的，要取得收益递增还可以通过构筑战略联盟来得到，通过购并、结成战略联盟而获得竞争优势，战略联盟对体系、结构雇员、产品和过程加以整合，实现 1+1>2。

传统经济学家回避收益递增的观点，这是因为：①传统的方法论对收益递增进行论证十分困难；②收益递增违背了传统经济学对自然均衡的理解：如果均衡不存在，现实永远是不可预期的，竞争是不可能长期存在的。

收益递增不是消除了竞争，相反使竞争变得更激烈，互联网络使经济在某种程度上更接近于完全竞争，即信息极其丰富、零交易成本、无进入壁垒、技术革新更快，任何可能是开始毫不引人注目的小小改变，会引发异常市场变化，市场突变会在很短的时间内使某些企业消失，而使另一些企业壮大。

三、电子商务对传统需求和供给理论的冲击

1. 在新古典经济学中，供给和需求是外在给定的

在新古典经济学中，需求和供给是外在给定的，对这两者的外生分工而不是由内生分工是任何经济分析的前提。

（1）消费者独立于生产者，任何生产并不内生改变已经假定的需要。

（2）生产者独立于消费者，任何消费并不内生改变已经假定的生产。

这种分析已与网络经济要求相去甚远。

2. 在网络经济条件下供求曲线“合二为一”

在网络经济条件下，为了回应消费者的需要，生产商往往主动控制它们的生产，以适应消费需求的预期变化，如“订单生产”，按“订单”进行生产，没有“订单”就不生产，消费者的“注意力”成为生产者所关注的重要方面，甚至压倒一切，即注意力经济（Attention Economy）。

（1）在网络提供商看来，有了用户的注意力，就有了生存的可能、发展的可能。

（2）在网络用户看来，他们并不了解自己的真正需求，他们的需求对厂方而言，是“注意力供给”。

（3）需求和供给之间的相互关系由于技术的迅速发展，已经变得非常复杂和分散，在许多情况下，想要在制造商、供给商和客户之间划一条分界线是很困难的，传统的需求和供给的分析只能用作越来越远离实际的概念分析，实际分析则要面对更多的不确定性因素。

传统的需求分析中，需求和供给是独立移动的，在网络经济条件下，需求和供给的移动共生于一条供需线，一条线可以对应许多供需足够精确时的值。这与马克思时代供求在数学上“精确的相等是不可能”正好相反。

四、电子商务对生产可能性边界理论的冲击

1. 传统经济学用生产可能性来突出生产的稀缺性和选择的机会成本

在新古典经济学中，用生产可能性曲线来突出生产的稀缺性和选择的机会成本，不同资源的使用效率导致不同的边界移动。这里有两个方面的问题：

（1）生产资源即生产要素的划分。

（2）对生产可能性线限定时间长短。

2. 传统经济学中的“三位一体”资源

传统经济学中的资源是指土地、劳动力、资本，即所谓的“三位一体”（Trinity）。从总体而言，土地相对于其他生产要素是稀缺的，短期内土地的供给是固定的，因此，收益递减规律就会起作用；资本也是如此，生产可能性线边界成为在特定的时间利用全部生产要素的生产可能；但在现代生产中，尤其是高科技生产中，知识作为最重要的要素所起的作用远远超过土地、资本，甚至可以在零土地、零资本投入下生产出来，而且知识的生产力，即人力资本的作用已不满足于边际递减规律，边干边学的积累效应使得边际投入可能性为零。

人力资本的收益递增性使得生产资源即使在短期内也不会阻碍生产的发展，再加上资源流动的全球化也能大大扩大资源的使用效率，即使在很短的时间，因此生产可能性边界的说法值得商榷。

3. 多种电子商务模式将从以下三个方面降低成本

（1）降低搜寻成本。降低搜寻获取的成本，如为企业寻找开价最低的供货商、客户，降低交易成本。

（2）优化供应链管理。优化供应链管理，提高企业的竞争能力，21 世纪的竞争是供应链的竞争。

（3）“零库存”管理。严格库存管理，减少公司库存，或实现零库存。生产可能性边界只能在静态假设的基础上做短期的经济和商业分析时来表达机会成本的概念，因为在一个很短的时期内宏观层面和微观层面上的资源是有限的，因此，它还被用作在宏观层面和微观层面上有效利用资源的尺度。除此之外，生产可能性边界在现代市场经济条件下毫无意义。

五、电子商务对传统比较优势理论的冲击

1. 传统贸易理论的比较优势

在传统贸易理论中，比较优势是一个企业生存和发展的必要前提，每个生存下来的企业以这个比较优势在市场中占有一席之地。

比较优势可以是土地、资本、人力资源和技术中的任何一个或几个。

2. 网络经济条件下的竞争优势

但在新经济条件下，有一些企业比它们的竞争对手的资源更少，但却超过了竞争对手，取得了成功，这里不是比较优势而是竞争优势，如索尼、本田、惠普、微软就是如此。这就在于其发挥了竞争优势——核心能力，这种核心能力作为企业的一个重要生产要素而发挥了作用。

（1）竞争优势是综合利用资源的能力。竞争优势是一种核心能力，不是有形的生产要素，它是企业综合运用自身各种资源的能力，对各种资源进行识别、优化组合、协调、深化和运用的能力。

（2）竞争优势是一种交流的能力。竞争优势是一种交流、参与和组织之间密切的合作，它包括了各个层次的人员和所具有的功能。

（3）竞争优势在运用中发展。竞争优势不会随使用而减少，它与随着时间而消耗的物质资产不同，这种能力随它被使用和分享而得到增进，但能力需要培育和保护，如不加以使用，它将退化。

（4）竞争优势是一种协调能力的能力。一个企业有不同的资源，这些资源能被使用到什么程度将取决于该组织的能力，它是能够协调所有能力的能力，它涵盖了全部业务单位的专门技术和知识。

（5）竞争优势是新经济的核心。竞争优势能使组织不仅能够获得而且能够保持竞争优势，核心能力成为新经济中关键的、特殊的生产要素。

（6）每一个企业都有竞争优势。每一个企业都有竞争优势，问题在于去识别和运用，它不是只有独特的企业才有的。

（7）竞争优势需要有战略。竞争优势需要有竞争优势战略，竞争优势战略是指对核心能力的认识和运用，它需要现代企业实施能力战略，即识别、评估、构建、引用、反馈和修正六个步骤。

六、电子商务对传统大规模生产的冲击

1. 传统工业化大规模生产理论

传统的西方管理理论是在亚当·斯密的“劳动分工”原理基础上建立起来的，即生产流程以实现大规模化产品生产，以期实现产

品生产的高效率，同时，通过规模化生产方式取得市场竞争的成本优势。

2. 网络经济条件下，“3C”时代到来

在计算机和网络技术条件下，企业面临的外部环境发生了质的飞跃：顾客需求瞬息万变、技术创新不断加速、产品生产周期不断缩短、市场竞争日趋激烈。这些构成了影响现代企业生存与发展的三股力量：顾客（Consumer）、竞争（Competent）和变化（Change）（以下简称“3C”）。此时传统工业经济时代的商业规则和管理模式已不能使企业适应以 3C 为特征的外部环境，甚至成为企业生存与发展的桎梏。于是许多企业都在自觉或不自觉地内生出一种对传统管理进行一次彻底变革的需求，并不断探索知识经济时代的最新管理动向——以客户为中心的管理（CRM）。近年来，互联网、电信网、电视网“三网合一”趋势也对传统大规模生产形成新的冲击波。

3. 以客户为中心的大规模定制

以客户为中心的管理是大规模定制，如近年来的我国以三联商社、国美、苏宁为代表的大规模“家电定制”，以及以跨国企业戴尔为代表的家用计算机个人定制等，而不是大规模生产。当今信息技术的发展使人类进入到新经济时代，客户需求的多样性和市场竞争的瞬息万变要求企业在新的形势下培养新的竞争优势。

传统大规模生产模式中标准化的产品、统一市场、足够长的产品生命周期为企业提供了安全的保障，那时企业竞争的要素是规模、成本、质量。然而现代客户需求变了，客户需要更加个性化的产品和服务。企业要么保持大规模的生产的模式，眼看着客户的流失；要么转型为定制生产，满足客户个性化的要求，却不得不忍受高成本、低效率、客户服务质量的降低，最终还是无法避免客户的流失。传统的竞争优势失去了作用，需求的波动打乱了大规模生产的“阵脚”。

现代大规模定制模式的建立，需要对企业从客户到供应商的各个环节的业务模式进行全面重组（BPR），因此，大规模定制模式的高效运行需要实施相应的全程供应链管理（SCM）。

4.“科层式管理”的终结

19~20世纪的管理都是面向生产的“科层式”管理结构，这种管理结构造成企业大规模生产和管理低效率之间的矛盾越来越突出，无论是20世纪初的泰勒的科学管理，还是20世纪80年代的全面质量管理以及90年代的业务流程重组（BPR），科层式管理与大规模定制之间的矛盾日益尖锐。由此引发了一场从科层式到管理流程化（扁平化）、手工化到信息化、从关注企业内部到供应链全过程的管理大革命。实施供应链管理是大规模定制时代再造企业竞争优势的必由之路。

七、电子商务对传统“金字塔”层级结构管理的冲击①

1. 传统“金字塔”层级结构

（1）传统组织结构表现为“科层结构”。一个企业由高、中、低层管理人员组成一个“金字塔”状的结构。传统层级结构的组织形式，源于经典管理理论中的“管理幅度”理论：一个管理者由于精力、知识、能力、经验的限制，所能管理下属的人数是有限的。随着下属人数增加到一定程度，就超越了管理者所能有效管理的范围。而且越往高层，一个管理者所能有效管理的下属越少。通常基层管理者有效管理下属不超过15~20人，中层管理者有效管理的下属不超过10人，高层管理者能有效管理的下属不超过7人。

（2）“科层结构”的基础是有效管理幅度。当一个组织的人数确定后，由于有效管理幅度的限制，就必须增加管理层次，管理层次与管理幅度成反比。在传统管理模式之下，当组织规模扩大，而管理幅度又有其极限，管理层次就会逐步增加。一些大型跨国公司的员工人数可达几十万人，管理层就更多了。IBM管理层最多时达18层。

（3）传统“科层结构”存在的问题。传统管理理论大多是在层级结构的基础上建立的，如“经营管理理论之父”法约尔提出的“管理十四条原则”就是如此。其管理理论认为，上级不能越级指

① 扁平化——现代企业管理之道［J］. 粮食决策咨询，2003（1）.

挥，下级不能越级请示汇报，这在传统理论中被奉为经典。但层级结构的组织形式和与之相适应的经典管理理论受到挑战。如按法约尔的理论，一些大型的企业及其企业集团公司的最高决策者在进行管理时，其信息要通过众多管理层最后传递到最基层，不但需要较长的时间，而且传递过程中可能出现信息失真、扭曲。

层级结构的组织形式，在相对稳定的市场环境中是效率较高的一种组织形式。但在新经济条件下遇到了两个方面的强大挑战：①企业规模越来越大，产生了一大批超级跨国企业集团公司；②外部环境快速变化，且变化相当快，在现代社会，唯一不变的就是变化——10倍速变化理论。外部环境的快速变化要求企业快速应变，具备极强的适应性，而管理层次众多的层级结构所缺少的恰恰是一种对变化快速感应的能力和适应性。

2. 扁平化管理的提出

扁平化管理是指企业在规模扩大的时候，采取计算机和网络技术管理的方式来增加管理幅度，当管理层次减少而管理幅度增加时，纵向“金字塔”状的组织形式就被压缩成扁平状的组织形式。其产生的原因如下：

（1）分权管理成为一种普遍趋势。“金字塔”状的组织结构是与集权管理体制相适应的，而在分权的管理体制下，各层级之间相互联系减少，各基层组织之间相对独立，扁平化的组织形式能够有效运作。

（2）企业快速适应市场的变化的需要。传统的组织形式难以适应快速变化的市场环境，为了不被淘汰，就必须扁平化。

（3）传统管理幅度理论不再有效。现代技术发展，特别是计算机管理信息系统的出现，使传统管理幅度理论不再有效。在传统管理幅度理论中，制约管理幅度增加的关键是无法处理管理幅度增加后指数化增长的信息量和复杂的人际关系，而这些问题在计算机和网络技术的强大的信息处理能力面前迎刃而解了。

（4）新型的分销方式的出现。就产品的分销渠道而言，传统的销售渠道是多层次批发，即多层次、多环节、长渠道，分销渠道链条上的经销商数目呈指数级发散，这是一种典型的层级结构组织形式。但在新经济条件下，许多企业代之以扁平化的渠道形式。扁平化的渠道形式表现为：渠道层次直营化、渠道短宽化。

在计算机和网络技术广泛应用前，市场信息的传递只能通过电话、传真、信函等方式进行，公司难以对众多经销商提供的、来自市场的大量原始信息进行快速处理。随着计算机和网络技术的广泛应用，许多软件系统能够对众多经销商反馈的大量信息进行快速处理，并能够通过 Internet 将企业的信息“集群式”（即在同一时点向所有对象传送给经销商）发送。因此，渠道扁平化过程所遇到的信息的传递与处理问题通过现代信息技术迎刃而解了，这极大地推动了渠道扁平化趋势的发展。

3. 虚拟扁平化

虚拟扁平化即在传统“金字塔”组织基础上，应用计算机和网络技术达到扁平化创新的目的。即在传统层级结构的基础上，通过计算机实现信息共享，不必通过管理层次逐级传递，从而增强组织对环境变化的感应能力和快速反应能力；通过计算机快速和“集群式”方式传递指令，达到快速、准确发布指令的目的，避免失真现象。

虚拟扁平化最典型的案例是微软的“数字神经系统”。微软的日常工作都在“数字神经系统”之上，数字可以传递许多信息，帮助决策，微软的“数字神经系统”一个最大的好处是，它能让坏消息传得快，当公司运营的任何一个环节出现问题时，不会一级一级地汇报上来，等问题大到无法解决时才被决策者发现。

八、电子商务对经营管理观念的冲击

1. 分散化管理

在互联网的整体发展和变化方面，并不存在一个传统意义上的负责进行整体规划和管理的组织机构，互联网是依靠所有用户的共同努力发展起来的，不存在一个集中管理机构。

在新经济时代，企业传统的经营管理者发生剧烈的变化，有时这类人员会完全消失，临时性公司得以有效运作，它有赖于参与其中的个人的推动，基本上不存在集中的指导和管理。

2. 临时性公司构成新经济的细胞

在遵守有关法律的前提下自发形成、自我管理的临时性组织就是网络时代新型业务组织的典范，它构成新经济时代的组织细胞，“虚拟企业”是典型代表。

3. 网络协议规定游戏规则

许多不同的计算机及其网络协同工作需要有共同遵守的规则，网络协议就是其“游戏规则”。2002 年 1 月 19 日电子商务网站易趣网状告用户的诉讼胜诉：用户某人违反网络服务协议，先后用两个名字为用户名，并多次使用网站提供的付费服务，发布有关个人出售商品的信息，却迟迟不愿缴纳相关费用，2001 年 8 月~2001 年9 月 24 日，一共拖欠易趣网络平台使用费 4336.6 元，为此法院判其支付使用费 4336.6 元，这是因为网上协议同样具有法律效力，网上交易和网下交易都受法律的规范。

4. 信息中介日益重要

信息传播在网络经济里的传播成本越来越低，其成本甚至可以为零，而网上检索和处理信息的成本越来越高。在“信息爆炸”的时代，任何人无论如何也不可能检索和阅读所有的信息。因此，信息中介日益重要，信息服务的租赁、托管、外包成为信息中介服务的主要形式。

九、电子商务对传统经济价值论的冲击

1. 注意力经济及四种观点

迈克尔·戈德海伯 1997 年在《注意力购买者》中首先提出注意力经济（Attention Economy）；英特尔总裁提出注意力之争；诺贝尔经济学奖获得者赫伯特·西蒙认为，“随着信息的发展，有价值的不是信息，而是注意力”，注意力经济与网民的基础有关，核心不是技术，也不是资金，而是网民；有人谈到电子商务五大价值回归之一是“经营指导思想的回归”，即从“注意力经济”到“经营注意力”。

2. 信息产品的价值与价格的多元化

（1）价值——客户心目中的价值作为销售价格的基础。信息生产本身固有的内在矛盾，即固定资本与可变资本之间的矛盾，矛盾

的根源在于信息产品在本质上虽然是一种无形资产，信息产品的价值本来应该是根据隐含其中的知识的价值来衡量，但是在实际市场运作中，信息产品的价值同隐含其中的知识价值并不存在必然的联系。信息生产的这种内在矛盾使任何一种信息产品的生产面临着血本无归的风险，尤其是信息产品以数字化形式进行“复制”生产时，这种风险就会更大。

信息产品的边际生产成本很低，这就使许多传统的价格定价策略不再能够发挥作用。例如，不能以成本为基础确定价格，也不能以市场竞争的形势来确定价格，因为这种办法只能导致失败，在确定某种信息产品价格时，唯一的可行策略是根据信息产品在客户心目中的价值来确定其销售价格。

（2）价格——完全个性化的定价方法是不可能的。在理论上，信息产品制造商在销售其信息产品时，同一产品对不同的购买者都确定不同的销价，这反映的是每个购买者心中这一信息产品所具有的价值。但在实际情况中，这种完全个性化的定价方式是不可能的，其中一个原因是，即使在数据计算非常低廉的时期，要想根据每个客户的偏好来进行数据的获取、储存、传播需要付出高昂的代价，这是因为传统销售渠道，如计算机零售商不可能对同一种产品制定一系列不同的销售价格。

十、电子商务对传统经济发展观的冲击

1. 不创新则灭亡

流通产业创新包括流通管理体制、管理机制、流通结构、企业制度、流通秩序、信用体制、中介组织、流通基础设施、技术手段、产业政策等创新，不创新没有出路。

2. 市场占有率增长速度

网络经济使市场占有率增长速度加快，从公司成立到拥有 10 亿元市场占有率，惠普公司用了 47 年，微软公司用了 15 年，Yahoo 公司用了 2 年，Net Zero 用了 9 个月。

3. 只有唯一的第一

在网络经济时代，企业要想在互联网世界生存，就必须学会用

思维的速度经营和发展企业，有人说，“在网络经济条件下，只有第一，没有第二、第三”。这充分说明了速度的重要。

4. 最终必须盈利

2000 年 4 月 Nasdaq 综合指数由万点下降到 2001 年的 6500 点，充分说明了市场不相信眼泪，企业不盈利就不能够生存，也得不到市场的认可。

5. 鼠标+水泥——“融合论”

在网络经济发展初期，许多人把网络经济与传统产业对立起来，建立独立的互联网产业，实践证明网络经济离不开传统产业，传统产业也离不开网络经济，于是用工业化带动信息化，用信息化带动工业化成为了人们的共识。于是人们把网络经济与传统产业的关系比喻为“鼠标+水泥”的关系，英文意译不是网络经济与传统产业的结合而是“融合”，共生存、同发展的融合是一个发展趋势，实践证明，对 21 世纪的企业来说，“要么电子商务，要么无商可务”。

网络经济对传统经济的冲击，可以归纳为以下十个方面：①整体大于部分之和，即 1+1≠2，1+1>2；②曲线比直线更重要；③服务比产品更重要；④市场比利润更重要；⑤关系比能力更重要；⑥市值比实值更重要；⑦普及比稀有更重要；⑧增量比存量更重要；⑨专业比综合更重要；⑩未来比历史更重要。以上十个方面，在一定条件下，前者比后者重要，在条件不具备的情况下，后者十分重要，只是在网络经济的某种条件适应的前提下，才会出现前者比后者重要的情形。

第二节 “长尾理论”和“二八定律”

一、从“二八定律”到“长尾理论”

过去，商店经营者用“二八定律”指导经营，将主要资源用于能带来 80%效益的 20%商品品类维护上。然而，在网络经济条件下，

“长尾理论”的出现打破了这一现状固定不变的经营模式。

1.“二八定律”

“二八定律”是1897年意大利经济学家帕累托归纳的一个统计结论，即20%的人口享有80%的财富。这一原则后来被广泛运用，人们在很多领域发现了同一现象，即少数主流的人（或事物）可以造成主要的、重大的影响。以至于在市场营销中，为了提高效率，商店经理们习惯于把精力放在那些有80%客户去购买的20%的主力商品上，或着力维护购买其80%商品的20%VIP客户。

“二八定律”与你的生活：

20%的人成功——80%的人不成功；

20%的人用脖子以上赚钱——80%的人用脖子以下赚钱；

20%的人正面思考——80%的人负面思考；

20%的人找一个好员工——80%的人找一份好工作；

20%的人支配别人——80%的人受人支配；

20%的人做事业——80%的人做事情；

20%的人明天的事情今天做——80%的人今天的事情明天做；

20%的人会想如何能办到——80%的人会想不可能办到；

20%的人记笔记——80%的人忘性好；

20%的人受成功的人影响——80%的人受失败的人的影响；

20%的人状态很好——80%的人态度不好。

……

2.“长尾理论”（The Long Tail）

“长尾理论”是网络时代兴起的一种新理论，由美国人克里斯·安德森（Chris Anderson）2004年提出。“长尾”实际上是统计学中幂律（Power Laws）和帕累托分布（Pareto）特征的一个口语化表达。克里斯·安德森对“二八定律”持不同意见，他认为，在计算机与网络经济条件下，98%的产品都有机会被销售，我们不能忽视冷门商品，无数个冷门商品会聚起来，完全可以得到与热门商品相匹敌的巨大利润空间。克里斯·安德森认为，网络时代是关注“长尾”、发挥“长尾”效益的时代。商业和文化的未来不在于传统需求曲线上那个代表“畅销商品”的头部；而是那条代表“冷门商品”经常被人遗忘的“长尾”。

3.“长尾”模型

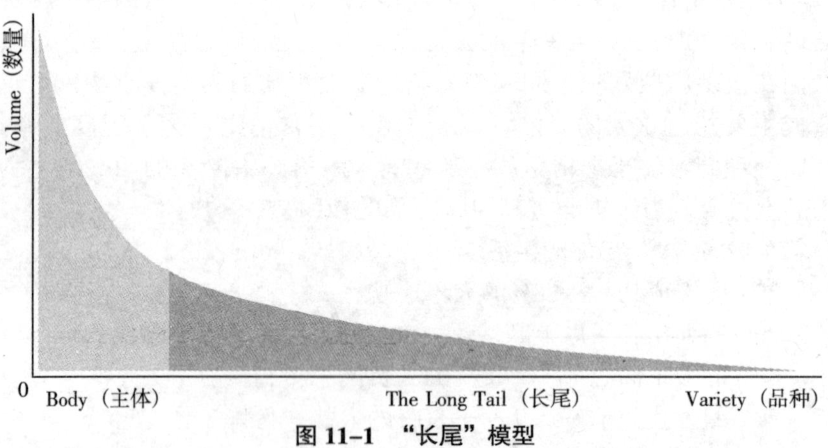

图 11-1 “长尾”模型

“长尾理论”的基本原理是只要存储和流通的渠道足够大，需求不旺或销量不佳的产品所共同占据的市场份额可以和那些少数热销产品所占据的市场份额相匹敌甚至更大。即众多小市场汇聚成可与主流大市场相匹敌的市场能量。

“二八定律”强调的是少数重要原则，即 20%的人群带来了80%的价值；而“长尾理论”则强调在后面的那些被认为不能带来盈利的尾巴里寻找盈利点。

二、“长尾理论”在流通中的运用

1.“长尾理论”理论对“二八原则”的冲击

“长尾理论”的出现是对传统的“二八原则”的颠覆，改变了部分企业的营销思维。过去一些执著于培植畅销商品的管理者发现，畅销商品带来的利润越来越薄，如果给“长尾”商品更多的机会，则可能积少成多，累积庞大商机。Google、Adwords、Amazon、iTune 都是“长尾理论”的优秀案例。

在亚马逊网络书店的图书销售额中，有 1/4 来自排名 10 万以后的书籍。这些“冷门”书籍的销售比例正高速成长，预估未来可占整个书市的一半。这意味着消费者在面对无限的选择时，真正想要的东西和想要取得的渠道都出现了重大的变化，一套崭新的商业模式也跟着崛起。

2.“长尾理论”在中国的应用与发展

“长尾”战略与广泛流行在我国的尾货、利基、隐形冠军、范围经济、定制、差异化、冷门、小众市场和体验等“落地”战略具有共同的内核，即“小的就是好的”。可以认为，尾货、利基、隐形冠军、范围经济、定制、差异化、冷门、小众市场和体验等企业实战运用的策略与方法，大大加强了“长尾理论”实战方法的丰富性。尤其是它们都可以在传统经济中适用，在中国具有广泛实践基础，这是“长尾理论”在中国本地化的天然基础。

3.“长尾理论”成功案例——“哎呀呀”饰品店

“哎呀呀”饰品店 2004 年起源于一家 10 元饰品店，在短短 7 年时间进入国内各大中小城市。

（1）产品线很长。它涵盖了饰品、化妆品、包、手机链等 5000 多个品种，上万件单品，平均每月更新货品 4 次。

（2）价格低廉。网上会员 7000 多家，活跃会员 2000 多家。“哎呀呀”的成功便是建立在这种不断优化商品经营的基础上，源源不断的零星销售让其尝到了甜头，足以证明“长尾效应”的巨大魅力。2010 年，营业额收入超过 1 亿元，计划在未来 10 年开 1 万家店。

目前，成长迅速的“哎呀呀”饰品店是“长尾理论”的一个成功的案例。

4. 中国可以走“长尾”经济的崛起之路

一旦江苏、浙江、广东类型的中小企业与数字化网络化相结合，中国就可能形成一个国家“长尾”——不靠合并世界 500 强规模的企业，而靠那些不想长大但要做世界冠军的“长尾”企业和隐形冠军，通过产业集群这一“长尾”，承担起小批量、多品种时代全球经济竞争的重担，形成与做大、做强并列的又一国家竞争优势。

三、“长尾理论”应注意的问题

“长尾理论”不仅适用于网络商店，它也可用于传统商店，但并不是所有传统商店都能运用“长尾理论”，这需要一定的条件。

1.“长尾理论”更适用于采取窄而深商品结构的专业商店

这类商店力图营造这样的商品特色：只经营某类窄小市场的商品，并拥有无限多的消费选择。

普通超市经营的主要是多品类的日常生活用品，顾客购物行为有严重从众倾向，很难出现个性化需求。而“哎呀呀”饰品店主要经营的是选择性强的专业消费品市场，这类市场顾客更注重个性化和多样化需求的满足。

对于这类消费品市场，“长尾”商品往往可以累积起来形成一个足够大的量，与主流热门商品相匹敌，这就要求该类商店经营者对市场进行更准确定位、对商品进行更精细化管理才能实现“长尾效应”。

2. 应用“长尾理论”不能忽视可能带来的成本增长因素

从理论上说，无数个冷门商品汇集起来，完全可以得到与热门商品相匹敌的巨大利润空间。但事实上，商店增加销售每件新产品都可能会带来一定成本的提高，如果增加新产品的边际利润小于边际成本，则增加冷门产品经营得不偿失。

因此，运用“长尾理论”必须小心谨慎，保证任何一项成本都不随销量的增加而激增，最差也是同比增长。

最理想的“长尾”商业模式是，成本是定值，而销量可以无限增长，这正是网络商店运用“长尾理论”更有优势的原因。

3. 不能因为“长尾理论”而对“二八理论”全盘否定

“长尾理论”只是一个补充，许多情形下，实体商店经营者会发现“二八理论”运用起来更有效。“长尾理论”提醒经营者关注“长尾”商品，并不是要经营者忽略热门商品的存在，而是给经营者提供一个新的经营思路：在特定的消费市场，我们完全可以走一条新路来避免恶性竞争。事实上，多数消费者对热门产品的热情总是有增无减。

4.“长尾理论”与尾货市场

尾货是指在生产和流通过程中出现的时滞产品，它由订单尾货、批发尾货、零售尾货、进出口尾货、代理商尾货等构成。在市场经济条件下，尾货是一种市场经济的客观经济现象，采取尾货交易市场的形式集中销售尾货是商品交易市场组织形态的一种创新。2009年7月1日，《尾货市场经营与管理技术规范》实施，具有重要的意义。

“长尾理论”的实践运用十分广泛，如Google的AdSense（小企业广告集合）、苹果的iTune下载歌曲、亚马逊图书销售、网络游戏，甚至美国奥巴马总统大选时也采用了“长尾理论”。奥巴马只在2008年2月一个月筹到5500万美元，打破美国纪录，其中4500万美元来自网络，而奥巴马本人甚至一次也没出席过募捐会议，钱就这样滚滚而来，不可阻挡。超过10万人捐钱给奥巴马参加总统选举，其中5万人是通过互联网捐款。2月，奥巴马阵营报告说，奥巴马94%的捐款由200美元或更少的捐赠构成，希拉里这一比例为26%，麦凯恩为13%。2008年3月，有1276000人为奥巴马捐款，每个月奥巴马阵营的筹款数额都在增长。

第三节 企业无边界理论

按照新古典经济学理论，企业规模是按照工业技术所能达到的范围划定的企业“自然边界”，当企业规模均小于市场规模（需求）时，企业将以利润最大化为原则选择本企业的规模，即经济规模或最佳规模，这是早期的企业规模（边界）理论。

而早期的企业边界理论是针对生产企业提出的，生产企业最优规模理论在企业战略联盟和企业网络化环境下受到质疑。对于流通企业尤其是零售企业而言，也呈现了“无边界发展”现象。但商业企业的边界扩展和生产企业有着一定差异，生产企业的资产专用性和技术跳跃所带来的沉没成本制约了企业的规模扩张，而流通企业的资产通用性和技术稳定性使流通企业避免了威廉姆森的企业“复制和有选择性控制的不可能性”命题的局限。

跨国零售商沃尔玛2001年以来连续8年（2001~2010年中除2005年、2008年）成为世界500强之首，长达40多年的规模持续扩张，其销售额大多年份都以超过10%的年增长速度递增，为零售企业规模无边界命题给出了现实证据。通过对沃尔玛的分析，可见企业的技术成本、生产成本、交易费用和管理成本对企业规模没有制约意义，零售企业规模无边界，大型连锁超市规模无边界。

零售企业由于采用横向一体化扩张和复制式的管理模式，组织结构扁平化，其规模扩大不是增加组织结构层级，而是增加管理幅度、等比例的资源配置，控制损失、激励弱化官僚主义行为。另外，零售企业分店扩张所投入的土地、房屋（卖场）、资金等资产一旦形成，就具有了通用性，由销售某些产品到销售相关的系列成品再到销售企业的所有产品，具有鲜明的范围经济特色，沉没成本问题被忽略。

零售企业通过合理的网点布局缩短了交易距离，并以集中交易替代单个生产者和消费者之间的分散交易，节约了搜寻、谈判等成本；通过大批量的集中采购、集团物流，实现了交易效率的规模优势，降低了进货成本。

第四节　世界是平的理论

一、《世界是平的》

美国的托马斯·弗里德曼（Thomas Friedman）2005年推出了一本畅销书《世界是平的》（*The World Is Flat*），其核心论点是地理疆域即将成为历史。

托马斯·弗里德曼是美国《纽约时报》记者、三次普利策新闻奖获得者、普利策奖的终身评委。他的书名为《世界是平的》，灵感来自于到印度班加罗尔采访时，印度Infosys软件公司总裁南尼·奈利卡尼对他说的一句话："汤姆，当今世界的竞技舞台已经被夷为平地。"他联想到，500多年前，哥伦布越过大洋发现新大陆，证明世界是圆的；今天，信息革命已经证明世界变成平的了。而这一切，都是由持续 500 多年的“全球化”推动的。全球化经历了以下三个阶段：

第一阶段：全球化 1.0 版本，始于哥伦布发现美洲新大陆，从 1492 年持续到 1800 年。所谓“全球化”，应该说是殖民化，国家和政府在宗教与帝国主义的影响下，利用暴力击垮国界的藩篱，将世界连为一体。全球化 1.0 版本讲述的主要是国家间融合和全球化，这期间世界从大变为中等。

第二阶段：全球化 2.0 版本，这一时代从 1800 年左右一直持续到 2000 年。这时，推动全球化的主要力量是跨国公司，这些公司到国外去的目的就是寻找市场和劳动力。同时，运输成本与通信成本的下降推动了一体化的进程，各国之间有了充足的商品和信息流通，出现了真正的全球市场，这期间世界从中等变小。

第三阶段：全球化 3.0 版本，世界从 2000 年进入了一个全新的时代。整个世界进一步缩微，整个世界的竞技场因一台无所不包的计算机而被夷平。这个平坦的世界是个人计算机、光缆、工作流程软件的综合产物，让世界各地包括中国和印度的人们可以通过互联网轻松实现自己的社会分工。

托马斯·弗里德曼在《世界是平的》提到 10 个导致全球一体化的因素（The 10 Flatteners）促进了网络整合的推行。

（1）创新时代。资本主义以外的意识形态改变，这个世界被看成是一个没有界线的整体，继而把世界想象成是一个单一市场和单一社群。

（2）网景（Netscape）上市。商界由过往用书信和传真来往改变成用电邮和网络去处理一切通信往来。

（3）商流软件（Work Flow Software）。商流软件是让网络活动由简单的浏览、电邮、实时信息、传送照片、下载音乐等，演变成网络塑造、设计、创造、买卖、管理存货、报税等，以至于与地球另一端的人同时工作。

（4）数码化及无线系统。视频会议、网络电话。

（5）资源共享。多种工具如软件（Linux）、百科全书（Wikipedia）和网上字典，都可免费取用，在 Wikiecnomics 里，将总结为开放、协同、共享、全球化。

（6）在数据搜寻方面有 Google、Yahoo、baidu，每个人都可建立自己的数据库。但是，百度在中国战胜了外资企业。

（7）离岸生产。离岸生产是把企业原先设于一个地方的工厂整个搬到海外。

（8）外包。例如，一些美国公司，把服务（研发、电话客户、账务等）外包到中国、印度等国家，之后把完成的工作重新合并。

（9）内包。UPS、FedEx、Modern Logistics 等快递企业不只做快递，还帮企业提供更高增值的物流服务。

（10）供应链。一种水平式的合作，一种在供应商、零售商、顾客之间创造价值的方法。

《世界是平的》认为，在受到技术的汇集、全球化，以及一些其他因素的影响下，我们的工作方式产生了转变。对制造业和服务业来说，印度、中国等国家和地区在全球供应链中的地位益显重要。

地理位置的因素已经不再是以往的障碍角色，企业已可将其生产线、客户服务以及其他各种商业过程延伸至全球的规模。这种供应链的散布过程创造了许多惊人的商机，不但改变了现有的商业模式，对于我们运营企业也有较大影响。

二、《在平的世界上竞争》

利丰集团主席冯国经与沃顿商学院营销学教授尤拉姆·杰瑞·文德（Yoram Jerry Wind）共同撰写《在平的世界上竞争》（*Competing in a Flat World*）。

利丰集团于 1906 年在中国广州成立，是一家持续成长的跨国企业集团，至今有 105 年历史，其三大主要核心事业包括：①负责出口采购的利丰有限公司；②负责经销业务的利和经销集团有限公司；③负责零售业务的利亚零售有限公司。

利丰集团在全球没有一个工厂，但是其全球供应链做得非常成功，在哈佛大学的案例中有九个案例来自于利丰集团，2010 年的销售额达到 185 亿美元，在全球供应链中充分发挥了其“链主”——音乐指挥家的特殊作用。

第五节　“微笑曲线”理论

宏碁创始人施振荣1992年在《再造宏碁》一书中用一条“微笑曲线”说明了计算机行业不同环节与所实现的附加价值之间的关系。

一、“微笑曲线”的定义

施振荣认为由于整机制造厂家需要设计计算机的各个部分，整机制造难度很高，导致行业进入壁垒较高，在此前提下，若要建立品牌是一个较为困难的工作。如果用图形表示，整个产业链条的附加价值是向上弯曲的曲线。即整机厂商位居曲线的制高点，部件生产商的附加价值和销售渠道的附加价值相对较低，处于曲线两端的低点。然而，随着兼容机的迅速发展和IBM开放PC的标准之后，PC的制造逐渐成为一个标准化的流程，涌现了大量的部件专业制造商，整机制造的行业壁垒完全消失，附加价值荡然无存，专业部件的制造商在规模上、技术上处于领先地位，而流通渠道运营的市场掌握能力和运作能力比过去又相对具有很高的附加价值，因此，整个曲线出现了以附加价值为中心轴的镜像变化，整机制造商的附加价值跌落到谷底，图形就像一条微笑的曲线（见图11-2）。

二、“微笑曲线”的实质

“微笑曲线”实质上指出了在产业链中上游研究开发和原料零件以及下游流通渠道、售后服务等利润相对较大，而中间的组装加工生产制造环节利润较小，企业如果要获得更多的附加值，就必须向两端延伸——要么向上游端的零件、材料、设备及科研延伸，要么向下游流通渠道端的销售、传播、网络及品牌延伸。微笑曲线理论不仅仅用于计算机产业，它还能拓展至其他产业，在微观上对于企业用于行业分析，制定发展战略；在宏观上对于国家制定产业政策和流通产业政策具有重要的指导作用。

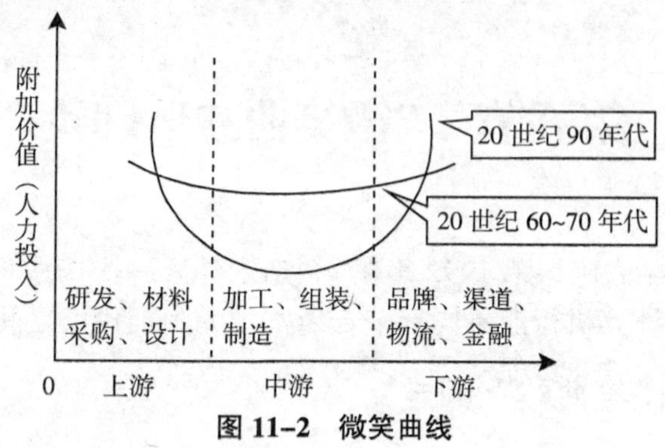

图 11-2 微笑曲线

三、“微笑曲线”的产业经济学意义

从产业经济学的角度来说，一个行业在兴起之初，其研发、生产和营销等环节是在某些企业内部进行的，因而拥有相同的利润率，随着技术逐渐成熟，越来越多的厂商参与到行业竞争中来，各企业根据自身的实力和特点一般选择从事该行业的一个或几个环节。竞争使得各环节的附加价值都有不同程度的下降。各环节的进入障碍不同，附加价值的减少也就不一样，这样，就形成了各环节与附加价值之间的“U”型关系，即微笑曲线。用这一理论可以分析流通产业的基础性状况及其发展趋势。

第六节 摩尔定律网络理论

一、摩尔定律——三个摩尔定律

1. 戈登·摩尔定律（Gorden More’law）

计算机速度会越来越快，每 18 个月翻一番，每 5 年速度快 10 倍，每 10 年会快 100 倍，同等速度的计算机会越来越便宜，Intel 奔 4 计算机已经问世。微电子与计算技术的创新与成长继续按指数率发展，预测计算机的计算速度和存储密度的“摩尔定律”在 2016 年前仍然有效。普适计算是 21 世纪的计算模式。2002 年，我国成功制造了每秒超过 1 万亿次（1.027 亿次）的超速电子计算机。2010 年 11 月，由国防科技大学研制的“天河一号”二期系统，以峰值速度 4700 万亿次、持续速度 2566 万亿次每秒浮点运算的优异性能，取代美国“美洲虎”超级计算机系统，在第 36 届世界超级计算机 500 强排名中位居世界第一名。同时，迅驰技术的出现和应用使摩尔定律受到强烈的冲击。

2. 互联网的新摩尔定律——光纤定律（Optical Law）

约翰·罗斯（John Roth）提出光纤定律，互联网频宽每 9 个月会增加一倍的容量，但成本同时降低一半，可见，该速度是芯片发展速度的 2 倍，网络频宽的“光纤定律”带动着网络效应的革命。

3. 杰佛里·摩尔定律——技术产品生命周期的定律

杰佛里·摩尔认为，新技术产品的生命周期可分为早期接纳者期（引入期）、中断期、保龄球道期（成长期）、旋风期（发展期）、主街区（繁荣期）、衰退期等，各个阶段对应的用户也不同，他们从技术的狂热者到梦想者，到实用主义者，到保守者，最后到怀疑者（见图 11-3）。互联网自 2002 年 4 月以来遭遇“寒冬期”，是技术产品生命周期的中断期。

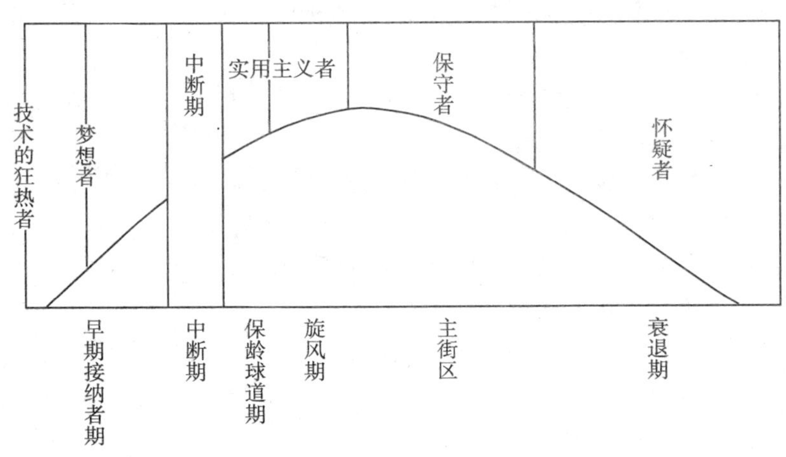

图 11-3　技术产品生命周期

二、吉尔德定律

未来25年，主干网的带宽将每个月增加一倍，其增长速度超过戈登·摩尔定律预测的中央处理器（CPU）增长速度的3倍，现在所有的知名电信公司都在积极地铺设缆线。

三、麦特卡尔夫定律

互联网的发明者之一鲍勃·麦特卡尔夫认为，网络价值与网络用户数量的平方成正比，如果计算机联成一个网络，在网络上，每一个人可以看到许多其他人的"内容"，100个人中每个人可以看到其他人的内容，100个人中每个人能看到100人的内容，所以效率是1万，以此类推1万人的效率就是100万。

以上三大定律也具有某些局限性：①以上定律是通过数学统计归纳出来的，属于归纳性定律；②由于纳米技术的应用，制作微处理器的原料可能不再用硅芯片；③在总结软件发展时，没有考虑对网络经济的制约作用。

四、摩尔定律是否过关

1. 摩尔定律的物理制约因素

（1）芯片上元件的几何尺寸不可能无限制地缩小，理论上的极限就是硅原子的大小。

（2）随着芯片尺寸的不断缩小，芯片产生的热量将会增加，对电路自身会造成危害。

（3）由于芯片在生产过程中不可避免地混有杂质，而伴随着尺寸的缩小，杂质的密度就会增大，杂质的聚集将会影响导电性能，目前芯片中杂质含量已接近所能允许的极限。

2. 结论：摩尔定律总有一天会失效

摩尔本人认为："摩尔定律不可能永远持续下去，但摩尔定律不会在现在或未来短短几年内寿终正寝，可能只有等到晶体管尺寸缩小到接近其物理极限，即与硅原子的尺寸相近时，该定律才会真正终结。"

3. “基辛格规则”将取代摩尔定律

目前长期引领处理器性能发展的“摩尔定律”已经受到挑战，人们发现处理器频率提升的步伐明显放慢，从提高处理器工作效率入手来提高性能的“基辛格规则”将取代“摩尔定律”。

4. 基辛格规则

今后处理器的发展方向将是研究如何提高处理器效能，并使得计算机用户能够充分利用多任务处理、安全性、可靠性、可管理性和无线计算方面的优势，而使用多内核的处理器。多内核处理器不仅是通过提升处理器的频率来提升性能，更通过提升晶体管的性能来再次带动处理器性能的提高。

5. 摩尔定律与基辛格规则比较

摩尔定律：以追求处理性能为目标。

基辛格规则：以追求处理器的效能为目标。

6. 摩尔定律的前景

随着纳米材料、相变材料等新进展已经出现，并有望应用到未来的芯片中，摩尔定律有可能过时。但即使摩尔定律寿终正寝，信息技术前进的步伐也不会放慢。

第七节　网络营销理论

一、网络营销

所谓网络营销是指利用计算机与网络技术进行营销活动。当今计算机与网络技术被广泛应用于商业活动，尤其是营销环节，形成网络营销。商户在计算机网络建立主页，在主页上开设“虚拟商店”，陈列其商品，消费者通过网络可以在“虚拟商店”挑选商品、下订单、支付，商户接到订单就送货上门，或消费者直接通过网络下载，同样通过网络，消费者可以将自己的意见反馈到生产过程中，这样生产者可以根据消费者的需求和偏好进行生产，这一方面提高了生产者和消费者之间的协调能力，平衡了产销关系；另一方面又可以降低企业产品生产的“互动成本”。例如，通用汽车公司别克汽车制造厂，让客户自己设计所喜欢的车型，由客户自己选择车身、车轴、发动机、轮胎、颜色及车内结构。客户可以看到自己设计和选择的部件组装出来的汽车样子。公司可继续更换部件，直到客户满意为止。这种营销方式在现代市场条件下运用得越来越普遍。

二、网络营销创新的四个方面

1. 企业营销观念的创新

（1）企业应突破传统市场的时空界限，树立起全球营销观念。因为计算机和网络技术的应用使各个企业在任何时间、任何地点，只要进行联网，均可拥有同国内外客户打交道的机会。

（2）从单向营销观念转向互动营销观念。传统营销只能提供单向信息传递，消费者常陷于信息不对称的被动局面，企业成为营销活动的主导，并固守着传统的单向营销观念。以网络为载体的新经济可以实现网络高度的互动性，实行市场调研、产品设计、生产到最终服务消费者的主动营销。

（3）从同质化、大规模营销转向异质化、定制化营销观念。在传统经济时代，企业主要依靠资本投入及提高规模来增强企业的竞争优势。新经济时代，随着高新技术与信息技术的迅猛发展，消费者受教育程度的提高，消费者需求趋向个性化、理性化及质量高档化，因此，要求企业树立起异质及定制营销的理念。

（4）从“被动地满足市场需求”转到“主动创造市场新需求”的理念。传统经济时代，由于信息传播的范围有限，传播是单向的，传播时间相对滞后，信息不对称。因此，企业难以捕捉最佳的市场机会，企业营销战略与营销策略缺乏前瞻性，企业往往只能被动地满足目标消费者的需要。随着新经济的发展，企业可以通过互联网实行一对一交互传播信息，有利于企业捕捉最佳的市场机会，制订具有前瞻性的营销战略与策略去创造新的市场需求。

2. 从 4P’s⟶4C’s⟶“互动”策略的整合

在传统的营销策略中，由于物质基础与技术手段的局限，产品、价格、分销及促销策略构成了企业营销策略的关键性内容，它成为企业在已有的市场上提高企业产品的市场占有率及实现企业利润最大化的手段，因此，4P’s 成为工业经济时代企业应对激烈和复杂市场竞争的重要战略。然而随着新经济的产生与发展，消费者在企业营销的主体地位日益确立，原有的 4P’s 已不足以满足顾客价值需要，美国著名学者舒尔茨顺应营销实践的发展提出了 4C’s，即顾客（Customer）、成本（Cost）、便利（Convenience）、沟通（Communication）。这里，顾客是指顾客的需求与期望；成本是指顾客的费用，包括顾客购买产品的成本及使用成本；便利是指顾客购买的方便性；沟通主要是指顾客与企业的感情沟通。当代企业营销尤其是网络营销，必须将 4P’s 与 4C’s 进行最佳整合，才能够更好地实现以顾客为导向和以顾客为主导的理念，从而保证企业在竞争中立于不败之地。

4P’s——→4C’s 的整合，即根据顾客的需求和欲望来生产和销售产品（Product–Customer 的整合）；根据顾客能支付的费用来定价（Price–Cost 的整合）；从方便顾客购买及方便为顾客提供服务来设置分销渠道（Place–Convenience 的整合）；主要通过企业同顾客的情感交流、思想融通，使顾客对企业、产品更好地理解和认识，以寻求企业与顾客的契合点（Promotin–Communication 的整合）。

4P’s——→4C’s 的互动，是指企业由以企业自我为中心转到以顾客消费需求为中心后，又进入的一个新的台阶，这就是以顾客消费者为中心的互动，企业、客户、消费者三者的互动具体反映在供应链系统中。供应链技术包括四个方面：即时反应（Quick Reponse，QR）、即时配送（Just–in Time，JIT）、有客户回应（Efficient Consumer Response，ECR）、不间断补货（Continuous Replenishment，CR）。

3. 善于选择企业竞争战略

企业面对激烈和复杂的全球竞争，单靠自身力量难以获得市场竞争优势，全球竞争形式发生了新变化，从过去那种“你死我活”的竞争形式演变为“既竞争又联合”的格局。20 世纪 90 年代开始出现了大企业之间的战略性联盟，而且这种联盟已从制造业扩展到服务业、金融业等。通过一系列的企业重组与联盟实现了资源优势互补，风险共担、利益共享，增强了竞争实力，避免了过度竞争，从而实现双赢。

4. 重视对新旧市场营销模式的整合

发达的市场经济国家的新经济是建立在发达的传统经济基础上的，其新的营销模式也是建立在传统营销模式的基础之上的。我国作为发展中国家仍处于不发达的传统经济时代及不发达的传统营销阶段。因此，企业还不能扬弃传统的营销模式，而应当不断完善传统营销模式。同时，随着科技革命与信息产业的发展，以及经济全球化推动了我国高新技术与信息技术的发展，促进了新型营销模式（网络营销）的产生，因此我国企业应重视发展新型营销模式，实现国内市场与国际市场接轨。

将传统营销模式与新型营销模式实行最佳组合，运用高新技术与信息技术装备和改造传统产业，推动企业管理信息化，使传统营销模式同新型营销模式更加协调和匹配，实现网上新型营销与网下传统营销相结合，即网上交易同网下支付、网下物流配送相结合，促进我国传统营销不断成熟和发展，同时，能够迅速扩展新型营销模式的范围。

第八节　电子商务定价理论

在电子商务环境下，价格的确定是一个新的理论与实践问题，在电子商务定价实践的基础上，许多传统定价理论需要创新。传统的定价方法主要有成本定价、需求定价和竞争定价，而电子商务的定价方法主要有需求导向定价和竞争导向定价两种，具体的定价策略则是多种多样的。

近几年来，电子商务定价问题引起人们的关注，特别是价格歧视是经济生活中一种很常见的定价手段，这种定价方法在网络营销中仍然适用，并且这种定价策略对企业竞争力有一定影响。

一、价格歧视的概念

价格歧视是指任何时候，一种商品的两个单位（由同一卖者）各以不同的竞争价格卖给两个买主。在网络销售中，高位定价策略、低位定价策略、个性化定价策略是网络经济条件下企业可选择的三种定价策略。[①] 电子商务定价战略有以下几种：

1. 高位定价战略

（1）成本根据。研制开发成本高，技术开发成本风险高，机会成本高。

（2）时限因素。

（3）心理因素。当企业生产的产品是为了某些富有阶层作为地位和财富象征时，必须用高价定价法；当产品和服务能满足消费者较高的追求和欲望时，也可以采取高位定价法。

（4）市场功能。市场有足够的购买者，他们的需求缺乏弹性；高价使需求减少，因而产量减少，从而单位成本会增加，但这不至于抵消高价所带来的利润。

2. 低位定价战略

（1）成本根据。技术一经开发，可以反复使用而不增加成本，这是技术产品的重要特点；采购成本低；库存成本低；交易成本低。

（2）时限因素。

（3）心理因素。

（4）市场功能。

3. 个性化定价

（1）消费需求个性化。

（2）生产服务个性化。它包括销售环节、服务环节、生产环节。

（3）市场功能。[②]

根据经济学理论，要成功地实现价格歧视至少必须满足以下三个条件：

---

① 程大为. 电子商务的定价战略［J］. 商业经济与管理，2000（11）.

② 商业经济与管理，2000-11，中国人民大学报刊复印资料商贸经济，2001（2）.

第一，企业具有一定的市场力量，即企业有能力将价格定在边际成本之上。

第二，需求曲线显性，即企业能了解不同消费者的消费意图。

第三，没有套利的可能，企业能成功地分离市场，以低价购买商品的消费者没有可能再以高价卖出。消费者之间交易成本高，信息不对称。

二、价格歧视定价方式在网络销售中的应用

1. 网络营销的市场竞争特征是垄断与竞争并存的竞争性垄断结构

（1）市场的竞争性加强。由于网络大大缩短了企业与消费者之间的空间距离，因而目标消费者的数量急剧增加，也就是说，对某一个企业而言，它的潜在消费者数量是很大的。同时，由于上网的企业数量增多，对于消费者而言，可选择的范围扩大，网络的存在使其与任何一个企业接触都是有可能的，这趋向于一个完全竞争的市场。因而，市场的竞争性被强化。

（2）市场的垄断性也加强了。在网络营销中，一些产品，如软件、电子图书等的边际成本接近于零，这就出现了反传统的规模收益递增的经济现象：即在规模收益递增时，会产生一种自增强机制。也就是说，一个企业可能由于前期历史的影响而进入一个不一定是最有效率的均衡状态，但这个状态一旦被选择，就会由于系统建立的成本高而不易改变，因此，这种状态被重复不断地选择下去。这时由于有学习效应、合作效应和适应性预期，使得企业逐渐适应和强化这种状态，从而形成了一种“选择优势”。基于这种理论，企业拥有一定控制价格的能力，市场力量加强。

2. 在网络营销中，企业能更方便地了解消费者的消费意愿

（1）网络调研的成本较低、效率高。互联网所带来的最明显的变化是信息传递成本降低，这对于卖方（企业）的意义远大于买方。企业通过电子邮件调查和在线调查两种方式，可以迅速地获取目标消费者信息。

传统调研的业务流程：项目设计→问卷印刷→访问员培训→访问员入户/打电话→抽查问卷→问卷录入→数据处理。

网上调研的业务流程：项目设计→问卷上网→问卷检查→数据处理。

可见，对企业而言，网络调研缩短了业务流程，节省了相应步骤所需的费用，提高了访问的周转率；对受调查者而言，可以不受时间和地点的限制，有自主性和灵活性。因此，网络调研有较高的成功率和受访者更大的满意度。

（2）网络营销也有助于消费者显现自己的消费偏好。例如，网上订购机票的服务，消费者可以将要求输入计算机，服务商根据消费者的偏好提供不同的订票服务。如果消费者对票价很在意，甚至可以输入所愿支付的最高价格，服务商会在各航空公司和航线之间为他寻找。因此这会出现同一出发地到同一目的地，票价却不同的情况。

3. 网络营销中消费者之间套利机会变少

一般情况下，人们会认为，在网络营销中，价格信息流动会加速价格水平趋同化。但认真分析就会发现，企业和消费者之间一对一的信息流动加速，但消费者之间彼此的沟通却很少，尤其是互联网的客户是散居在不同的区域，甚至世界各地的，两个不同区域或国家的消费者之间由于关税高、沟通少等原因，套利的交易成本高，套利发生的可能性小。

在阻止套利的五种因素中，[①] 除了高额的交易成本，还有一种方法为掺杂。也就是，在某种产品中掺杂其他物品，使其只能满足某一消费者的需求，不能转卖给其他人。如同样是酒精，厂商希望对饮用酒精的消费者索取高价，而对药用酒精的消费者索取低价。则可以在药用酒精中掺入不适合饮用而又不影响药效的物质，以防止药用酒精转卖为饮用酒精。

网络营销的一大特点就是个性化、一对一的营销。这种特征恰恰正是掺杂的一种表现。它一方面有利于企业更好地满足消费者的需求；另一方面，它也有效地防止了转卖行为的发生。戴尔公司

① 丹尼斯·卡尔顿在《现代产业组织》中提出防止转卖的五种措施：服务、担保、掺杂、高额交易费用和合约补救。

1995年推出了在线组装，顾客可以在网上选择一套系统，再根据自己的需要加上或删除某些部件，如声卡等。顾客完成产品设计后，马上可以得到戴尔的网上报价单，如果接受报价，交易就可正式开始。显而易见，这种个性化定制生产的产品被转卖的可能性较少，因为它只满足某一特定群体的需求。

在电子商务时代，企业有三种可供选择的定价策略：高位定价、低位定价和个性化定价。相比于其他两种定价策略，个性化定价更能提高企业的竞争优势。

高位定价认为，长期利益的最大化需要在初期制定一个能产生大量利润的高价，然后随着潜在竞争对手的增多而允许利润下降，以阻止竞争对手的进入。而低位定价则是保持一种较低的价位，使潜在竞争对手的产量若没有达到某个水平就无法取得正常利润，它的目的也是为了阻碍竞争者的进入，保持垄断地位。

可见，高位定价与低位定价都是为了防止竞争对手的进入，难免有些被动，个性化定价则是以服务更多的消费者、充分获得生产者剩余与消费者剩余为目的，具有更大的主动性与灵活性。图11-4显示了三种定价法的利润情况。

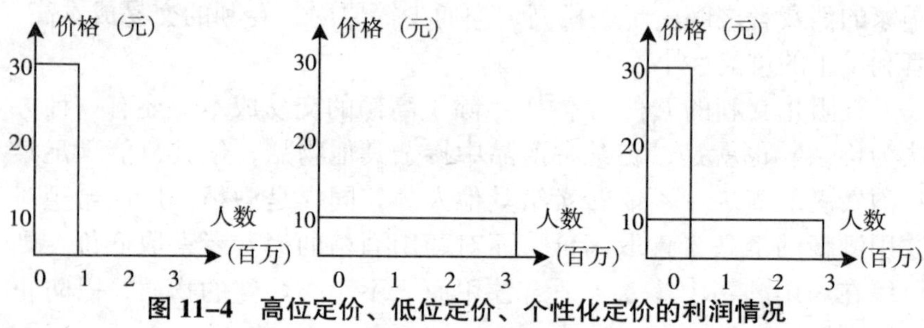

图11-4　高位定价、低位定价、个性化定价的利润情况

在高位定价策略下，若产品价格为30元，消费者是100万人，销售额则为3000万元。在低位定价策略下，若产品定价为10元，那么销售额也为3000万元。在个性化定价策略下，企业不仅可以吸引到高消费阶层，又可稳住300万人的一般消费者，此时的销售额可达5000万元。由此可见，个性化定价可以给企业带来更多的利润，吸引更多的消费者，扩大市场份额，提高企业的竞争力。

习题

1. 电子商务对传统经济学具有哪10个方面的冲击?
2. “长尾理论”是否颠覆了“二八理论”?
3. 请用企业无边界理论解释沃尔玛发展。
4. 导致全球一体化的10个因素是什么?
5. 微笑曲线的经济学意义是什么?
6. 在网络理论中有哪三个摩尔定律，各有哪些内容?
7. 试用技术产品生命周期理论分析我国网络经济所处的阶段。
8. 用新经济的时空观分析电子商务的优势。
9. 简述新经济成本与价值论的“物以多为贵”、“注意力经济”?
10. 简析“拥有者获得”理论的基本内涵。
11. 讨论“边际成本下降”和“报酬递增”理论。
12. 摩尔定律是否过时?
13. 简述网络营销理论。
14. 如何进行电子商务定价?

第十二章　电子商务发展的瓶颈、发展趋势与政策建议

第一节　电子商务发展中遇到的瓶颈

一、电子商务交易安全的瓶颈

电子商务的安全包括用户方和提供产品（服务）方的安全，双方信息都要保密，用户账号不能被第三方获知，而提供产品和服务的订货和付款信息等商业秘密也不能为竞争对手所知，否则就可能丧失机会。·此外，商务协议一旦达成，相关信息未经双方协定，不可更改、不能否认，这些都是电子商务安全控制的内在要求。防火墙技术、认证技术、加密技术等一系列技术的应用对网络的安全性起着保险丝的作用，其中加密技术又被认为是电子商务的“灵魂”。某些网站已经使用了世界最先进的安全防护技术，如虚拟网技术、随机变更密码和实时监控措施，使黑客难以实施破坏。尽管网上攻击活动在未来一段时间内都将是令网络界头痛的问题，但以上措施在一定程度上对电子商务起着安全保护的作用。据中国计算机报统计，中国已经上网的所有企业中，55.5%的企业没有防火墙，64.9%的企业没有安全审计系统，67.2%的企业没有入侵监视系统，72.3%的企业没有网站自动恢复系统。现阶段为了减少用户的顾虑，也有必要采取一些用户能够接受的措施，如我国的个人竞拍网“易趣网”

就采取了“会员制”、“用户信用评估”、“网下交易点监督”等补充机制来减少交易的风险。该网还创造性地在全国几个中心城市建立了有利于“网上交易，网下交流”的交易点，这在很大程度上消除了交易各方的顾虑。

二、电子商务信用认证体系的瓶颈

网上交易双方在进行每一笔交易的时候，都要鉴别对方是否是可信的。因此，需要一个第三方的信用认证机构来确认买卖双方的身份，这是保证网络交易安全性、保密性、可靠性的重要措施。但是当前国内没有统一的信用认证机构，现有的认证业务也是分散地、零散地散落在各个银行，2000 年上海等城市率先建立了个人信用认证机构，为开发和利用个人信用认证探索了切实可行的途径，许多银行现也正在努力建设自己的电子认证系统。在技术层面上，由于电子商务涉及多方面的因素，确定一个标准并非易事，再加上信用认证过程是一个复杂的过程。目前行业部门、地方都在发展自己的认证体系，如何以政府宏观调控为背景实现跨部门、跨行业、跨地区各方协调一致的管理，以将这些不同体系在兼容性上统一结合起来，是电子商务发展过程中必须迅速解决的一个难点。

总的来说，随着中国政府对电子商务的高度重视，电子商务所需要的良好的政策环境正在营造之中。在政府的协调下，各银行纷纷与网络公司共建金融认证中心，如首都电子商城与国内 12 家大银行共建金融 CA 认证体系，实行信用认证方面的联合，电子商务将获得一个良好的外部信用环境；同时，在银行、电信等传统行业以及一些电子商务企业中进行大胆的尝试，各种信用制度有望迅速统一和运作起来。随着全国信用认证体系的建立，中国电子商务的黄金时代有望来临。

三、电子商务支付方式的瓶颈

电子支付方式是解决电子商务问题的关键环节，也是电子商务最终得以实现的关键，任何一笔商务交易最终都要归结到资金的支付与结算上来。现阶段，我国开展的电子商务普遍采取“网上交易，网下支付”和“网上交易，网上支付（电子结算）”两种混合形式。电子支付手段的产生使有形的资金流可以转化为信息流并在网络上传输，其高速和便利性极大地方便了交易双方。目前，我国许多银行纷纷对外开通了网上银行业务，发展电子支付。但是，目前许多银行的网上支付系统不能兼容，因此很难起到节约交易成本的作用。虽然能够在网上实现电子支付的金融机构在逐渐增多，但对相对分散的网民来说，电子结算远远没有达到预计的数量。

此外，电子支付的一个最大问题仍然是安全问题——互联网上的不安全性使用户对这种便捷方式产生顾虑。而采取传统的支付方式，如货到付款、邮局汇款等方式，无异于在“高速公路上赶牛车”，极大地削弱了电子商务实时性。由于存在联网城市限制、服务时间限制等因素的影响，即使在发达国家，也没有只依赖于网上电子支付。所以支付方式的瓶颈不仅在发展中的电子商务新兴国家存在，在发达国家中也存在。因此，除通过银行卡账户开设网上交易账户之外，增加存折开户的方式也能扩大网上消费的潜在消费者，在介入形式上也更为大众化。在目前阶段，各个企业不应好高骛远，片面追求支付方式的电子化，而应从实际出发，采取现实可行的方案，采取多种结算形式，逐步过渡到以电子结算为主要形式，以适应不同层次的消费群体的需要。

金融电子化进程滞后影响了电子商务，表现在以下三个方面：

1. 缺乏总体规划和统一的标准

自20世纪80年代中后期以来，各银行系统根据自身业务的发展需要，制定了相应的发展规划和相应的标准，但由于仅局限于自身业务发展的需要，仍然缺乏金融系统及各银行间网络互联标准、业务传输格式标准以及银行专用设备的开发和应用接口标准，使得各银行之间在网络上不能互通。

2. 金融电子系统化的整体效能差

我国金融客户柜台业务分散处理，基本停留在事务处理阶段，且缺乏对金融活动所产生的大量对银行经营管理和决策有用的信息的采集、加工、分析和利用，无法支持银行管理和决策职能，银行的管理和决策仍然以传统经验为依据，使系统的整体效能差。

3. 金融信息通信网络的规模小、水平低、安全性能差

我国各金融机构虽然都建立了规模不同、采用各种通信方式的城市和全国通信网络，但除了中国人民银行的卫星通信网络初具规模、通信支持服务较具有综合性以外，其他各银行的网络规模都小，基本上都是采用专线，没有金融网络中心的专用事务处理信息传输网，不能适应我国金融业务发展的要求；同时，对网络的安全保护措施不力，许多系统在极其脆弱的环境下工作。

四、电子商务物流配送的瓶颈

随着电子商务的进一步推广与应用，物流对电子商务活动的影响日益明显。电子商务应该是商流、物流、信息流的统一，物流及其配送是电子商务的瓶颈之一，我国 1999 年进行的“72 小时网络生存测试”深刻地告诉我们：高效率的物流配送不可缺少，网上交易离不开网下配送活动的支撑。由于投资额的庞大，一个商务网站要建立一个遍布全国的配送中心是难以想象的，在物流配送上，众多的快递公司虽然密度较大，但是如果采取当面付款的方式，信誉度是一个大问题；此外，如果货物价值较高，货物本身的安全都要“打问号”。邮政网点星罗棋布，具有很大的全网优势和信誉，而且有“EMS 特快专递服务”、“DHL 中外运敦豪新闻速递”，但其高昂的收费却让不少人望而却步。试想，谁会为了从网上买几元钱的东西而额外支付一笔几十元的送货费？当前我国的许多网上商店由于解决不了物流配送问题，只得承诺在一定的范围内送货，这样就使得电子商务的跨地域优势大打折扣。

美国电子商务发展很快，一个主要原因就是美国的物流体系非常完善，而且很早就实现了信息化。亚马逊、eBay 等公司的成功也与其完善的物流配送体系有很大的关系，中国电子商务缺乏完善的、大众化收费的第三方物流配送体系。易趣网则利用其遍布全国各地的交易点作为其货物聚散地。为此，人们探索电子商务与传统商业业态的战略性联合、电子商务与特许经营形式及连锁经营形式的结合，等等。通过战略性联合和资产重组，共建物流配送体系和网络，促进电子商务的进一步发展。

五、电子商务的政策法律环境的瓶颈

电子商务的政策法律环境，包括两方面内容：一是政府对电子商务的重视和扶持；二是相关配套的法律和法规的完善，如网上税收、网上犯罪、网上侵权、网上交易人的权利与义务、网上交易的监督、消费者网上权益的保障。

我国已经把电子商务提高到战略的高度，并且明确提出了五大指导原则：即政府在电子商务发展中应该发挥的作用，重视企业在电子商务中的作用；从规范工程入手引导电子商务的开展；制定电子商务的法律和法规；加强国际间的电子商务合作；政府在电子支付、网络安全、数据交换等技术标准方面的主导作用，为电子商务的发展创造一个良好的环境。

我国已加入世界贸易组织，与国际接轨的法律建设方面步伐加快，世界贸易组织在税收、电子支付、网上交易、知识产权保护、个人隐私、安全保密、电信基础设施、技术标准、服务、劳动力和政府引导方面都有一些成熟而行之有效的规定，这些对我国的电子商务立法可起到应有的借鉴作用。

电子商务与有店铺交易不同，具有许多特有的交易特点，而我国以往的各种商法，往往是为了规范有店铺交易行为而设立的，对电子商务这种新兴的经济行为的约束相对滞后。如《中华人民共和国票据法》不承认经过数字签章的非纸质电子票据的支付和结算方式、《中华人民共和国经济合同法》不承认电子合同的有效性，等等。相对电子商务的发展，电子商务的立法相对滞后。因为立法是一个严肃的程序性行为，从议案的提出、必要的论证、条文的字斟句酌，直到法律的出台，需要一个过程，很可能就在这个过程中，作为立法外部依据的信息技术又发生了很大的变化，怎样预防和处理各种可能或已经出现的问题，不但是对电子商务用户保护的需要，而且还能为法律制定提供参照。许多不同的电子商务模式，各种可能出现的不良行为都需要电子商务法律予以监督。此外，由于交易活动通过网络，甚至许多是跨越国界的电子商务行为，使得电子商务的立法同时又涉及国际贸易关系。因此，电子商务的立法应该明确规定企业与企业、企业与用户、政府与企业、政府与用户以及政府与政府之间的权利与义务。近几年来，我国逐步制定了一系列电子商务的法律和法规，在一些城市电子商务法律和法规体系的探索步伐较快。

六、电子商务的互联网络的瓶颈

互联网络是电子商务的技术基础，互联网络包括两层含义：一是网络类型与覆盖率及互通性；二是整体网络的宽带。这两个方面是一国互联网发达程度的硬指标，也是电子商务得以普及的两个前提。在网络方面，经过长期建设，已经形成了电子网、数据网、移动网、图像网、多媒体网等组成的六大网络格局，从技术上实现了人机网到自动网、模拟网到数据网、单一化网到多元化网的发展过程。用户可以通过下述任何一个网络链入互联网，即中国教育部主管的中国教育科研网（CERNET）、中国科学院主管的中国科技网（CSTNET）、中国电信主管的 ChinaNET、中国吉通主管的 ChinaGBN、中国联通主管的 UNINET，以及由联通、网通、广电系统和瀛海威的所有者中兴发集团共同投资建设，于 2000 年 5 月开通的高速光纤光缆网。现在中国的网络已经铺遍了全国，就连遥远的西藏也有了光纤网，同时，由于互联网的广泛运用，中国的网络无所不在。经过多年的苦心经营，我国互联网建设方面取得了巨大的成绩。例如，发展了一些较大的骨干网，如教育网、科技网、金桥网以及三大公用电信支撑网。

但是，我国网络速度较慢，带宽间接地决定了网民增加的速度，也间接地决定了电子商务的发展。2010 年底，我国网民达到 4.57 亿人，但我国网络传输速度不快，www 被戏称为“World Wide Wait”，“宽带不宽”的问题仍然存在。根据 Akamai 公司的报告数据计算，我国平均上网速度只有 857Kbps，接入速度远远落后于美国、日本、韩国等互联网发达国家。

而作为电子商务组成部分的网上购物，将商品实物的图片向网民展示是必然要求，这使得用户在挑选商品时要花费大量不必要的等待时间。随着千兆位以太网和快速 ATM 网等技术不断进步，价格的不断降低，以及快速用户接入如 ISDN 和 ADSL 等价格的主流化，速度在不久的将来将不成为问题。

此外，我国上网的花费相对于广大用户来说仍然偏高，这制约着大量的电子商务用户的成长。实际上，电子商务应该面对各个层面的用户群体，才能把蛋糕做好做大，也才能让更多的人享受信息技术带来的实惠。

七、电子商务信息基础环境的瓶颈

中国有 1700 多万家企业，2000 年中国企业上网的比例不到 3%，有 1.5 万家国有大中型企业，其中 10%左右的企业基本实现信息化，70%左右的企业拥有一定的信息手段，大约有 20%的企业只有少量计算机，1000 万家左右的中小企业中，只有极少数的企业拥有一定的现代化信息手段，目前中国企业导入 ERP 系统的主要以大型企业为主，比例在 3%左右。中国的企业规模较小也是一个不容忽视的问题，如我国工业企业营业收入在 1 亿~10 亿元的有 19000 家，10 亿~20 亿元的有 742 家，20 亿以上的只有 556 家，由于大多数企业规模较小，它们没有能力消化掉现存的许多国外成功的管理软件，因此电子商务的推行一定要从实际出发，循序渐进。

基础环境实际上指的是一个应用的环境，因为互联网一个最大的特点就是它需要更多的设备和人力的支持，只有这样它的潜力才能激发出来。也就是说，网上空间越大，参与网络行为的人越多，网络所能做的事情就越多，它凝结到一起的力量也就越大。所以电子商务要取得主流地位就必须等到大多数人和企业都上了网，而且能够通过上网满足一切需求。

电子商务的发展需要一个整体工程，银行、企业、个人、政府、税收、海关、网络服务商、网络内容服务商、网络应用服务商等多方配合，以及法律和法规、民间组织的相互配合，才能促进我国电子商务的迅速发展和电子商务高潮的到来。

八、电子商务的经济发展水平及其观念上的瓶颈

电子商务是经济发展到一定程度的产物，如果经济发展水平较低，电子商务必然会受到制约。在美国，人均 GDP 达几万美元，约

有 40%的家庭拥有个人电脑，截止到 2001 年 1 月，美国网民达到 1.68 亿，占总人口的比例达到 60%，[①] 美国人花费 600 美元可以买到一台计算机，中国需要花费 5000~6000 元人民币才可以买到。2010 年底中国现有网民4.57 亿人，占大陆居民总数的 34.3%，虽然现在仍然在高幅度增长，但所占比例依然较小，人均 GDP 超过 4000 美元，人均消费水平较低，且城乡差距较大，现有的网民中，上网购物的仅有 33.3%，且“数字鸿沟”仍然严重。“上网不购物，购物不上网”现象十分普遍，当前的网民数量很难形成大气候，很难支撑电子商务企业的经营，电信费过高也制约着中国电子商务的发展，按绝对货币价格计算，中国人要以比美国人高 20 倍的价格购买回同样多的信息流量，而中国人均收入不足美国的 1/2。

电子商务是商品流通的又一次革命，它的出现将引起人们的思维方式、生活方式、工作方式、交易方式的一系列变革。因此，电子商务理论将引起贸易经济理论的重大飞跃，而传统理论相对不适应或者滞后于电子商务的发展；同时，电子商务又是对传统商务的一次革命，传统流通业的发展需要充分利用电子商务工具使传统产业升级，而我国许多企业总裁对电子商务知之甚少；传统产业与网络经济如何融合？21 世纪是“要么电子商务，要么无商可务”的时代，但许多企业家还没充分认识其紧迫性，以上这些问题都阻碍着电子商务的发展。

九、网上药店规范发展的瓶颈

1. 网上黑药店较多，但监管较困难

网上黑药店多达上万家，当网上购物逐渐成为现代人的一种生活习惯时，医药用品销售也在网络上流行起来。有的药品价格不仅比大医院便宜，而且还省去了去医院排队候诊的时间。但是药品毕竟不是普通商品，网络售药真假难辨，让人总觉得“信不过”。最近有些网上药店更有处方药出售，市面上的药店都买不到，只能在网上买。不知道这些药是真是假？有哪些网上药店是合法的？怎么

① 中国网友报，2001-2-19.

分辨非法网上药店？

2. 网上黑店具有的特点

多数网站打着科普旗号卖假药。一些慢性病如心脑血管疾病、乙肝和红斑狼疮等疑难杂症，往往成为假药制造者瞄准的对象。

从 2008 年到现在，国家食品药品监督管理局已经陆续曝光了 200 多家网上黑药店。在 200 多家已经曝光的网站上，大部分网站地址都在北京、上海，因为这些城市医疗机构、科研院所相对集中，消费者容易相信。网站的开办单位通常也多为假冒或伪造的，如标榜自己是中国人民解放军、北京（上海）等某疾病康复中心、科研机构、医疗单位等。但整个网站只宣传和销售治疗某种疾病的一种或系列“药品”。

3. 网络监管很困难

互联网打假仅靠药监一个部门的力量是比较弱的，还需要电信等部门的合作才能取得成效，否则即便曝光了，网站仍在开，假药仍在卖，对消费者的危害仍在进行。

4. 网上开药店必须国家审批

我国从 2005 年开始批准药品可以在互联网上销售，截至 2010 年 7 月 12 日有27 家药店获得经营资格。这些药店必须在网站的显著位置标示出《互联网药品交易服务机构资格证书》的编号。并且只能向消费者销售非处方药，网站具备网上查询、网上咨询（执业药师网上实时咨询）、生成订单、电子合同等交易功能。合法网上药店的销售资格要经过严格审批才能得到。

全国获得《互联网药品交易服务资格证》的企业有 64 家，其中有 27 家获得合法网上药店资格，如表 12–1 所示。

表 12–1　截至 2010 年 7 月 12 日 27 家合法网上药店

盛生网 www.4ujk.cn	嘉事堂药店网 cachet.cc	广东保利药业经营有限公司 111.com.cn	广州健民医药 gzjmyy.com	华源大药房网 www.hydyf.cn
和平药房 www.hp1997.com	九洲网上药店 www.dada360.com	北京药品网 bjypw.com	我的药房 www.iyaofang.com	药到病除 www.91yao.com

续表

天士力大药房网 www.etasly.com	好药师网上药店 ehaoyao.com	开心人药房网 www.kxryf.com	安惠健康网 www.jk361.net	健客网 www.jianke.com
盘龙云海电子商务网 www.plyh.com.cn	药品零售网 www.yplsw.com	重庆同生药房 www.51yao.com.cn	老百姓大药房 www.eelbx.com	惠好连锁网 www.511yd.com
导药网 www.daoyao.com	云南白药集团股份有限公司 www.yunnanbaiyao.com.cn	百洋健康药房 www.baiyjk.com	红品健康网 www.redpharm.com.cn	金象大药房网上商城 www.jxdyf.com.cn
上海药房网 www.818shyf.com	药房网 www.yaofang.cn			

第二节 21世纪电子商务的发展趋势

一、国际化趋势

随着经济全球化，电子商务国际化趋势表现为：①投资的国际化，电子商务投资不是仅局限于一个国家内，而是全球各地在电子商务发展较快的区域或者环节寻找投资机会；②交易的国际化，交易不是仅局限于一个地区，而是可以在区域或者国际之间进行，只要物流配送能够完成的地区都是电子商务延伸的领域；③会员的国际化，交易会员可以来自不同的国家和地区；④结算的国际化，同一货币可以在不同的国家进行结算，不同国家的货币可以进行跨域结算，如外国信用卡大量进入中国，中国银联卡也进入世界各地，这对于电子商务结算全球化奠定了基础；⑤物流的国际化，物流与配送是电子商务不可缺少的重要内容，在现有条件下，铁路、公路、航空、管道、互联网等多种商品流通载体使商品的空间转移更加便捷。

二、专业化趋势

电子商务的发展经历了一个由综合向专业化的发展趋势，先有综合的电子商务网站的出现，随着电子商务的纵深发展，专业化网站不断地出现，从而使电子商务摆脱了同质化的“红海”，许多专业性电子商务探寻差异化“蓝海”新的领域，使商品更加专业化、业务流程更加专业化、交易更加专业化、交易对象更具针对性、交易方式更加灵活，从而管理更加严格，避免了交易风险，提高了电子商务的效益。例如，网上批发、零售、餐饮、休闲、娱乐、旅游、团购等活跃起来。

三、融合化趋势

电子商务的发展过程是传统产业与网络经济的融合过程，而不是结合，二者之间的相互融合能促进技术与管理创新、商业流程创新，使计算机技术与网络技术与传统业务流程很好地“无缝连接”起来，做到电子与商务的完美融合，一般而言，真正融合的电子商务能够具有较好的经济和社会效应，电子商务的交易、结算、物流“三位一体”的发展过程就是“三位一体”融合的过程。

四、多样化趋势

电子商务模式的多样性越来越明显地表现出来，1998 年以来，电子商务模式创新不断地加速，不断有新的模式出现，也有旧的模式消逝，至今，我国电子商务模式出现了“百花齐放”的局面：商品及服务的多样化、模式的多样化、结算的多样化、物流配送的多样化，经济组织对经济组织、经济组织对消费者、经济组织对经济组织对消费者（这里指 B to B to C）、消费者对消费者、政府采购、政府储备商品抛售、政府税收、进口商品的拍卖以及网上证券、网上期货、网上保险、网上支付、网上旅游、网上物流配载、电子口岸、移动商务等，多种电子商务模式改变了人们的思维方式、生活方式、工作方式和商务方式。

五、法律化趋势

电子商务法、电子签名法等法律将不断地完善，国际之间的电子商务、区域之间的电子商务等将不断完善，实践证明，没有统一的电子商务法律体系就不可能有统一的电子商务，电子商务的开放性、竞争性、规范性、法律性是电子商务体系的一个有机组成部分。政府的法规也不断地系统化，我国先后出台“十一五”、“十二五”电子商务产业政策，指导我国电子商务健康发展。商务部出台了《关于加快流通领域电子商务发展的意见》，国家工商总局出台了《网络商品交易及有关服务行为管理暂行办法》，中国人民银行出台了《非金融机构支付服务管理办法》等，上述法规都能有效地保证电子商务健康发展。

六、标准化趋势

1998 年以来，我国电子商务在发展中不断地规范化，具有较高的起点，这是由于电子商务的高层次所决定的，不规范的电子商务是不可能存在和发展的，因此，我国至今已经制定了 600 多种电子商务标准（其中国家标准 100 多项）。但是，随着电子商务的发展，电子商务标准将不断地完善，国际电子商务标准、国家电子商务标准、区域性电子商务标准、行业性电子商务标准、企业及其网站电子商务标准是一个有机标准体系，电子商务发展过程也是多层次电子商务标准无缝连接的过程，中国应加速电子商务标准体系的建设，与国际电子商务标准的接轨，并且积极地参与国际标准制定与调整。

七、纵深化趋势

电子商务的基础设施将日益完善，支撑环境逐步趋向规范，企业发展电子商务的深度进一步拓展，个人参与电子商务的深度也将得到拓展。图像通信网、多媒体通信网将建成使用，3G 技术、“三网合一”潮流势不可当，物联网迅速普及，高速宽带互联网将扮演越来越重要的角色，制约中国电子商务发展的网络瓶颈有望得到逐步解决。我国电子商务的发展将具备良好的网络平台和运行环境。

电子商务的支撑环境逐步趋向规范和完善。个人对电子商务的应用将从目前点对点的直线方式向多点的智能式发展。

八、个性化趋势

个性化定制信息需求将会强劲，个性化商品的深度参与成为必然。互联网的出现，手机用户的增加、无线上网发展和普及是对传统秩序型经济社会组织中个人的一种解放，使个性的张扬和创造力的发挥有了一个更加有利的平台，也使消费者主权的实现有了更有效的技术基础。在这方面，个性化定制信息需求和个性化商品需求将成为发展方向，消费者把个人的偏好参与到商品的设计和制造过程中去，对所有面向个人消费者的电子商务活动来说，提供多样化的、比传统商业更具有个性化的服务，是决定今后成败的关键因素。网络服务系统为顾客提供了全天候的即时互动工具，迎合了现代顾客个性化的需求特征。中小电子商务企业会日益重视客户的个性化信息。

九、整合化趋势

电子商务网站在经历 2000 年的全面开花之后必然走向新的融合。

1. 同类网站之间的合并

针对大量的网站属于“重复建设”，定位相同或相近，业务内容相似，激烈竞争的结果只能是少数企业最终胜出，处于弱势状态的网站最终免不了被吃掉或者关门的结果。

2. 同类别网站之间互补性的兼并

那些处于领先地位的电子商务企业在资源、品牌、客户规模等诸方面虽然有很大优势，但这毕竟是相对而言的，与国外著名电子商务企业相比还相差甚远。这些具备良好基础和发展前景的网站在扩张的过程中必然采取收购策略，主要的模式将是互补性收购。

3. 战略联盟

由于个性化、专业化是电子商务发展的两大趋势，每个网站在资源方面总是有限的，客户需求又是全方位的，所以不同类型的网站以战略联盟的形式互相协作成为必然。

4. 风险投资大量进入电子商务领域

2008 年有 36 笔融资交易，总融资金额 3.37 亿元，2009 年上半年国内电子商务企业已经完成 23 笔融资交易，总融资规模达 3.31 亿美元。

十、规模化趋势

随着经济和社会的发展，电子商务的规模将越来越大，具体表现在以下几个方面：

1. 网站规模的扩大

2009 年底我国有 323 万多家网站，到 2010 年 6 月底我国网站减少到 279 万家，降幅 13.7%，到 2010 年底下降为 191 万家网站。但是，电子商务网站交易的规模提高了。

2. 网民规模扩大

2000 年底，全球网民仅有 4.14 亿人，到 2009 年底达到 17.6 亿人，2015 年将达到 30 亿人；我国 1997 年 10 月网民只有 62 万人，到 2010 年底达到 4.57 亿人；2009 年我国电子商务交易额达到 3.85 万亿元，网上交易达到 2500 亿元，2010 年电子商务交易额达到 4.5 万亿元，网上交易达到 5131 亿元，占社会消费品零售总额的比例达到 3.32%。3C 公司创始人罗伯特·麦特卡尔夫所说的“网络的价值等于网络节点数的平方”的麦特卡尔夫法则（Metcafe Law）得到验证。

十一、移动化趋势

随着手机网民的增加，到 2011 年 6 月底，我国手机网民达到 3.18 亿，在总体网民中占 65.5%，移动商务成为电子商务发展趋势之一，据Frost 和 Sullivan 的报告显示，未来的移动电子商务市场将主要集中在网上采购和网上金融服务两个方面，其中网上金融服务集中于以下四个不同领域：①自动支付系统，包括自动售货机、停车场计时器、自动售票机等；②半自动支付系统，包括商店的收银柜机、出租车计费器等；③移动互联网接入支付系统，包括商业的 WAP 站点等；④手机代替信用卡类支付以及私人之间账务结算。在以上这些支付形式当中，其中通过手机—互联网这种支付形式的占整个移动电子商务的39%，私人之间的P2P支付占34%。同时，无线应用协议（WAP）、移动IP、“蓝牙”（Bluetooth）、通用分组无线业务（GPRS）、移动定位系统、第三代（3G）移动通信系统等移动技术将得到广泛应用。

第三节 我国电子商务发展的政策建议

一、加快电子商务法律、法规及标准体系的建设

应尽快出台《电子商务法》，以市场机制为先导，根据先易后难、先基础后具体的原则，完善电子商务的法律、法规、标准体系。

第一，通过营造良好的市场环境，鼓励企业入市，加快电子商务市场发育，然后逐步提炼市场规则，制定电子商务发展规划、政策、标准、法律，进一步建立健全电子商务管理地方性法规、规章。

第二，完善电子商务的法律体系，明确各部门职责分工协调。针对目前电子商务活动开展的势头，政府有关部门应该积极研究电子商务的特点，迅速制定有针对性的法律、法规和政策，以规范电子商务活动，增加企业和广大消费者对电子商务的信任感。

第三，重视与国际电子商务法律的协调。电子商务活动不仅在国内进行，而且也要在世界范围内进行，因此，必须高度重视国内电子商务立法与国际电子商务立法的协调，完善电子商务立法机制。

二、发展电子商务应重视技术，更应重视“商务”

电子商务是电子与商务的融合，核心是商务，电子是实现交易的手段，二者的关系是相辅相成的。既要重“技术”，更应从“商务角度”来全面推动电子商务的发展，使得电子商务更具有生命力。把电子商务行业与传统企业融合起来，才能扩大其发展空间。在推动电子商务模式方面应该推行“百花齐放”的原则，大胆探索各种模式。电子商务经过17年的探索，重心开始转移，重视商务将是未

来电子商务发展的推动力。

三、加强电子商务信用体系的建设

进一步完善电子商务实名制，建立完善的个人和企业信用体系，以实现在具体化、可靠性基础上进行“虚拟化”交易。一旦发现商业信用严重不良的企业和个人，则可考虑依照一定的法律，在网络上予以披露，使电子商务活动中的交易环境得到净化。信用问题的解决需要通过设置合理的运行机制和运行标准，确保供需双方建立商业信用，并通过某些监督机构进行监督和管理。政府应制定我国电子商务发展的相关法律、法规和政策来增强网上交易的信任与安全，使电子商务在公平、合理、高效的环境下得到健康、持续、快速的发展。

四、为电子商务创新良好的发展环境、重视网络品牌的建设

我国电子商务正处于“成长期”向“发展期”转型的过程，电子商务需要有一个政策“培育期”，促进电子商务的发展应健全、规范发展过程，包括支付流程、企业信用、行业信用服务等。

加强电子商务网站的设计与推广，建立良好的企业形象已经开始受到中小企业的普遍重视，越来越多的中小企业已经认识到要成功地实行电子商务，一定要建立一个高效的信息搜集系统，通过网站的设计，建立一个良好的数据库，搜集与分析信息，了解市场的需求动向及企业自身的经营情况、企业的产品在网上受欢迎的程度等。从而优化自身的资源配置，最大地降低成本，提高经营效益。在建设网络品牌需求的推动下，专业的网络营销服务商开始出现。网络营销服务商将网络技术与企业管理有机结合在一起，更多地从中小企业的角度出发，促使中小企业将网络品牌建设纳入企业发展战略体系中，让其网络品牌成为企业的固定资产，建立与推广中小企业的网络品牌。

五、稳步发展电子中远期合约交易

中远期合约交易是我国商品交易不可缺少的一种交易形式，虽然在发展过程中存在许多问题，但是，没有中远期合约交易的网上交易市场是一个不完全的市场，政府应采取政策培育其发展，用法律、法规、标准来规范其发展。但是在中远期合约交易中应避免将其设计成为“准期货”，如果将中远期合约交易当成期货交易，将会断送中远期合约交易，特别是将会把大宗商品电子交易逼向绝路。

六、解决电子商务的安全问题

电子商务系统首先要有一个安全、可靠的通信网络，以保证交易信息安全迅速的传递。要保证数据库服务器绝对安全：一要建立科学的安全体系和权威的电子商务认证中心；二要不断完善协议和堵住操作系统的安全漏洞，同时，采用加密数字签名等来增强网络安全技术内容的广泛性；三要增强网络安全设备的性能，从而加强监测技术的可靠性。同时，我国政府还应修改现行法律和制定有关新的法律，从而为电子商务的发展提供一个相对宽松而又安全的法律保障。

七、加快物流配送体系建设

在完善物流配送体系方面，除了要鼓励邮政部门发挥自身的优势，与从事电子商务的部门签订合作协议，积极开展各种新服务外，要逐步开放市场，鼓励国内外的速递公司参与竞争。通过竞争，使我国的物流配送体系日趋完善。还应大力培养电子商务物流配送方面的人才队伍；加强物流企业对现代化技术的应用，如物联网技术、RFID 技术、条形码技术、数据库技术、电子数据交换技术（EDI）、全球定位系统（GPS）、有效的顾客反应（ECR）等的应用。

八、重视复合型电子商务人才培养

电子商务的学科涵盖较广，既包括计算机网络、数据库、信息安全、通信等工科方面的知识，也需要经济、管理、法律等方面相关的知识，这就为人才的培养增加了一定的难度。我国应尽快提高电子商务学科的建设水平，尽快组合科研力量，就电子商务中的IT技术、商业、经济、管理等各个方面的相关问题开展交叉科学研究，才能为政府制定规划提供决策支持，为相关企业经营提供管理咨询。充分利用各种途径和手段培养、引进并合理使用好一批素质较高、层次合理、专业配套的网络、计算机及经营管理的专业人才。

九、政府要充分发挥电子商务的推动作用

1. 政府进行合理的电子商务规划和引导

（1）在网络基础设施的建设上，需要政府加大力度，合理引导资金投入，提高投资效率，建设更加安全快捷的信息网络。

（2）在电子商务的支付问题上，需要政府来推动标准的统一和互联的建设。

（3）推动交易的安全保护、健全法律法规的建设等。

（4）政府应利用其影响力，通过各种渠道对公众和企业进行宣传和引导，提高其对电子商务的认知度，鼓励企业改变观念、积极参与电子商务。

（5）研究制定“十二五”时期电子商务的产业政策，制定出适应我国形势发展需要的相关政策。

2. 政府要把电子商务作为产业的龙头，改造、创新、扩大其竞争力，建立示范基地、产业园

在推动电子商务模式方面应该“百花齐放”，探索各种业态的电子商务，如内贸、外贸，零售、批发等。促进新的电子商务新型业态的产生，如网商、移动电子商务、农商等，促进电子商务行业的整体发展，促进社会化服务。建立一些必要的电子商务促进法或促进条例；鼓励有条件的中小企业采用电子采购，降低成本。

3. 政府应建立一些适用于电子商务快速发展的新机制

如网上协同机制（产业链的协同，支付物流工具的协同）、协作机制（信息平台、支付体系、物流配送等协作机制）、外包、托管机制、人才培训方面的机制（高等教育电子商务人才的培训、成人教育电子商务人才的培训、竞赛机制）、电子商务评价机制（如淘宝网

的消费者满意度打分、电子支付中的用户满意度评价体系）等。

4. 政府应改善电子商务发展的环境

政府应促进电子商务的发展，健全、规范发展过程，包括支付流程、企业信用、行业信用服务等，不仅要重视商品质量，还要重视售后服务。电子商务应该做到讲究信誉，才能进一步发展。加强电子商务的宣传、培训以及电子商务知识的普及。建立电子商务发展工作机制，建立电子商务企业的联系机制。开展面临消费者的电子商务网站。在当前扩内需、保增长、拉动消费的宏观背景下，加强政府主管部门与各专家、行业协会、企业联系方面，突出电子商务的龙头作用。

十、加快农村电子商务的发展

目前，我国农村电子商务基础设施薄弱、农村电子商务人才缺乏、对发展农村电子商务认识还不到位，这些都制约着我国农村电子商务的发展。我国应尽快转变观念、提高对发展农村电子商务的认识；提高农民的整体素质，加强农村电子商务人才培养；在政策与资金上要大力扶持农村电子商务；利用电子商务平台推进农村电子商务发展；完善农村电子商务的法律体系；实施农村电子商务新模式等。探讨推广“网络+公司+农户”的“沙集模式”——农村经济中信息化带动产业化，产业化促进信息化的典型。

十一、开展国际电子商务的交流与合作

我国应继续开展商务交流与合作，利用电子商务手段促进双边经贸合作，推动企业应用电子商务。注意国际电子商务发展动向，分析其对我国进出口贸易、资本流出和流入、国民经济发展和社会进步的有利因素和不利影响，及早制定应对策略。积极参与国际电子商务标准制定，目前的电子商务国际谈判主要集中在少数发达国家之间，发展中国家若不及时参与到对话中来，不利于形成电子商务的国际框架。面对世界经济和贸易发展过程中出现的新问题，我国应认真研究我国发展电子商务的对策，积极参与电子商务问题的国际谈判，提出公平合理的电子商务“游戏规则”。我国应该从提

高我国电子商务国际竞争力的需要出发，尽早做好技术和立法方面的工作，利用国内已有的优势，与国际接轨，并带动其他产业的发展。

十二、稳步发展移动电子商务

移动电子商务是电子商务发展的趋势之一，应积极稳妥地推进移动商品交易和移动支付业务，探索多种移动电子商务交易和支付业务，促进移动电子商务健康发展。积极探索移动销售终端服务（POS）、手机银行等多种服务以及物联网服务等。

习题

1. 我国电子商务的瓶颈有：①__________；②__________；③__________；④__________；⑤__________；⑥__________；⑦__________；⑧__________；⑨__________。

2. 简述我国电子商务在安全保护中存在的问题和解决这一问题的措施。

3. CA 认证对电子商务具有哪些重要作用？

4. 当前我国许多网站采取的主要结算方式有哪些？

5. 我国金融电子化进程滞后的表现形式主要有哪些？

6. 对比沃尔玛与亚马逊的物流配送体系对其电子商务的影响。

7. 电子商务的政策法律环境的内容是什么？

8. 我国政府如何发挥电子商务的作用？

9. 我国电子商务应借鉴世界贸易组织哪些方面的规定？

10. 请举例说明我国传统商法在哪些方面制约电子商务发展。

11. 我国互联网在哪些方面制约电子商务的发展？

12. 为什么说经济发展水平制约电子商务的发展？

13. 如何看待网上药店存在的问题？

14. 简述电子商务的发展趋势。

15. 你认为如何发展我国电子商务？

附　录

附录 A　国内部分传统零售商开办网络零售业务的网站名单

序号	公司简称	网店名	网址
1	苏宁电器	苏宁易购	http：//www.suning.cn
2	国美电器	国美电器网上商城	http：//www.gome.com.cn
3	银泰百货	银泰精品网上商城	http：//www.yintai.com
4	百联集团	百联 E 城	http：//www.blemall.com
5	家乐福	家乐福在线商城	http：//e-shop.carrefour.com.cn/cn/index.do
6	天虹商场	网上天虹	http：//www.myrainbow.cn
7	沃尔玛	山姆会员网上商城	http：//www.samsclub.cn/sams/homepage.jsp
8	大商集团	大商网上商城	http：//www.66buy.cn
9	宏图三胞	宏图三胞网上商城	http：//www.pcarm.com
10	东莞美佳宜	生活馆	http：//www.myj.com.cn
11	海王星辰	星辰商场	http：//www.star365.com
12	宁波三江	三江购物网	www.sanjiang.com
13	百佳超市	百佳网上超级市场	http：//www.parknshop.com/webshop/loginpage.do
14	王府井集团	劲购网	http：//www.goonow.com
15	大中电器	大中电器网上商城	http：//www.dazhongdianqi.com.cn/
16	欧尚（中国）	欧尚网购	http：//www.auchan.com.cn
17	利群集团	利群商场	http：//www.liqunshop.com
18	迪信通	迪信通商城	http：//www.dixintong.com

续表

序号	公司简称	网店名	网址
19	金鹰商贸集团	时尚金鹰网	http：//www.goodee.cn/eshop
20	银泰百货	银泰百货网上购物	http：//www.intime.com.cn：8000/shop
21	农工商	便利通商城	http：//www.chblt.com
22	山东潍坊百货	中百便利网上商城	http：//www.zhong100.com/
23	浙江人本超市	人本网上超市	http：//www.rbcs.cn/
24	徽商集团	徽之尚网上商城	http：//www.hzsmall.com/
25	易初莲花	卜蜂莲花购物网站	http：//www.ourlotus.com/
26	北京西单友谊集团	西单 igo5	http：//www.igo5.com
27	青岛维客	点点网	http：//www.weeklydd.com
28	广百股份	网上广百	http：//eshop.grandbuy.com.cn/index.jsp
29	五星电器	五星商城	http：//www.five-star.cn/template/menu06/shop.jsp/
30	津工超市	津工网购	http：//www.jgls.cn/
31	全福元商业集团	全福元商业集团	http：//www.sgbhd1.com：8080/ehdshop
32	华润万家	万家摩尔	http：//www.crvmore.com/
33	中央商场	中央商场	http：//www.njzysc.com/shop.php
34	友谊阿波罗	商虎网	http：//www.9448.net/jrdshop
35	北京翠微大厦	翠微百货网上奥特莱斯	http：//cwjt.com
36	广州友谊集团	广州友谊商店	http：//121.8.125.2：6090
37	唐山百货大楼	唐山百大网上商城	http：//www.tbdjt.com/sc/Html/Productlist.asp
38	唐山市金客隆	金客隆网上商城	http：//www.shopping.jk1315.com/
39	哈尔滨中央红	哈尔滨中央商场	http：//www.zysc.com
40	成都伊藤洋华堂	伊藤洋华堂网络超市	http：//shop.iy-cd.com
41	中百集团	中百网	http：//www.zon100.com
42	成都红旗	红旗网上购物系统	http：//www.hqls.com.cn/netshop/webindex.asp
43	东方家园	东方家园电子商城	http：//www.shop.dfjy1997.com/

续表

序号	公司简称	网店名	网址
44	新一佳	新一佳网上商城	http：//www.abest-xyj.com/
45	石家庄北国人百	如意购物	http：//www.tuyigou.cn
46	海航商业	民生伊购网	http：//www.msegou.com/
47	中商集团	中商购物网	http：//www.aizsw.com/zs/default.html
48	文峰大世界	文峰大世界网上商城	http：//www.wfdsj.com.cn/shop
49	话机世界数码连锁	手机世界	http：//www.3chot.com
50	邯郸市阳光百货	阳光百货购物街区	http：//www.hdyg.com/
51	北京首航国力	首航超市团购网	http：//www.bjshgl.com/
52	秦皇岛市家惠	家惠网上商城	http：//www.jia-hui.net/wssc.asp/
53	当代商城	当代商城网上商城	http：//www.modern-plaza.com/
54	大洋百货集团有限公司	大洋百货网上商城	http：//www.edayang.com.cn/home.html
55	美廉美超市	美网商城	http：//e-shop.merrymart.com.cn/
56	中粮创新食品有限公司	中粮我买网	www.womai.com

注：2011 年 8 月 12 日洪涛整理。

附录 B　商务部电子商务示范企业名单

序号	省/市/自治区	企业名称	网点名　网址
1	北京市	北京京东世纪贸易有限公司	京东商城　www.360buy.com
2		凡客诚品（北京）科技有限公司	VANCL 凡客诚品　www.vancl.com
3		北京当当网信息技术有限公司	当当网　www.dangdang.com
4		北京世纪卓越信息技术有限公司	卓越亚马逊　www.joyo.cn
5		北京红孩子互联科技有限公司	红孩子商城　www.redbaby.com.cn
6		北京乐友达康科技有限公司	乐友母婴用品网　www.leyou.com
7		艺龙网信息技术（北京）有限公司	艺龙旅行网　www.elong.com

续表

序号	省/市/自治区	企业名称	网点名　网址
8	北京市	北京慧聪国际资讯有限公司	慧聪网 www.hc360.com
9		北京敦煌禾光信息技术有限公司	敦煌网 seller.dhgate.com
10		中粮创新食品（北京）有限公司	中粮我买网 www.womai.com
11		北京京卫元华医药科技有限公司	药房网 www.yaofang.com
12		北京王府井百货（集团）股份有限公司	王府井百货集团网上商城连锁 www.goonow.com
13		北京金象在线网络科技有限公司	金象网 www.jxdyf.com
14		北京千纸鹤电子技术发展有限公司	千纸鹤 www.qianzhihe.com.cn
15	天津市	环渤海金岸（天津）集团股份有限公司	环渤海宜家网 www.hbhyj.com
16	河北省	河北玛世电子商务有限责任公司	中国搜丝网 www.sosw.net
17		石家庄商商网络有限公司	北国如意购物网 www.ruyigou.com
18	内蒙古自治区	通辽市草原旭日食品有限责任公司	草原旭日 www.cyxr.com
19		内蒙古宇航人高技术产业有限责任公司	宇航人集团 www.yuhangren.com
20		呼伦贝尔市友谊有限责任公司	呼伦贝尔市友谊集团 www.nmyouyi.com
21	辽宁省	沈阳金道网络科技有限公司	中国物流联合网 www.un56.com
22		大连大商集团有限公司	大商网 www.66buy.cn
23	吉林省	长春市购够乐科技有限公司	长春网上购物 www.gogo-le.com
24	黑龙江省	齐齐哈尔市绿都商贸有限公司绿都电子商务科技分公司	中国农贸交易网 www.china-nmjy.com
25		大庆易万贝科技有限公司	大庆易万贝百货大楼 www.10000bei.com
26		哈尔滨中央红集团股份有限公司	哈尔滨中央商城 www.zysc.com
27		黑龙江省鑫雨农民购销信息专业合作社	农民购销网 www.nmgx.cn
28	上海市	东方钢铁电子商务有限公司	东方钢铁 www.bsteel.com
29		上海陆上货运交易中心有限公司	中国物流交易中心 www.56135.com
30		上海钢联电子商务股份有限公司	我的钢铁网 www.mysteel.com
31		新蛋贸易（中国）有限公司	中国新蛋网 www.newegg.com.cn
32		上海携程商务有限公司	携程旅行网 www.ctrip.com
33		上海东方希杰商务有限公司	东方 CJ 家庭购物 www.ocj.com.cn

续表

序号	省/市/自治区	企业名称	网点名 网址
34	上海市	百联电子商务有限公司	百联E城 www.blemall.com
35		上海农产品中心批发市场经营管理有限公司	上海农产品中心批发市场 www.shncp.com
36	江苏省	苏宁电器股份有限公司	苏宁易购 www.suning.cn
37		焦点科技股份有限公司	中国制造网 cn.made-in-china.com
38		宏图三胞高科技有限公司	宏图三胞网上商城 www.pcarm.com
39		苏州同程旅游网络科技有限公司	同程网 www.17u.com
40		好享购物有限公司	好享购物 www.jsbcmall.com
41		江苏仕德伟网络科技股份有限公司	5R网 www.5rchina.com
42	浙江省	浙江淘宝网络有限公司	淘宝网 www.taobao.com
43		浙江网盛生意宝股份有限公司	中国化工网 www.chemnet.com.cn
44		义乌市中饰网络科技有限公司	中国饰品网 www.jewelchina.com
45		浙江人可工贸有限公司	买特网 www.360mart.com
46		浙江绿森数码科技有限公司	绿森数码商城 www.lusen.cn
47		浙江搜富网络技术有限公司	中国食品产业网 www.foodqs.cn
48		杭州祐康电子商务网络有限公司	杭州网上购物网 www.96188.com
49		浙江珍诚医药在线股份有限公司	珍诚医药在线 www.zc511.com
50	安徽省	家家购物股份有限公司	家家猫 www.jiajiamall.com
51		安徽易商数码科技有限公司	易商数码 www.ahtech.cn
52	福建省	安溪中国茶都集团有限公司	茶多网 www.chaduo.com
53		福建省讯网网络科技有限公司	环球鞋网 www.shoes.net.cn
54		厦门万翔网络商务有限公司	万翔商城 www.anport-e.com
55		厦门七匹狼服装营销有限公司	七匹狼官方网站 www.septwolves.com
56	山东省	山东省商业集团有限公司	银座小红帽商城 www.xhm365.com
57		山东省家家悦集团有限公司	供应宝 www.gybao.com
58		利群集团青岛电子商务有限公司	利群网上商城 www.liqunshop.com
59		青岛维客集团电子商务分公司	点点网 www.weeklydd.com
60		海尔集团电子商务有限公司	海尔商城 www.ehaier.com
61	湖北省	武汉中百集团股份有限公司	中百网 www.zon100.com
62		安琪酵母股份有限公司	安琪 www.angelyeast.com
63	湖南省	快乐购物有限责任公司	快乐购 www.happigo.com
64		鹰皇商务科技有限公司	1872高尔夫俱乐部 www.1872.net
65		湖南本地易购网络科技有限公司	本地易购 www.bendiyigou.cn
66		长沙钢为网络科技有限公司	中国钢铁现货网 www.gtxh.com

续表

序号	省/市/自治区	企业名称	网点名　网址
67	广东省	环球市场集团（广州龙媒计算机科技有限公司）	环球市场　www.globalmarket.com
68		中国南方航空股份有限公司	中国南方航空　www.csair.com
69		广东新环球汽车用品有限公司	汽车用品网　www.car2100.com
70		广东盛世商潮投资有限公司	易批发　www.e-pifa.com
71		广州市广百股份有限公司	广百商城　www.igrandbuy.com
72	海南省	中国国旅（海南）国际旅行社有限公司	E 假海南旅行网　www.ethainan.com
73	重庆市	重庆龙文实业（集团）有限公司	龙文钢材网　www.cqlw.com
74		重庆易易商电子商务有限公司	全球制造网　www.easyeb.com
75		重庆奇易网络信息咨询服务有限公司	奇易网　www.6695.com
76	四川省	成都九正科技实业有限公司	建材第一网　www.jc001.cn
77		成都天地网信息科技有限公司	中药材天地网　www.zyctd.com
78	贵州省	大唐高鸿数据网络技术股份有限公司	高鸿商城　www.tao3c.com
79		贵州茅台酒销售有限公司	茅台网上商城　www.emaotai.cn
80	云南省	昆明市任达天科技开发有限公司	大方购物　www.dafawa.com.cn
81	陕西省	陕西黄马甲物流配送股份公司	96128 购物网　www.96128.com
82		西安艾派信息技术有限公司	农商网　www.nongshang168.com
83	甘肃省	甘肃陇萃堂营养保健食品有限公司	陇萃堂　www.lct.net.cn

资料来源：中华人民共和国商务部商贸服务管理公司. http://smfws.mofcom.gov.cn/aarticle/af/201101/20110107383095.html. 整理于 2011 年 3 月。

附录 C　各国电子商务法律、法规一览

时间	发布主体	法律、法规
1995 年 5 月 1 日	美国犹他州	《数字签名法》
1996 年 6 月 14 日	联合国贸易法委员会	《电子商务示范法》
1996 年 7 月 1 日	美国政府	《全球电子商务框架》
1996 年下半年	美国财政部	《全球电子商务选择政策白皮书》
1997 年	欧盟	《关于电子商务的欧洲建议》
1997 年 4 月 15 日	欧盟	《欧洲电子商务倡议书》
1997 年 5 月 30 日	美国 GIIC 电子商务工作委员会	《关于电子商务最佳实施方案调查的总结》

续表

时间	发布主体	法律、法规
1997 年 7 月 1 日	美国政府	《全球电子商务政策框架白皮书》
1997 年 8 月 1 日	德国	《为信息与电信服务确立基本规范的联邦法》
1997 年	日本	《关于禁止不正当存取行为的法律》
1998 年 12 月	欧盟与美国	有关电子商务的联合宣言，与美国就全球电子商务指导原则达成协议，承诺建立“无关税电子空间”(Duty-free Cyberspace)
1998 年	美国参众两院	《互联网免税法案》
1998 年	欧盟	《有关电子签名的法律框架指南》、《欧盟隐私保护法令》
1998 年 4 月	新加坡政府	《电子商务政策框架》
1998 年 5 月	世界经济贸易组织部长级会议上 132 个成员国	《关于全球电子商务宣言》
1998 年 9 月	世界经济贸易组织总务理事会	《电子商务工作方案》
1998 年 10 月	经济合作与发展组织（OECD）	《OECD 电子商务行动计划》、《有关国际组织和地区组织的报告：电子商务的活动和计划》、《工商界全球商务行动计划》
1998 年 10 月	美国政府	《互联网税收自由法案》
1998 年 10 月	英国政府	《电子商务——英国的税收政策指南》
1998 年	新加坡	《电子商务法》
1998 年	美国伊利诺伊州	《电子商务安全法》
1999 年	欧盟	《数字签名统一规则草案》
1999 年 1 月	电子商务全球商家对话（GBDe）在美国纽约成立，公开明确了电子商务九大问题	
1999 年 7 月	美国	《统一电子商务法》
1999 年 9 月	GBDe 在法国召开第一届大会	《巴黎倡议》
1999 年	美国政府	《互联网保护个人隐私的政策》
1999 年 12 月	美国	《世界第一个 Internet 商务标准》
1999 年	加拿大	《统一电子商务法》
1999 年	韩国	《电子商务基本法》
1999 年	百慕大群岛（英属）	《电子交易法》

续表

时间	发布主体	法律、法规
1999年	哥伦比亚	《电子商务法》
1999年	澳大利亚	《电子交易法》
2000年6月	美国国会众议院	《电子签名法》
2000年	法国	《信息技术法》
2000年	菲律宾	《电子商务法》
2000年	爱尔兰	《电子商务法》
2000年	斯洛文尼亚	《电子商务和电子签字法》
2000年7月8日	欧盟	《电子商务指南》
2002年1月24日	联合国国际贸易法委员会	《电子签字示范法》

附录D 商务部“十二五”电子商务发展指导意见

【发布单位】中华人民共和国商务部
【发布文号】商电发［2011］第375号
【发布日期】2011-10-18

电子商务是网络化的新型经济活动，已经成为我国战略性新兴产业与现代流通方式的重要组成部分。为更好发挥电子商务的推动与引领作用，进一步加快商务领域发展方式转变和结构调整，构建搞活流通扩大消费长效机制，培育参与国际合作和竞争新优势，巩固和扩大应对国际金融危机冲击成果，维护国内外贸易和国际经济合作平稳较快发展，提升对外开放水平，根据《国民经济和社会发展第十二个五年规划纲要》、《2006-2020年国家信息化发展战略》、《国务院办公厅关于加快电子商务发展的若干意见》，提出以下意见：

一、我国电子商务发展现状和主要问题

（一）电子商务发展环境不断完善

截至2011年6月30日，我国互联网用户已达4.85亿，互联网普及率达36.2%。全社会电子商务应用意识不断增强，应用网络购物、网上支付和网上银行的互联网用户分别达到1.73亿、1.53亿和1.5亿，占用户总数的比例分别为35.6%、31.6%和31%。2010年，我国电子商务交易额达4.5万亿元人民币。推进电子商务发展的部门协同工作机制初步形成，电子商务相关政策、法律、规章和标准相继出台，电子商务市场逐步规范，电子商务支撑体系不断完善。

（二）电子商务应用日益深化

电子商务在我国各个经济领域的应用不断拓展，应用水平不断提高，正在形成与实体经济深度融合的态势。大型企业网上购销比重逐年上升，部分企业实现了在线交易、支付及物流局部集成应用。中小企业电子商务应用普及率迅速提高，2010 年，应用网上交易和网络营销的中小企业比例达到 42.1%。2010 年，全国网络零售交易额达 5231 亿元人民币，约为社会消费品零售总额的 3.3%，并呈现出加速增长态势，成为拉动消费需求、优化消费结构的重要途径。

（三）电子商务服务业发展迅猛

电子商务服务平台、信用保障、电子支付、物流配送和电子认证等电子商务服务业持续快速发展。2010 年，我国电子商务信息、交易和技术服务企业达到 2.5 万家，第三方支付额达到 1.01 万亿元人民币，社会物流总额达到 125.4 万亿元人民币，全国规模以上快递服务企业业务量达 23.4 亿件，有效电子签名认证证书持有量超过 1530 万张。

（四）我国电子商务发展中存在的主要问题

（1）电子商务规制建设相对滞后，市场准入、服务监管体系、信用体系、统计监测体系、产业投融资机制亟待建立。

（2）网络购物领域侵犯知识产权和制售假冒伪劣产品等违法犯罪现象时有发生，网络交易纠纷处理困难，可信、安全、便利的网络购物环境还不完备。

（3）电子商务应用在地区、城乡和企业间发展还不平衡，农村、中小企业和传统流通企业电子商务应用亟待扶持引导。

（4）电子商务服务业尚处成长期，商业模式、服务水平和服务范围有待拓展提高，技术和市场尚不成熟。

二、指导思想、基本原则和主要目标

（一）指导思想

以科学发展观为指导，以促进电子商务健康快速发展为宗旨，以应用电子商务推动现代商贸流通体系建设为出发点，完善发展环境，提高应用水平，加快产业带动，加强示范引导，走出一条既符合国际电子商务发展规律，又具有中国特色的发展道路。

（二）基本原则

促进融合。支持传统流通企业开展网上营销，推动线上、线下资源互补；鼓励网络零售平台企业拓展服务平台，建设物流基础设施，创新商业模式，促进电子商务服务业融合发展。

示范引导。创建电子商务示范城市、示范基地和示范企业，支持引导欠发达地区、行业和企业应用电子商务。

产业带动。鼓励电子商务产业链协同发展，促进企业应用电子商务开拓国内外市场，扩大对外贸易，拉动国内消费需求。

规范发展。建立完善符合我国发展实际的电子商务法规、标准和统计监测体系，规范电子商务健康有序发展。

政策支持。制定科学合理、符合本地区发展实际的电子商务行业管理政策，为支持电子商务健康快速发展创造良好环境。

（三）主要目标

到 2015 年，电子商务法规标准体系基本形成，协同、高效的电子商务管理与服务体制基本建立，规范、诚信的电子商务交易环境逐步完善；电子商务成为企业拓展市场、推动“中国制造”转型升级的有效手段、消费者方便安全消费的重要渠道；电子商务服务业规模化、规范化发展，成为我国现代商贸流通体系建设的重要组成部分。到 2015 年，我国规模以上企业应用电子商务比率达 80%以上；应用电子商务完成进出口贸易额占我国当年进出口贸易总额的 10%以上；网络零售额相当于社会消费品零售总额的 9%以上。

三、工作任务

（一）完善电子商务发展环境

（1）完善电子商务政策支撑体系。支持各地结合本地区电子商务发展实际制订财政、税收政策，吸引电子商务企业聚集发展。

（2）建立电子商务法规标准体系。针对电子商务交易、信用、物流、供应链协同、融资服务等环节，制订一批具有前瞻性、可行性、开放性、兼容性的法规、规范、标准，维护电子商务交易秩序，防范交易风险。

（3）建立电子商务统计监测体系和统计监测网络。定期开展电子商务统计，建立信息发布制度，及时准确反映我国电子商务发展总体规模、结构变化、发展水平、发展趋势和存在问题，为政策制订提供可靠依据。

（4）建立电子商务信用体系。制订电子商务信用规范，指导建立电子商务纠纷投诉与调解机构，加强消费监督；支持建立覆盖电子商务经营主体的全国信用信息数据库，鼓励电子商务信用信息与其他领域信用信息共享；支持鼓励符合条件的第三方机构按照独立、公正、客观原则，对电子商务交易平台和经营主体开展信用评价与认证服务；支持开展行业自律。鼓励电子签名、电子发票在电子商务中的应用。

（5）完善电子商务物流体系。结合城市商贸流通体系建设、“万村千乡市场工程”配送体系建设、乡镇综合商贸服务中心建设，鼓励整合利用现有物流配送资源，建设物流信息协同服务平台和共同配送中心，完善电子商务物流服务体系。

(6) 推动企业利用电子商务开展对外贸易，解决报关、结汇、退税等瓶颈问题，支持电子商务运营企业与国际接轨。

(7) 加强电子商务国际交流合作。扩大电子商务对外交流合作渠道，参与亚太经合组织、上海合作组织、东盟等国际与区域组织中的电子商务工作，参与国际电子商务规则标准的研究制订，支持跨境合作区的电子商务应用。

(二) 重点鼓励发展电子商务服务业

鼓励电子商务交易服务平台、技术服务平台、中介服务平台的发展，培育一批具有行业影响力，提供电子商务咨询、资讯、法律、信息技术、人力资源等专业服务的电子商务服务企业。支持已初具规模的、具有影响力并符合国内外市场需求导向的电子商务服务网站发展，积极推动高附加值的电子商务衍生品的开发与应用。鼓励电子商务服务企业开拓国际市场，加快与国际电子商务市场接轨。

鼓励电子商务服务技术创新和模式创新，推动商业模式、商业业态创新。加强产学研合作，依托高校、科研院所、国家级科研和产业基地等资源，激发企业创新活力。探索电子支付、物流、信用服务、安全认证等支撑体系建设与电子交易的集成创新，促进技术应用与商业模式创新的有机结合。

引导鼓励中小企业应用第三方电子商务服务平台开拓国内外市场。鼓励第三方电子商务服务平台与有条件的省（自治区、直辖市）建立区域性电子商务服务平台。鼓励各地结合产业发展特色，建设行业电子商务服务平台，带动产业集群发展。鼓励第三方移动电子商务服务平台建设。

(三) 深化普及电子商务应用

(1) 应用电子商务促进商品流通和扩大消费。应用电子商务促进传统流通企业转型升级。鼓励国内商贸集聚区、大型商场、批发市场、连锁超市和专业市场建立电子商务平台，开展网上交易；引导支持网络零售平台向中小流通企业开放；鼓励电子商务平台开展城市旧货交易，向城市社区提供家政与日用消费品服务，促进社区便利消费与循环经济发展。

鼓励电子商务企业到中西部等经济欠发达地区建立采购与物流基地，带动当地经济发展。

鼓励肉类蔬菜、酒类流通追溯体系建设试点城市和企业应用物联网、云计算等信息技术创新追溯模式和流程，提高追溯精度，增强食品安全保障能力。

稳定推动酒类、药品等特殊商品流通应用电子商务，保障消费安全。

（2）发挥电子商务优势，推动对外贸易与经济合作的稳步发展。应用电子商务提高贸易便利化水平，大力推动主要贸易单证的标准化和电子化进程，支持地方建设“单一电子窗口”平台，促进海关、检验检疫、港口、银行、保险、物流服务的电子单证协同，提高对外贸易监管效率，降低企业成本。

支持跨境电子商务平台建设，鼓励中小企业应用跨境电子商务平台拓展海外市场，减少渠道环节，树立中国品牌形象，开展国际合作，解决跨境电子商务中存在的问题。

积极发展网上展会。鼓励会展企业依托实体展会，积极应用信息技术与互联网举办网上展会，创新服务形式和内容，走线上线下相结合的发展道路。实现网上招商招展，服务贸易洽谈与合作的一站式电子商务功能。大力发展贸易撮合、认证征信、网商供需见面会等电子商务增值服务，建立展会型电子商务平台。通过政策扶持，引导鼓励企业积极参加大型展会的网上展会。

充分发挥电子商务在扩大进口中的作用。支持建立服务进口企业的联合采购平台和进口产品分销与直销电子商务平台，进一步增强进口贸易企业的采购和销售能力。

（3）利用电子商务服务农业、农村和农民。继续在全国推广农村商务信息服务试点，拓展农村商务信息服务平台功能，实现信息服务、交易撮合、在线支付、物流配送全流程服务；丰富充实新农村商网服务内容，拓展服务渠道，加强网上购销对接，提高信息服务成效；支持涉农电子商务平台与农村专业合作组织、产业化龙头企业开展合作，建设双向互动的综合信息服务平台；推动涉农电子商务平台与农业产业化基地、农产品营销大户、大型超市、农产品批发市场、加工企业、大型餐饮连锁企业及中高档酒店对接，促进大宗农产品网上交易；探索农村商务信息服务的新途径、新模式，加大对农村电子商务应用的支持力度。

加强“万村千乡市场工程”农家店、“农超对接”信息化建设，拓展商业服务、金融服务、通信服务。推动涉农流通龙头企业、农产品批发市场、配送中心和农资流通企业应用电子商务，提高协同效率，降低流通成本。支持涉农流通企业和批发交易市场的电子商务应用，提升农村商贸流通效率和管理水平，实现工业品下乡和农产品进城的双向畅通。探索农村商务信息服务的市场化运作机制，实现可持续发展。

（4）支持鼓励企业运用云计算、物联网等信息技术拓展电子商务应用。积极推进新技术、新成果、新模式的应用转化，推动建立电子商务云计算公共服务平台，解决电子商务服务平台企业的计算能力、存储空间和带宽资源等瓶颈问题。建设电子商务与物联网商务整合应用示范平台，推进物联网技术与电子商务模式的融合创新。加快吸收和集成应用新兴移动通信技术、远程控制、无线网络等新型数字技术，发展各类“数字商业”。支持商业企业信息化改造，推广应用企业资源计划、供应链管理、客户关系管理、无线射频识别技术、自动化采购、自动化仓库等先进的信息管理技术。加快支持一些有条件的地区和企业发展数据产业、导航定位系统和商品服务追溯系统等电子商务创新应用。

四、重点工程

（一）电子商务示范工程

创建电子商务示范城市和示范基地。选择电子商务发展快、当地政府积极性高、基础设施条件好的城市，开展电子商务示范城市和电子商务示范基地的创建工作，引导有条件地区加快完善电子商务在线交易、诚信体系、标准法规等支撑体系建设。

做好电子商务示范企业推广和电子商务产业基地建设工作。选择业绩好、信誉高、有发展前景、创新能力强的企业、电子商务产业基地、电子商务应用平台以及综合展会型电子商务平台，给予政策支持，推广成功经验，增强区域引导、行业辐射和产业带动能力。

向外贸企业重点推荐一批运作规范、诚信经营、效益良好、国内外影响力强的对外贸易电子商务平台。

（二）中小城市和中西部地区电子商务促进工程

支持鼓励中小城市和中西部地区加强网络、物流等基础设施建设，加强电子商务宣传，促进电子商务应用，开展电子商务人才培养。

（三）传统流通企业电子商务应用工程

支持鼓励、引导传统商贸流通企业通过自建、合资、合作等方式开展网络零售，探索应用新模式、放大示范效应。

（四）农村流通体系促进工程

选取农村电子商务应用水平较高的省（自治区、直辖市）和重点企业开展农村流通电子商务应用示范工程。

（五）电子商务信用体系建设工程

按照商务信用体系建设总体要求，选取电子商务交易与服务主体，在电子商务领域探索信用建设的有效模式，形成信用建设良好氛围和可持续保障机制。

（六）肉类蔬菜、酒类流通追溯体系建设工程

结合肉菜、酒类流通追溯体系建设试点，选择信息化应用水平较高的试点城市和企业应用物联网、云计算等信息技术改造交易流

程、创新交易模式，强化流通追溯体系实效。

（七）城市社区便利店电子商务促进工程

支持有实力的大型商贸流通企业在城市社区设立综合性便利店，推动社区便利店信息化、标准化、连锁化和品牌化建设，运用电子商务与现代物流结合的发展模式，降低流通成本，提高流通效率，增强便利店的竞争能力。

（八）电子商务人力资源发展工程

支持电子商务人才培训与研究基地建设，满足电子商务对专业人才的需求。

（九）国际电子商务交流合作工程

建立跨境合作区电子商务服务平台，推动区域合作领域电子商务交流，探索境外电子商务服务企业利用我国电子商务平台服务其本国企业的有效途径。

五、保障措施

（一）加强组织领导，完善协调机制

各地要建立健全促进电子商务发展的组织保障体系和工作机制，明确责任分工，落实目标任务。协调电子商务发展中的重大问题，强化商务主管部门对电子商务发展的宏观指导作用，完善部门间协调配合机制，及时解决出现的新情况、新问题。

（二）建立电子商务发展促进机制

贯彻落实国家扶持电子商务发展的各项政策，研究制订促进电信、金融与电子商务企业互相支持、协同发展的政策，建立健全适

应电子商务发展的多元化、多渠道的投融资机制。充分发挥政府投入的带动引导作用，加大对电子商务发展的支持力度，设立电子商务发展专项资金，向电子商务科研创新、模式创新、产学研成果转化、中小企业电子商务应用、中小电子商务企业融资、农村商务信息服务、电子商务公共服务提供资金支持。

（三）加强宣传教育与人才培训

加大电子商务宣传力度，强化社会各界的电子商务应用意识、信用意识、信息安全意识。多层次、多渠道开展有针对性的培训，提高政府、企业等各行业人员应用电子商务的能力。积极推动和完善电子商务人才服务机制，引导高校电子商务专业学生向重点产业、重点项目及民营企业集聚。支持地方建立电子商务研究与培训基地，加强电子商务理论研究与人才培训。

（四）发挥电子商务中介组织与专家作用

充分发挥各级电子商务协会、学会、产业联盟等中介组织作用，鼓励中介组织开展行业自律，支持中介组织提供电子商务政策与技术咨询服务、开展国内外电子商务学术与科研交流、帮助电子商务企业解决实际困难和问题。鼓励各地建立电子商务专家咨询机制，发挥电子商务专家的指导与咨询作用。

参考文献

[1] [美] Michael Miller，姜进磊，孙瑞志，向勇，史美林. 云计算. [M]. 北京：机械工业出版社，2009-4-1.

[2] [美] 芬加著. 云计算 [M]. 王灵俊译，北京：电子工业出版社，2009-11-1.

[3] China Byte. 今年即将发生的 11 件大事 [N]. 网络报，2001-1-15.

[4] 阿瑟·斯加利，威廉伍兹. B to B 交易场——企业对企业电子商务的新起点 [M]. 北京：现代出版社，2001.

[5] 阿祥. 不要专利的“www”发明人 [N]. 电脑报，2001-6-4.

[6] 财政部. 电话销售彩票暂行办法（征求意见稿）[S]. 2010.

[7] 财政部. 互联网销售彩票暂行办法（征求意见稿）[S]. 2010.

[8] 曹红辉. 中国电子支付发展 [M]. 北京：经济管理出版社，2008.

[9] 鼎点财税空间站. 电子商务与税收，广东地方税收 [N]. 2001-2.

[10] 方军. 新摩尔定律 [N]. 光明日报，2001-5-30.

[11] 锋迈正德，刘黎明. 云计算——信息产业新浪潮 [R]. 2009-11.

[12] 冯晓芳. 巨大型广告能救网站的命运吗? [N]. 2001-3-29.

[13] 股票、银子、网络一个都不能少 [N]. 电子报，2001-6-18.

[14] 管德泳. 第三代互联网向我们走来 [N]. 中国企业报，2000-5-8.

[15] 郭春燕. 电子商务是金山还是陷阱 [N]. 2000-3-31.

[16] 郭秀明. 中国电子商务的法律法规和标准问题 [J]. 电子商务技术，2001 (5).

[17] 洪涛，郭庆，侯艳霞. 网络销售 [M]. 北京：经济管理出版社，2010.

[18] 洪涛. 电子商务的本质与网络泡沫 [N]. 经济日报，2000-5-26.

[19] 洪涛. 电子商务叩响了政府机构改革的大门 [J]. 清华管理评论，2000 (68).

[20] 洪涛. 电子商务盈利模式案例 [M]. 北京：经济管理出版社，2011.

[21] 洪涛. 高级电子商务教程 [M]. 北京：经济管理出版社，2003.

[22] 洪涛. 积极推行流通科技，加快流通产业现代化 [J]. 北京财贸管理干部学院学报，2002 (2).

[23] 洪涛. 论电子商务、网上商店、网上交易 [A]. 1999 年商品流通业电子商务发展研讨会论文集 [C]. 网络报，2000 (7)，(8). 农机市场，2000 (5)，(6).

[24] 洪涛. 网络经济不是泡沫 [N]. 网络报，2000 (19)：5-22.

[25] 洪涛. 网络时代的企业营销模式——我国多种电子商务模式的探索 [A]. 2000-11. 经济全球化与中国市场体系的构建国际学术研讨会 (2000-11 上海) 论文集 [C].

[26] 洪涛. 网上商店使商圈变得没有意义吗？[J]. 经贸参考，2002 (14).

[27] 洪涛. 我国农产品批发市场信息交流与网上交易的实现方式 [J]. 2000 年中国农副产品批发市场信息管理与网络建设研讨会会刊.

[28] 洪涛. 以 B to B 为切入点引入农机电子商务 [J]. 农机市场，2000 (8).

[29] 侯自强. 互联网经济和资本市场 [J]. 信息系统工程. 2001-4.

[30] 黄京华. 电子商务教程 [M]. 北京：清华大学出版社，2000.

[31] 黄廷先. 计算机与流通信息化 [M]. 上海：上海科学技术出版社，1997.

[32] 姜旭平. 电子商务与网络营销 [M]. 北京：清华大学出版社，1998.

[33] 蒋琼. 国内网上商场的经营现状 [N]. 中国经营时报，2001-3-6.

[34] 蒋峥. 网上购物前景如何 [N]. 经济日报，2001-2-15.

[35] 焦点. 电子商务的六大趋势 [N]. 中国商报. 电子商务专刊，2001-3-21.

[36] 焦坤，吴兰英. 电子商务中的税收问题及对策 [N]. 电脑报，2001-2-26.

[37] 瞿彭志. 流通信息化 [M]. 上海：上海交通大学出版社，1999.

[38] 李鼎. 电子商务基础 [M]. 北京：首都经济贸易大学出版社，1999 (6).

[39] 李肖峰. 网海初航指南 [N]. 电脑报. 2001-5-28.

[40] 李彦宏. 核心技术是 ASP 制胜的关键 [N]. 光明日报，2001-5-3.

[41] 刘光明. 我国将用十年时间实现税收现代化 [N]. 中国税务报，2001-5-23.

[42] 刘鹏. 云计算 [M]. 北京：电子工业出版社，2010.

[43] 刘普合. 零售业电子商务模式与策略 [N]. 中国商报. 电子商务，2001-2-21.

[44] 刘亚敏. 现行税制：如何应对互联网业务 [J]. 中国税务，2001 (3).

[45] 卢彦. Re Commerce 零售业的数字革命 [M]. 中国工商时报 [商务导刊]，2001-3-6.

[46] 吕本富，张鹏. 77 种网络经济创新模式 [J]. IT 经理世界，2000 (5).

[47] 马蔚华. 电子商务时代的传统银行业变革 [A]. 2001 年第五届中国国际电子商务大会论文集 [C].

[48] 秦海波. 我国电子商务去年交易 770 亿元 [N]. 经济日报，2001-2-20.

[49] 任丽. 宽带网络建设的发展方向 [J]. 信息系统工程，2001（4）.

[50] 芮莉杰. 企业“触网”三步曲 [N]. 中国商报·商业自动化周刊，2000-5-16.

[51] 邵秋涛. 上市公司与宽带网 [N]. 中国证券报，2001-3-10.

[52] 盛定宇，牛东来. 流通信息化管理 [M]. 北京：清华大学出版社，1998.

[53] 施建敏. 电子商务引发税收问题 [J]. 广东地方税收，2001（2）.

[54] 宋玲，杨卫东，史颖波. 电子商务——21 世纪的机遇与挑战 [M]. 北京：电子工业出版社，2000.

[55] 孙宝文. 虚拟货币及其运行机制研究 [R]. 2010.

[56] 王纪平. 开创网上工商行政管理的新天地 [N]. 经济日报，2000-9-6.

[57] 杨家勇. 传统商店，e 路风光 [M]. 北京：中国网友报，2001-2-19.

[58] 杨俪. 电子商务的七大瓶颈待打通 [J]. 中国商报·商业自动化周刊，2000-5-16.

[59] 易强. 十大最精明的电子商务企业 [N]. 网络报，2000（13），（14）.

[60] 尹网铭. 电子商务挑战传统税制 [J]. 电子商务技术，2001（3）.

[61] 岳清. 世纪的智慧——2000 年新经济理论纵览 [N]. 网络报，2001-1-8.

[62] 詹才佐. 网络经济对传统商业经济学的四个变革 [J]. 商业经济与管理，2001（7）.

[63] 张为民，唐剑峰，罗治国，钱岭. 云计算：深刻改变未来 [M]. 北京：科学出版社，2009，12.

[64] 赵月东，刘苏. 中国电子商务面临的现实课题 [J]. 人民邮

电，2000-4-7.

［65］中国电子商务协会，中国网络评价中心. 中国电子商务研究报告［R］. 2001（3）.

［66］中国人民保险公司湖北省分公司武克美，朱琪花. 论保险网络营销的必要性与可行性［N］. 国研（http://www.drcnet.com.cn）.

［67］中国人民银行. 非金融机构支付服务管理办法［S］. 2010-6-14.

［68］中国商务在线. 零售业电子商务论坛专刊［J］. 2001（1）.

［69］周建国. 电子商务的营利模式［M］. 北京：中国国际广播出版社，2001.

［70］约翰·格莱姆斯（John G. Grimes）. 美国国防部全球信息网格建设［R］. 2011-6-27.

［71］国家发改委、商务部、中国人民银行、税务总局、国家工商行政管理总局关于开展国家电子商务示范城市创建工作的指导意见［Z］. 2011-4-25.

后 记

电子商务与网络经济是我10多年来一直热心关注和研究的领域，这是因为我25年从事贸易经济理论研究的缘故，在研究过程中我写了不少关于电子商务与网络经济方面的论文，参加了许多中外电子商务、网络经济等方面的研讨会。第一次撰写《高级电子商务教程》，我花了三年时间五易其稿才完稿，2003年《高级电子商务教程》出版后，受到社会好评，荣获中国商业科技进步成果三等奖，出版社多次催我修订该教材，但是一直未能进行。2010年我着手修订该教材，为了出一本好书，我多次进行了修改，生怕出现谬误。修撰得到许多同事、家人的大力支持；在撰写过程中，我参考和借鉴了一些已有的电子商务成果和案例。该书的撰写和出版过程也成了我再学习的过程，在此我衷心地感谢一些帮助过我的同志和朋友，感谢经济管理出版社杨世伟博士对该专著的大力支持和辛勤工作。

电子商务概念引入我国至今已有18年了，电子商务理论的形成和发展尚需要一个过程，特别是电子商务技术与制度的磨合需要一定的时间，这不是可以主观臆断或主宰的，由于本人水平有限，时间又比较紧张，因此，再次修订本书也仅是一个探索，不可避免地存在许多问题，希望从事电子商务的同仁们提出意见。

洪　涛

2011年8月6日暑期